KB065378

엔트리 인공지능과 함께하는
토리드론
</>

머리말

"새로운 시대의 시작 : 드론과 인공지능의 융합"

제임스 와트가 만든 증기기관에서 시작된 혁명은 세상을 바꾸는 큰 전환점이 되었습니다. 사람이 직접 물건을 생산하는 수공업의 시대는 막이 내리고, 기계가 빠른 속도로 물건을 만드는 공업의 시대가 열렸습니다. 수 천년 동안 이어졌던 농업 문화와 삶은 기계의 등장으로 한순간에 바뀌게 되었습니다. 바로 1차 산업혁명이 시작입니다. 기계의 발명으로 새로운 일자리가 더 생겨났고, 우리의 삶은 더 풍요로워졌습니다.

1차 산업혁명이 시작된 지 1세기 만에 에디슨의 발명으로 또 한 번 새로운 변화가 시작되었습니다. 에디슨이 만든 백열전구가 상용화되면서 전기의 시대가 열렸습니다. 석탄을 사용해서 기계를 돌렸던 공장은 전기를 사용하는 새로운 시스템을 도입했습니다. 1913년 미국의 헨리 포드는 전기로 구동하는 컨베이어 벨트를 활용해 자동차 공장을 만들었습니다. 그리고 자동차 생산량과 효율이 비약적으로 발전했습니다. 전기의 힘으로 2차 산업혁명의 시대가 열린 것입니다.

그리고 컴퓨터와 인터넷의 등장으로 지식·정보가 가치로 이어지는, 3차 산업혁명이 시작되었습니다. 1970년대 말부터 컴퓨터는 대중화되기 시작하면서 정보화 시대가 열리게 되었습니다. 모든 지식은 데이터화 되었고 컴퓨터와 인터넷으로 원하는 정보를 쉽게 공유할 수 있었습니다. 이렇게 공유된 지식은 발전해서 새로운 지식을 다시 만들어 냈습니다. 이렇게 만들어진 지식은 새로운 산업을 발전시키고, 세상을 또다시 바꿨습니다.

이제는 4차 산업혁명 시대가 시작되었습니다. 4차 산업혁명 시대에서 디지털, 물리적, 생물학적 경계가 없어지면서 기술이 융합될 것입니다. 4차 산업혁명을 이끄는 원동력이 바로 연결과 융합입니다.

융합의 핵심인 4차 산업혁명 시대에서 '드론'은 큰 변화를 가져올 것입니다. 예전에 생소했던 드론은 4차 산업혁명과 함께 이제는 친숙한 단어가 되었습니다. 드론은 무인 비행체로, 공간적 제약을 벗어나 다양한 소프트웨어 기술과 융합하여 새로운 가치를 만들 수 있어서 4차 산업혁명의 핵심 기술로 주목받고 있습니다. 항공, 소프트웨어, 센서 등 첨단기술과 융합할 수 있는 드론의 성장 잠재력은 매우 큽니다. 그리고 인공지능 기술과 함께 사용된다면 정말 다양한 분야에서 사용될 것입니다. 건설, 에너지, 물류, 재난구조, 교통 관측, 과학 연구, 농업, 환경오염 제거, 촬영, 취미 등 활용할 수 있는 분야는 무궁무진합니다.

이제 드론은 스마트폰처럼 우리 삶에 없어서는 안 될 것이므로 드론의 구조와 과학 원리를 잘 이해해야 합니다. 드론을 직접 조종하고 코딩할 수 있어야 합니다. 또한, 창의적인 생각으로 인공지능과 같은 다양한 기술과 융합할 수 있는 기초 소양을 잘 길러야 합니다.

드른과 마찬가지로 또 다른 4차 산업혁명의 핵심 기술은 소프트웨어와 인공지능입니다. 인공지능 기술은 기계학습 및 딥러닝과 같은 기술을 통해 우리의 삶을 바꾸고 있습니다. 알파고가 나온지 얼마 지나지 않아서 ChatGPT 등 다양한 인공지능이 개발되었습니다. 전 세계에서 2백만 명이 넘는 개발자가 ChatGPT를 사용합니다. 미국 경제전문지인 포춘이 매년 발표하는 돈을 가장 잘 버는 500개 기업 중 92%가 ChatGPT를 사용합니다. 그리고 1주일에 ChatGPT를 사용하는 사람은 1억명이 넘습니다.

우리가 살아가는 현대 사회에서 소프트웨어와 인공지능은 우리의 삶을 혁신적으로 변화시키고 있습니다. 소프트웨어는 우리의 일상에 자리하고 있습니다. 모든 것이 코드로 이루어진 세계에서 소프트웨어와 인공지능을 활용할 수 있다면 우리는 새로운 아이디어를 현실로 만들고, 문제를 해결하며, 새로운 경험을 창조할 수 있습니다. 인공지능은 예측과 분석의 능력을 통해 우리의 생활에 혁명을 일으키고 있습니다. 기계학습과 딥러닝의 발전으로 우리는 이전에는 상상조차 할 수 없었던 수준의 문제해결 능력을 얻게 되었습니다.

이러한 시대에서 가장 중요한 기술 중 하나는 소프트웨어와 인공지능을 활용할 수 있는 코딩능력과 컴퓨팅 사고력이라고 생각합니다. 소프트웨어와 인공지능을 열심히 공부하고 창의적인 생각으로 다른 기술과 융합할 수 있다면 새로운 역사를 쓸 수 있다고 생각합니다.

이 책과 함께 드론·소프트웨어·인공지능 기술의 융합을 흥미진진하게 탐험하기 바랍니다.

책소개

드론은 사물인터넷(IoT), 인공지능, 로봇, 센서 그리고 정밀측위기술, 항법기술, 자세제어 기술 등 다양한 기술이 융합된 최첨단 장치입니다. 정밀측위기술은 GPS로 정확한 위치를 측정하는 기술이고, 항법기술은 GPS, 인공지능 등의 기술을 활용해서 자동으로 목표 지점에 이동하는 기술을 말합니다. 그리고 자세제어기술은 비행하면서 비행체의 안정성을 유지하는 소프트웨어 기술입니다. 그래서 드론을 다루려면 드론의 기초 지식, 과학적 원리뿐만 아니라 소프트웨어로 제어할 수 있는 코딩 실력도 필요합니다.

이 책은 초등학생부터 성인까지 재미있고 즐겁게 드론과 인공지능을 배울 수 있도록 내용을 구성하였습니다. 블록 코딩으로 레고를 조립하듯이 마우스로 블록을 연결하면 드론을 조종할 수 있어서 코딩의 즐거움을 느낄 수 있습니다. 그리고 다양한 예제로 드론과 인공지능을 융합한 프로그램을 만들면서 드론과 인공지능에 대한 이해를 높일 수 있습니다.

이 책은 크게 3부분으로 나누어져 있습니다
1) 드론에 대한 이론, 시뮬레이터, 드론 조종 실습
2) 엔트리와 드론 코딩
3) 인공지능 코딩

1~2장에서는 드론을 이해하고 시뮬레이터로 드론을 연습하고 실제 드론을 조종합니다. 그러면서 드론의 이론과 원리를 체득하게 됩니다.

3~5장에서는 엔트리 블록코딩을 이해하고 엔트리로 다양한 작품을 만듭니다.
그리고 엔트리로 드론을 어떻게 코딩하는지 알고 드론을 사용해서 여러가지 프로그램을 만듭니다. 드론 센서, LED와 소리,드론 기초 코딩, 드론 곡예비행, 키보드와 마우스로 드론 움직이기 등을 학습할 수 있도록 구성되었습니다.

6~7장에서는 엔트리의 다양한 인공지능 기술을 이해하고 인공지능으로 드론을 조종하는 프로그램을 만듭니다. 음성인식 인공지능 드론, 얼굴 인식 인공지능 드론, 손인식 인공지능 드론, 신체인식 인공지능 드론, 머신러닝 인공지능 드론 등 다양한 인공지능 드론을 코딩하면서 드론과 인공지능 기술을 융합합니다.

이 책에서는 사용하는 토리 드론은 어린 아이들도 안전하게 사용할 수 있는 드론이며 성능도 매우 우수합니다. 다음과 같은 분들에게 추천합니다.
1. 드론 제어 입문자 : 초, 중, 고 및 일반 드론 입문자
2. 코딩교육 관련자 : 코딩을 쉽고 재미있게 가르치고 싶은 교육 강사
3. 이공계 대학생 : 대학생을 위한 IoT 코딩 제어 기초 소양 교육

앞으로도 드론은 농업, 지질조사, 운송수단, 재난구조, 건설, 과학 연구 등 다양한 영역에서 발전할 것입니다. 드론의 원리를 이해하고 인공지능과 융합한 다양한 프로그램을 만들면서 여러분의 잠재력을 키우기 바랍니다.

앞으로 드론은 어떻게 발전할까요? 드론은 우리 삶을 어떻게 바꿀까요? 이 책을 통해 드론을 올바르게 이해하고, 드론의 무한한 잠재성과 가치를 느끼길 바랍니다.

또한, 잇플TV http://www.bit.ly/ITPLE_TV 에서 코딩 관련 영상이 지속해서 업데이트될 예정입니다. 코딩을 더 쉽고 재미있게 공부할 수 있게 잇플 출판사 카페에 다양한 코딩교육 자료를 준비했습니다. 잇플 출판사 카페(http://cafe.naver.com/arduinofun)에 와서 더욱 멋진 작품을 만들어 보세요.
(엔트리 적품 공유 : https://playentry.org/profile/65c2a258c2d42e001a2e7986?sort=created&term=all&isOpen=all)

CONTENTS

드론 코딩 시작하기 ∘ 95

CHAPTER 05

코딩으로 드론 조종하기 ∘ 127

CHAPTER 06

인공지능 코딩하기 ◦ 179

CHAPTER 07

엔트리 인공지능 드론 ◦ 249

부록 ◦ 301

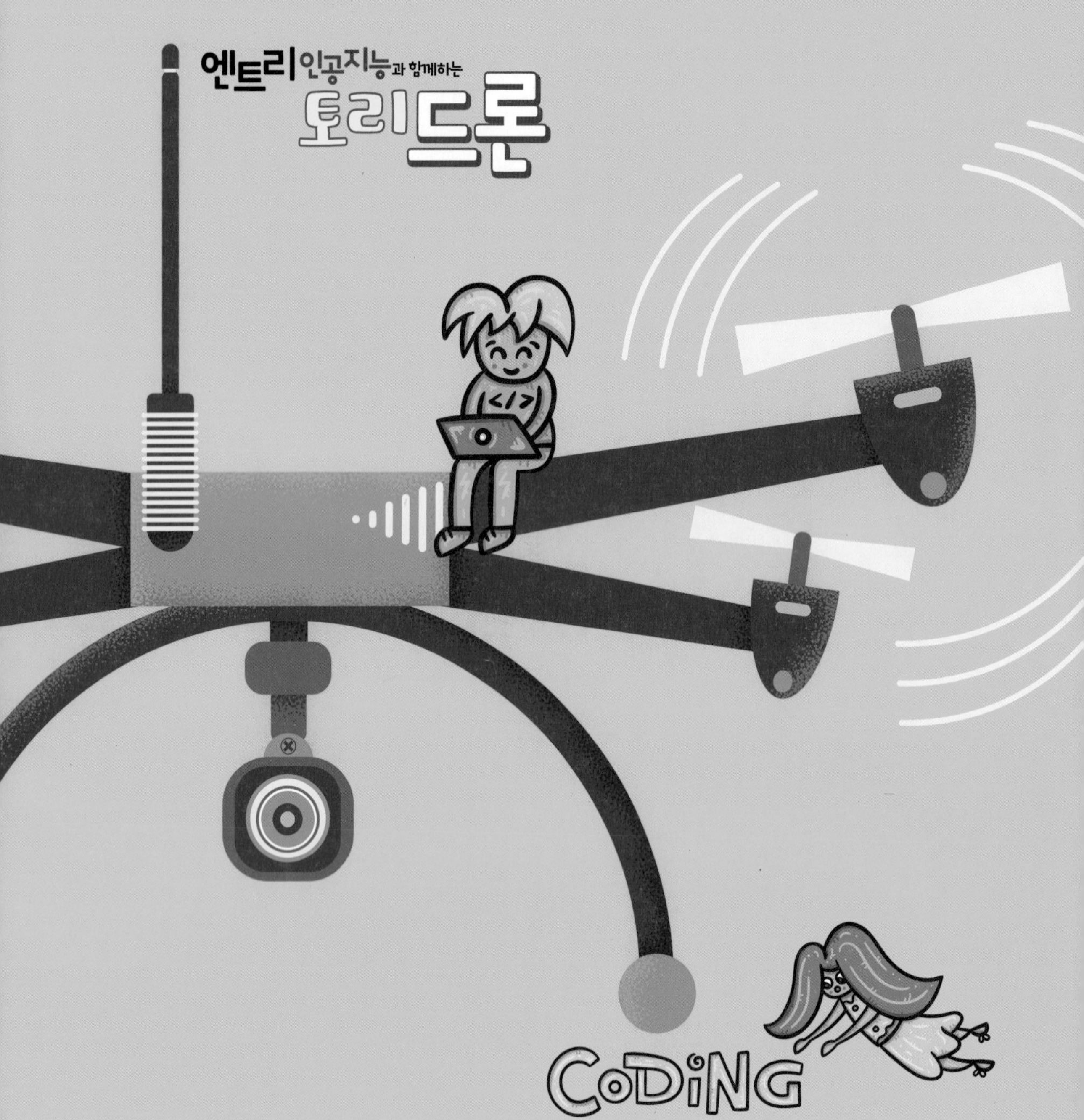
엔트리 인공지능과 함께하는
토리드론
CoDiNG

CHAPTER 01

처음 만나는 드론

드론의 정의

ooo

이 장에서는 무엇을 배울까요?

- 드론의 뜻을 알 수 있어요
- 드론의 종류를 분류할 수 있어요
- 드론의 가치와 활용 분야를 살펴볼 수 있어요

'드론'은 무인 비행체(Unmanned Aerial Vehicle)로 사람이 탑승하지 않고, 원격으로 조종하거나 소프트웨어로 움직이는 비행 장치를 말합니다. '드론'은 원래 수벌이 윙윙거리며 나는 모습이나 그 소리를 나타냈고 6세기 영국에서는 게으른 남자를 드론이라 했습니다.

윙윙거리는 수벌과 게으른 남자라는 뜻을 가졌던 드론이, 어떻게 무인 비행체를 의미하게 되었을까요?

미국 해군 제독 윌리엄 스탠리(William Standley)는 1935년 영국 해군의 훈련을 참관했습니다. 그때 영국 해군은 'DH 82B Queen Bee(여왕벌)'라는 원거리 조종 무인 비행기를 띄워 날려 놓고 이를 맞추는 사격 훈련을 선보였습니다. 깊은 인상을 받은 스탠리 제독은 비슷한 비행체를 만들었고, 영국 '여왕벌'에 경의를 표현하기 위해 '게으른 수컷 벌'의 뜻을 가진 '드론'이라는 이름을 붙였습니다. 이후 미군은 전통 비행기를 연습용으로 개조한 무인 비행기를 드론이라 불렀습니다.

무인 비행체를 나타내는 다른 용어도 있습니다. 현재 우리 군에서는 무인 비행체를 UAV(Unmanned Aerial Vehicle)라고 부르고, 국제민간항공기구인 ICAO(International Civil Aviation Organization)에서는 RPAS(Remotely Piloted Aircraft Systems)라고 부릅니다.

1960년, 소련의 군사 시설을 정찰하던 미국의 유인 정찰기 U2가 미사일에 격추되는 사건이 있었습니다. 이후 미국은 자신의 군인을 보호하기 위해 정찰기능 중심의 무인 비행기를 본격적으로 개발했습니다. 이렇게 드론은 군사 목적으로 개발되었고, 현재에도 상용화한 드론의 80% 이상이 군사적 목적으로 사용됩니다. 최근 민간에서도 상업용 드론 시장이 빠르게 성장하고 있으며, 다양한 기술과 융합하여 새로운 시장을 열고 있습니다.

드론에는 어떤 종류가 있을까요? 드론은 용도나 크기 등으로 종류를 구분할 수도 있지만, 날개의 형태로 드론의 종류를 설명하겠습니다. 드론은 날개의 형태에 따라 고정익(fixed wing) 드론, 회전익(rotary wing) 드론, 그리고 두 가지 방식이 혼합된 복합형으로 나눌 수 있습니다.

우리가 흔히 보는 비행기 모양의 드론을 고정익 드론이라고 합니다. 고정익 드론은 날개가 고정되어 있고, 프로펠러나 엔진의 힘으로 비행합니다. 따라서 이·착륙할 때 활주로가 필요하며, 일정 속도 이상이 되어야 날 수 있고 제자리에 멈출 수 없습니다.

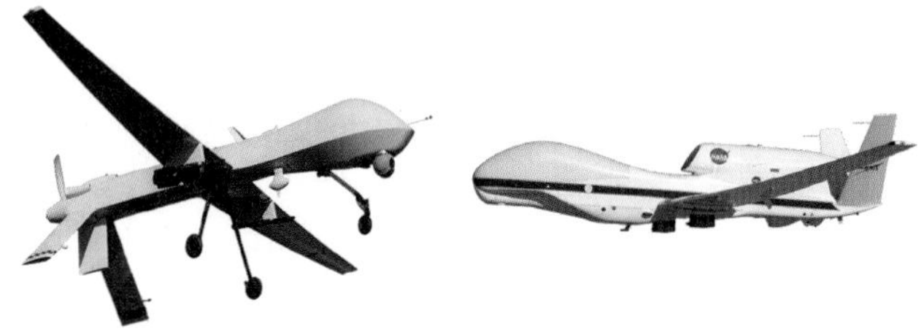

▲ 고정익 드론

이러한 단점을 극복하고자 활주로 없이 이·착륙할 수 있고, 제자리에서 비행할 수 있는 회전익 드론이 등장했습니다. 회전익 드론은 프로펠러를 빠르게 회전시켜 비행합니다. 하지만 동력 낭비가 심하고, 끊임없이 날개를 회전시키기 때문에 공기 흐름에 민감합니다.

▲ 회전익 드론

고정익 드론과 회전익 드론의 단점을 보완하기 위해 만들어진 것이 틸트로터형 드론입니다. 틸트로터형 드론은 이·착륙, 정지비행은 회전날개를 이용하고, 수평으로 움직일 때는 고정날개를 사용해 움직입니다.

▲ 회전익 드론

마지막으로 개발된 드론은 멀티 로터형 드론입니다. 우리가 흔히 알고 있는 드론이 이 멀티 로터형입니다. 멀티 로터는 날개(rotor)가 여러(Multi) 개 있다는 뜻입니다. 멀티 로터형 드론은 세 개 이상의 회전날개로 비행합니다. 공기 역학적 안정성도 뛰어나고, 회전익 드론처럼 수직으로 이·착륙할 수 있고, 제자리에서 비행할 수도 있습니다.

또한, 여러 개의 날개를 사용하므로 추락위험도 줄었습니다. 멀티 로터형 드론은 프로펠러의 개수에 따라 쿼드(4)콥터, 헥사(6)콥터, 옥타(8)콥터 등으로 나뉘고, 드론마다 특성이 다릅니다.

▲ 멀티콥터의 종류

드론은 이제 우리 일상에서 흔하게 볼 수 있습니다. 전문가들은 드론이 그 자체로 거대한 산업이자 기존의 산업 시스템을 바꾸게 될 것으로 전망합니다. 조종이 쉽고, 운용과 관리 비용이 상대적으로 저렴하고 수직 이착륙을 할 수 있어 다양한 분야에 활용됩니다.

모바일 생태계를 만든 스마트폰처럼 드론도 새로운 생태계를 만드는 플랫폼이 될 것이라고 합니다. 기술 및 부품, 소프트웨어, 서비스 등 관련 산업의 성장을 이끌고, 4차 산업혁명과 더불어 인공지능, GPS, 빅데이터 등 여러 기술과 결합하면 드론의 활용 분야는 다양해질 것입니다. 드론의 시작이 된 군사용 무기에서부터 건설, 에너지, 물류, 재난구조, 교통 관측, 과학 연구, 농업, 환경오염 제거, 촬영, 취재, 취미 등 활용할 수 있는 분야는 그야말로 무궁무진합니다.

많은 영화사는 아슬아슬한 장면을 촬영하기 위해 고해상도 카메라가 달린 드론을 사용합니다. 원래는 헬리콥터를 사용해서 사람이 직접 촬영해야 하지만, 드론을 사용해서 촬영 비용을 많이 줄이고 있습니다. 지진이나 해일과 같은 자연재해뿐만 아니라 여러 시위나 사고 현장 등 기자가 접근하기 어려운 지역에 드론을 보내 사진이나 영상을 촬영해서 기사를 씁니다. 이를 드론 저널리즘(Drone Journalism)이라고 합니다.

한국토지주택공사(LH)는 드론을 토지조사에 활용하고 있습니다. 드론이 공중에서 촬영한 사진으로 면적을 측정해서 주택이 얼마나 있는지 등의 현황조사를 합니다. 사람이 가서 직접 조사하는 것보다 적은 비용으로 더 정확하고 빠르게 조사할 수 있게 되었습니다.

2014년 브라질 월드컵에서 브라질 정부는 치안을 위한 감시용 드론을 운용했습니다. 또한, 미국의 카오틱 문 스튜디오(Chaotic Moon Studios)가 개발한 무인 경비 드론 '큐피드'는 카메라로 집을 지키며 위험인물을 발견하면 전기 충격 장치로 기절시킵니다. 미국 마이애미 경찰은 적외선 카메라를 단 드론을 띄워 큰 인명피해 없이 현장에 숨은 범인들을 찾아내 체포했습니다.

▲ 회농약살포/구호물품 이송/구조 활동

농업 분야도 드론 덕택에 새로운 변화를 맞이하고 있습니다. 농약을 살포할 때 드론을 사용하면 기존의 방식보다 시간과 비용 면에서 매우 경제적이고 안전합니다. 앞으로는 파종에서 수확까지 전 과정에 드론이 쓰일 것입니다.

대규모 농업이 발달한 미국에서도 드론을 적극적으로 활용하고 있습니다. 드론에 달린 카메라로 경작지를 조사해 필요한 비료를 자동으로 계산합니다. 어떤 농약과 비료를 얼마나 사용할지, 드론으로 축적한 데이터를 바탕으로 계산합니다. 심지어 열매 색깔을 분석해서 작물 상태를 파악하거나 나무에 살충제를 뿌리기도 합니다. 사물인터넷과 드론 기술의 융합으로, 농업의 새로운 패러다임인 스마트 팜(Smart Farm) 시대가 열리고 있습니다.

세계 인구는 2050년이면 90억 명을 넘어갈 것으로 예상합니다. 늘어나는 농산물 수요를 만족시키고 농업 생산성을 높이기 위해선 혁신적인 기술이 필요한데, 드론이 큰 역할을 담당할 것으로 기대됩니다.

MEMO

02 드론의 원리

이 장에서는 무엇을 배울까요?

- 양력의 개념을 이해할 수 있어요
- 드론이 어떤 원리로 움직이는지 알 수 있어요
- 드론에 작용하는 4가지 힘을 알 수 있어요

비행기를 띄우는 힘을 양력이라고 합니다. 다양한 물리법칙으로 양력이 생깁니다. 대표적인 물리법칙이 '베르누이 정리'입니다. 베르누이 정리에 따르면, 공기 같은 유체의 속도와 압력은 반비례합니다. 속도가 빨라지면 압력은 낮아지고, 속도가 느려지면 압력은 높아집니다.

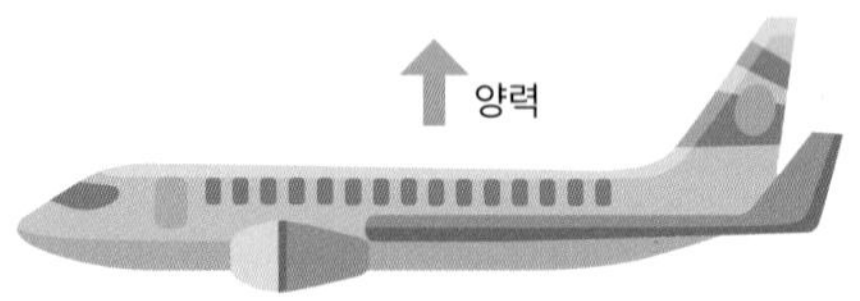

▲ 양력: 유체의 흐름에 물체가 수직 방행으로 받는 힘

날개를 수직으로 잘랐을 때, 유선형의 단면 모양을 에어포일(airfoil)이라고 합니다. 에어포일 위를 흐르는 공기는 속도가 빨라지며 압력이 낮아지고, 아래를 흐르는 공기는 속도가 느려지며 압력이 높아집니다. 이렇게 위아래에 압력 차가 생기고, 에어포일 아래의 높은 압력이 에어포일 위의 낮은 압력 쪽으로 날개를 밀어 양력이 생깁니다.

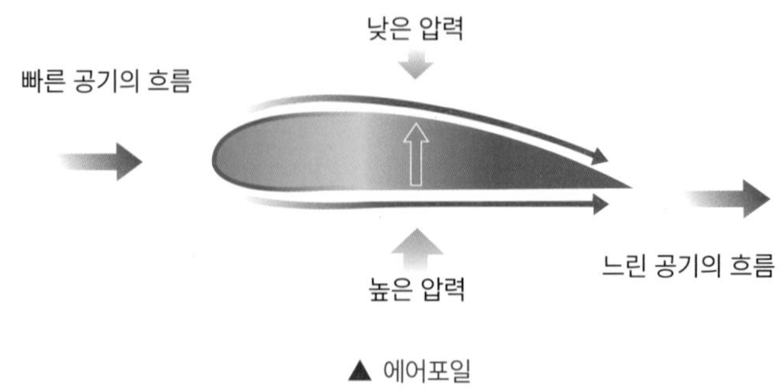

▲ 에어포일

공기가 누르는 힘을 '기압'이라고 하는데 이 기압 차로 비행기가 뜨는 것입니다. 1기압의 힘은 어느 정도일까요? 우리가 일상 받는 1기압의 압력은 10m 정도의 물기둥을 어깨에 이고 있는 상태에서 받는 압력과 비슷합니다. 만약 가로, 세로의 길이가 1m인 물기둥이 있다면 약 10m까지 올리는 힘이 1기압입니다. 무게로 계산하면 약 10톤의 무게(물 1m^3가 약 1톤)입니다. 이런 기압의 힘으로 면적이 넓이가 넓을수록 더 많은 무게를 위로 올릴 수 있습니다.

▲ 기압 차로 양력 발생

기업 차이로 양력을 발생하는 간단한 실험이 있습니다. 깔때기에 탁구공을 대고 바람을 불면 탁구공이 떨어지지 않고 뜨는 것을 볼 수 있습니다. 깔때기에 바람을 불면 기압이 깔때기 입구 쪽 기압이 낮아지고, 깔때기 밑 쪽의 기압이 높아져 탁구공이 뜨는 것입니다.

양력과 관련된 또 하나의 물리법칙은 뉴턴의 운동 법칙입니다. 뉴턴은 물체의 움직임과 그 원리를 '프린키피아'로 알려진 '자연철학의 수학적 원리'라는 책에 정리했습니다.

이 책은 총 3권으로 구성되어 있습니다. 1권과 2권은 물체의 움직임에 관해 체계적으로 정리했으며, 3권은 1권과 2권의 지식을 바탕으로 태양계의 구조를 설명했습니다. 1권과 2권의 내용이 바로 그 유명한 뉴턴의 운동 법칙입니다. 이 법칙으로 물체의 움직임을 분석하고 예측할 수 있게 되었습니다. 뉴턴의 운동 법칙은 다음과 같습니다.

제1법칙: **관성의 법칙**	정지한 물체는 계속 정지하려고 하고, 운동하는 물체는 계속 운동하려고 한다.
제2법칙: **가속도의 법칙**	물체가 힘을 받으면 속도가 변한다.
제3법칙: **작용과 반작용의 법칙**	모든 작용에 대해 크기는 같고 방향은 반대인 반작용이 존재한다.

왼쪽에서 오른쪽으로 흐르는 공기는 날개를 지나면서 위에서 아래 방향으로 속도가 변합니다. 공기의 흐름이 아래쪽으로 바뀌면, '작용-반작용의 법칙'에 의해 날개는 위쪽으로 향하는 힘인 양력 받습니다. 실제로 비행기 날개는 위와 같은 공기의 흐름을 만들기 위해 '받음각'이라는 것이 있습니다. 날개의 앞면이 진행 방향과 비교하면 약간 들려있음으로써 생기는 각도입니다.

연도 평평하지만, 작용-반작용 법칙으로 하늘을 날 수 있습니다. 그래서 비행기가 날기 위해서는 앞으로 빠르게 움직여야 합니다. 고정익 드론이 왜 활주로나 발사장치가 필요한지 알 수 있겠죠?

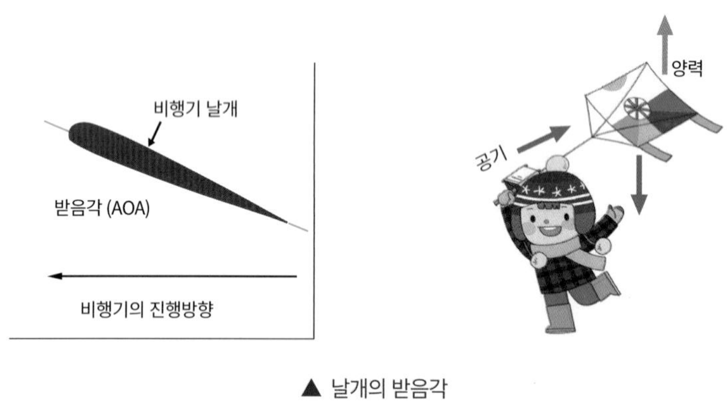

▲ 날개의 받음각

그러면 드론은 어떻게 날 수 있으며 왜 날개가 여러 개 필요할까요?

먼저 헬리콥터를 살펴보겠습니다. 헬리콥터 몸체에는 큰 프로펠러가 있습니다. 이 프로펠러를 '로터(rotor)'라고 합니다. 몸체에 있는 로터를 '메인 로터(Main Rotor)', 꼬리 쪽의 작은 로터는 '테일 로터(Tail Rotor)'라고 합니다. 헬리콥터와 같은 회전익 비행체는 프로펠러를 빠르게 회전시켜 양력이 생기게 합니다. 그래서 활주로가 없어도 수직으로 이·착륙할 수 있고, 제자리에서 비행할 수 있는 겁니다.

테일 로터는 왜 필요할까요? 여기서 작용과 반작용의 법칙을 생각해봅시다. 로터가 회전하면 작용과 반작용의 법칙에 따라 헬리콥터 몸체(동체)가 반대 방향으로 회전합니다. 로터가 시계 반대 방향으로 회전하면 헬리콥터 몸체는 시계 방향으로 회전합니다. 테일 로터가 회전해서 헬리콥터 몸체가 반대로 회전하지 않도록 합니다. 테일 로터가 없으면 영화에서처럼 헬리콥터 몸체는 빙글빙글 돌 것입니다.

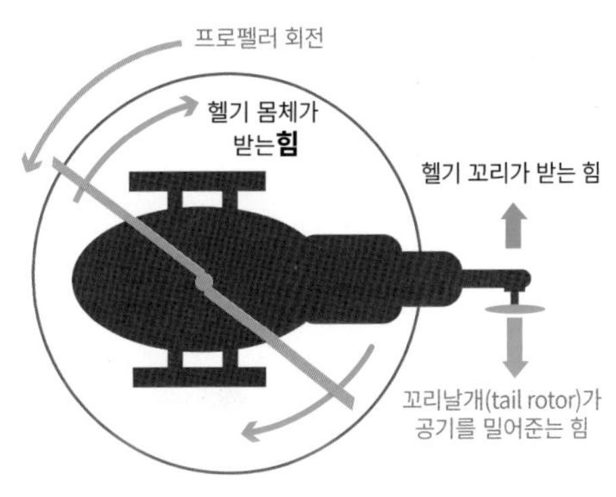

▲ 헬리콥터의 원리

이것이 회전익 비행체가 고정익 비행체보다 에너지 효율이 떨어지는 이유 중 하나입니다. 테일 로터의 힘은 회전익 비행체가 뜨는 데 사용하는 것이 아니고 메인 로터의 회전력을 상쇄시키기 위해 사용하기 때문에 에너지를 소모하는 것이죠. (상쇄 : 상반되는 것이 서로 영향을 주어 효과가 없어지는 일)

그리고 움직이기 위해서 메인 로터에는 복잡한 장치가 필요합니다. 이런 장치들이 없으면 단순히 위-아래로만 움직입니다.

드론을 보면 시계 방향으로 회전하는 프로펠러가 있고, 시계 반대 방향으로 회전하는 프로펠러가 있어서 회전에 따른 반작용을 상쇄시킵니다. 헬리콥터의 테일 로터와 달리, 프로펠러 모두 양력을 발생시키는 데 사용하므로 에너지 효율이 높습니다. 또한, 구조가 단순하고 복잡한 장치가 없이도 프로펠러의 회전 속도를 조종해서 움직일 수 있습니다.

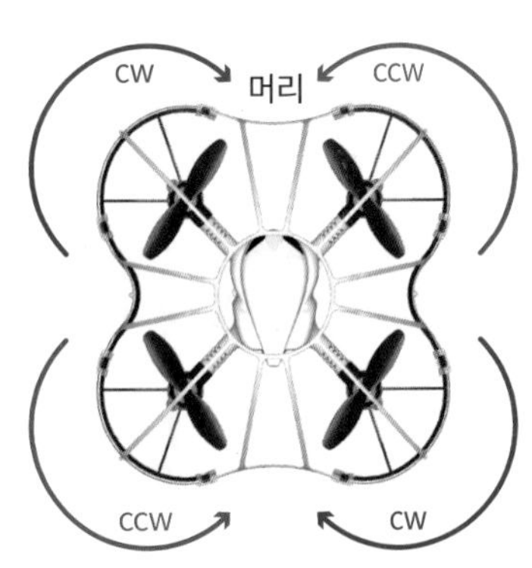

▲ 드론 프로펠러의 회전 방향

따라서 드론의 프로펠러는 회전하면서 공기를 아래쪽으로 밀 수 있도록 연결해야 합니다. 그렇지 않으면 위쪽으로 공기를 밀어서 드론이 균형을 잡지 못해 날 수 없습니다.

드론에 작용하는 힘은 위로 뜨는 양력, 물체를 아래로 끌어당기는 중력, 드론이 기울면서 앞으로 가게 해주는 추력, 공기와 드론의 마찰로 추력을 방해하는 항력이 있습니다.

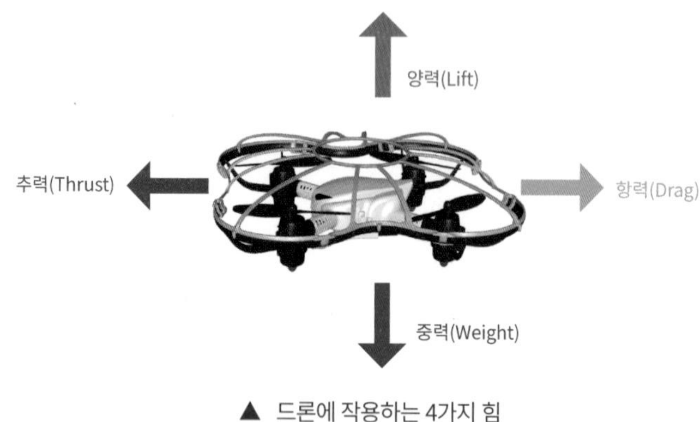

▲ 드론에 작용하는 4가지 힘

프로펠러를 빠르게 회전시켜서 양력이 중력보다 크면 위로 뜨게 됩니다. 반대로 중력이 양력보다 더 강하면 드론은 아래로 내려갑니다. 드론이 이동하기 위해선 추력과 항력이 필요합니다. 추력이 항력보다 크면 추력이 향하는 방향으로 이동합니다.

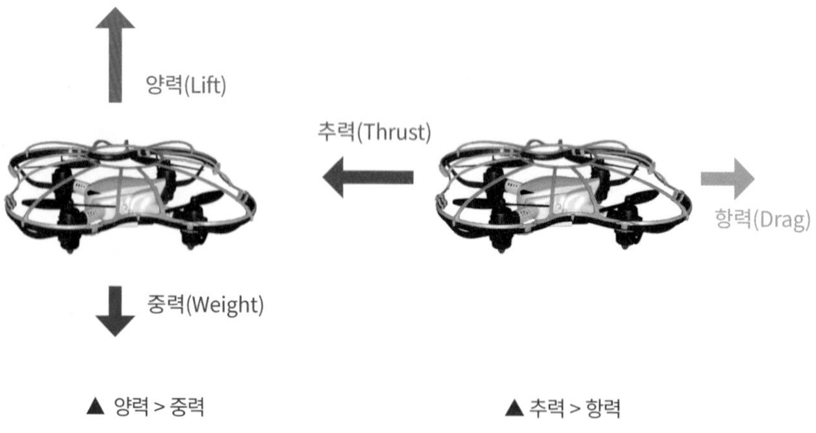

▲ 양력 > 중력　　▲ 추력 > 항력

4가지 힘의 크기가 같으면 제자리 비행을 할 수 있습니다. 이 상태를 호버링(Hovering)이라고 합니다.

MEMO

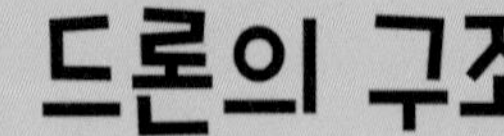

03 드론의 구조

이 장에서는 무엇을 배울까요?

- 드론의 구조를 알 수 있어요
- 드론의 다양한 부품을 이해할 수 있어요

앞에서 드론의 원리를 배웠습니다. 그럼 4개의 프로펠러에 모터만 연결해 회전시키면 드론이 날 수 있을까요?

그렇지 않습니다. 드론이 공중에서 균형을 잡고, 원하는 곳으로 가려면 다양한 부품과 센서가 필요합니다.

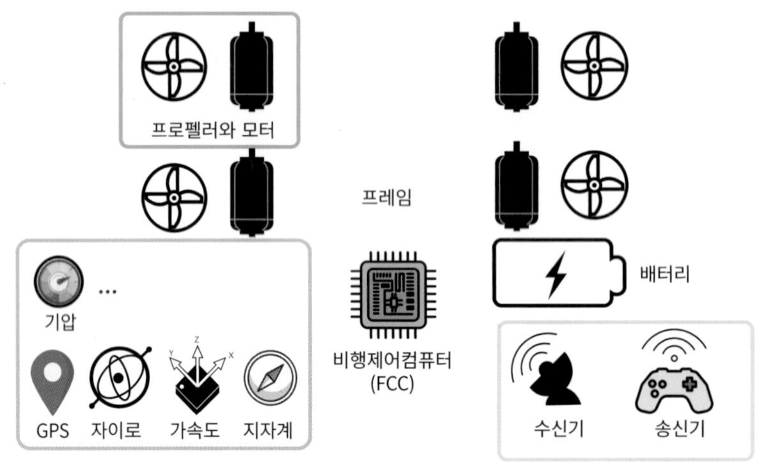

▲ 드론에 작용하는 4가지 힘

■ 모터

모터는 전기와 자기의 성질을 이용합니다. 전기와 자기장이 만든 힘으로 모터가 회전합니다. 드론에 사용하는 모터는 브러시드(Brushed) 모터와 브러시리스(Brushless) 모터로 구분할 수 있습니다. 브러시드(Brushed) 모터는 우리가 흔히 사용하는 DC 모터입니다. 모터 내부를 보면 브러시가 있습니다.

▲ 브러시드(Brushed) 모터와 구조

전류를 흐르면 자기장의 방향에 따라서 코일이 회전합니다.

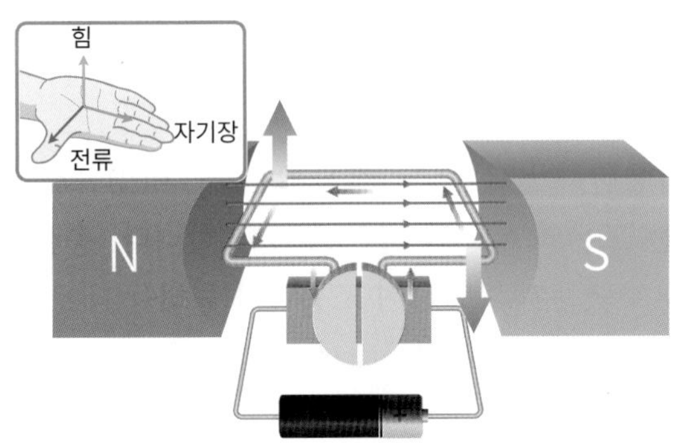

▲ 브러시드(Brushed) 모터의 회전 원리

브러시드 모터는 가격이 저렴해서 많이 쓰이지만 브러시와 정류자의 마찰로 오래 사용하기 힘듭니다.

브러시리스(Brushless) 모터는 말 그대로 브러시(Brush)가 없는(-less) 모터입니다. 영어 앞글자를 따서 'BLDC 모터'라고 부릅니다. 브러시리스 모터는 안에 있는 전자석(고정자: Stator)과 바깥에 있는 영구자석(회전자: Rotor)의 상호작용으로 회전합니다.

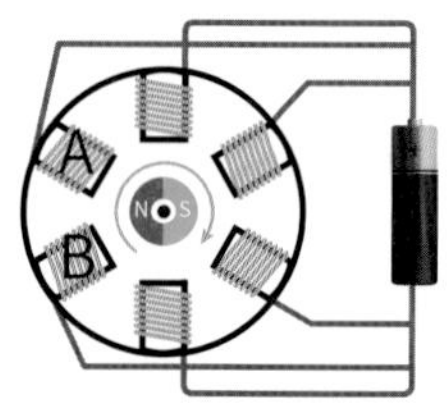

▲ 브러시리스(Brushless) 모터의 회전 원리

코일에 전류가 흐르면 전자석이 됩니다. 코일 A에 전류가 흐르면 반대 극인 회전자와 고정자가 서로를 끌어당깁니다. 그다음에 코일 B에 전류가 흐르면 서로 끌어당겨서 조금 더 회전합니다. 코일에 순서대로 전류를 보내서 회전자를 회전시킵니다. 브러시가 없어서 오래 사용할 수 있지만, 코일 각각에 신호를 줘야 하므로 변속기(ESC) 같은 장치를 써서 모터에 안정적인 전류를 보내야 합니다.

■ 센서

드론이 균형을 잡고 비행하려면 센서도 필요합니다. 비행 제어 컴퓨터(FCC: Flight Controller Computer)는 드론의 두뇌와 같은 역할을 합니다. 송신기에서 보낸 신호를 수신기로 받아서 어떤 명령을 보냈는지 확인하여 조종자가 원하는 대로 드론이 움직일 수 있게 합니다. 또한, 다양한 센서에서 읽은 값을 계산해서 드론이 안정된 자세로 날 수 있게 합니다.

▲ 다양한 센서

자이로, 가속도 센서	자이로 센서는 X, Y, Z축으로 운동하는 물체의 회전 각도를 측정합니다. 가속도 센서는 물체의 가속도와 방향을 이용하여 움직임, 진동, 충격 등 물체의 운동 상태를 감지해서 3차원 공간에서 전후·좌우·상하 움직임을 측정합니다.
GPS	'위성 위치확인 시스템'의 줄임말입니다. 위성에서 받은 신호로 드론의 위치를 확인합니다. 드론이 제자리에서 가만히 있으려면 자신의 위치를 알아야 하고 비행하다가 원래 있던 곳으로 자동으로 돌아오기 위해서도 처음 이륙했던 위치를 알아야 합니다. 이때 GPS가 필요합니다. GPS가 없으면 드론은 제자리 있지 못하고 조금씩 움직입니다.
지자계 센서	지자계 센서는 드론의 방향을 정해줍니다. 지구는 큰 자석과 같아서 나침반은 항상 일정한 방향을 가리킵니다. 자북(磁北, Magnetic North)은 나침반이 가리키는 북쪽을 말하며, 지자계 센서는 자북과의 각도 측정해서 드론의 방향을 확인합니다.
기압 센서	기압 센서는 드론과 지면의 기압 차를 측정해서 드론이 같은 높이로 날 수 있게 합니다. 기압 센서가 없으면 드론이 같은 고도를 유지할 수 있게 조종자가 컨트롤러로 직접 조종해야 합니다.
관성 측정 장치(IMU)	관성 측정 장치(IMU)는 자이로 센서, 가속도 센서 등으로 기울어짐, 속도, 이동 방향 등을 계산해서 드론이 안정된 자세로 비행할 수 있게 합니다. 드론은 GPS가 없어도 날 수 있지만, 관성 측정 장치가 없으면 균형을 잡을 수 없어 날 수 없습니다.
비행제어컴퓨터(FCC :Flight Controller Computer)	비행제어컴퓨터는 드론에서 두뇌와 같은 역할을 합니다. 송신기에서 보낸 신호를 수신기로 받아서 어떤 명령을 보냈는지 확인하며, 조종가가 원하는 대로 드론이 움직일 수 있도록 합니다. 또한, 다양한 센서에서 읽은 값을 계산해서 드론이 안정된 자세로 날 수 있게 합니다.

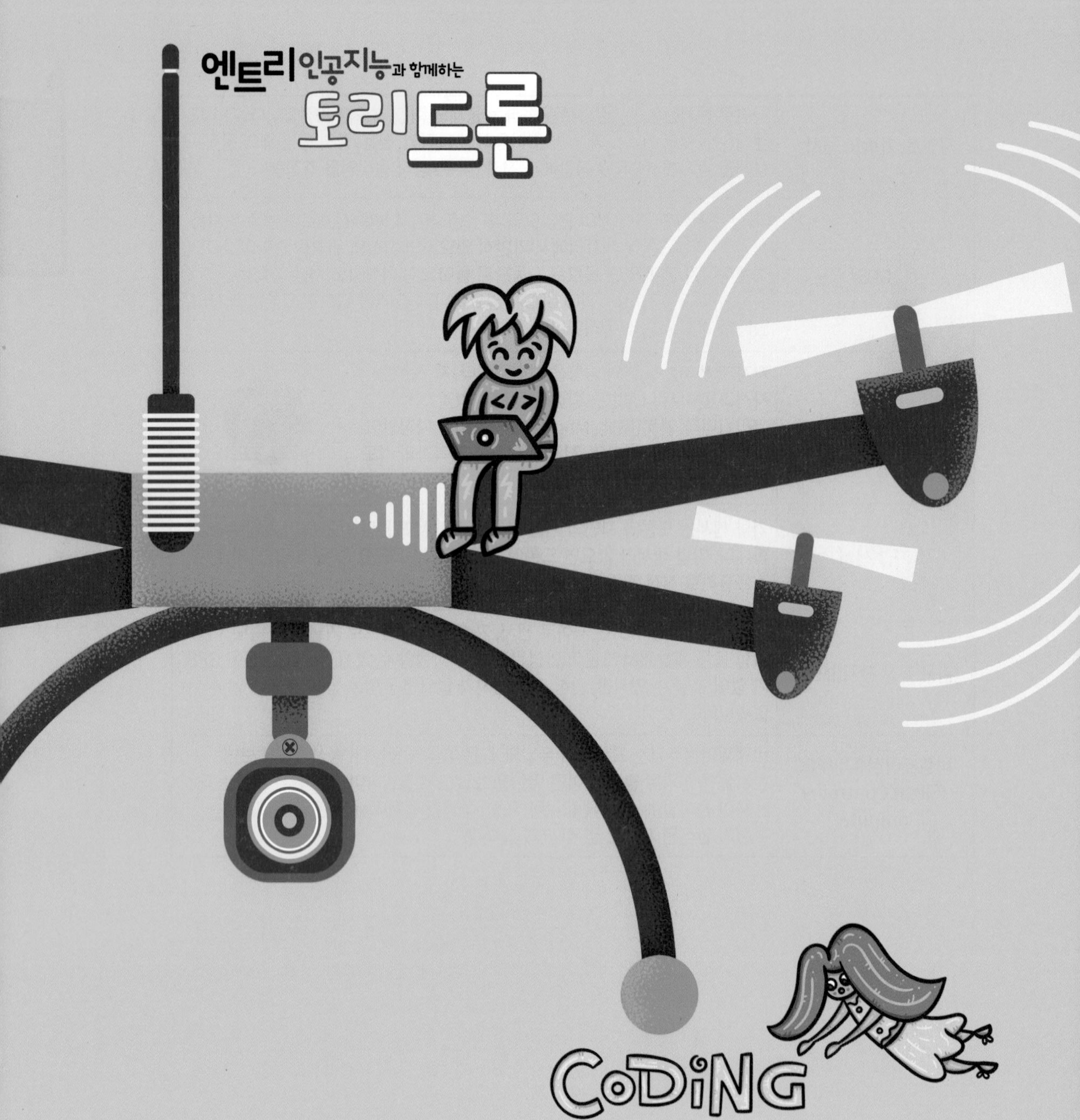
엔트리 인공지능과 함께하는
토리드론
CoDiNG

CHAPTER 02

드론 조종하기

01 시뮬레이터 사용방법

이 장에서는 무엇을 배울까요?

- 시뮬레이터를 다운로드 받아서 설치할 수 있어요
- 쓰로틀, 요우, 피치, 롤의 개념을 이해할 수 있어요
- 시뮬레이터에서 드론을 움직일 수 있어요

드론을 처음부터 능숙하게 조종하면 좋겠지만 생각보다 어렵습니다. 드론 조종방법을 배워서 실제로 드론을 조종하면 우리가 원하는 대로 움직이지 않는 경우가 있습니다. 그리고 드론이 벽에 부딪히고, 바닥으로 몇 번 떨어지면 드론이 고장 나지 않을까 하는 두려움도 생깁니다.

드론 조종을 처음 배울 때 드론 시뮬레이터로 배우면 이런 걱정을 하지 않고 재미있게 조종방법을 배울 수 있습니다. 드론 시뮬레이터는 드론을 처음 배우는 사람을 위해서 제작된 프로그램입니다. 드론을 가상 세계에서 움직이면서 드론의 특징과 조종방법 등을 반복적으로 익힐 수 있습니다.

'잇플코딩'이라고 검색하거나 주소창에 'itpleinfo.com'을 입력해서 잇플 사이트에 들어갑니다.

위의 메뉴에서 <커뮤니티 >-<자료실>을 순서대로 클릭합니다.

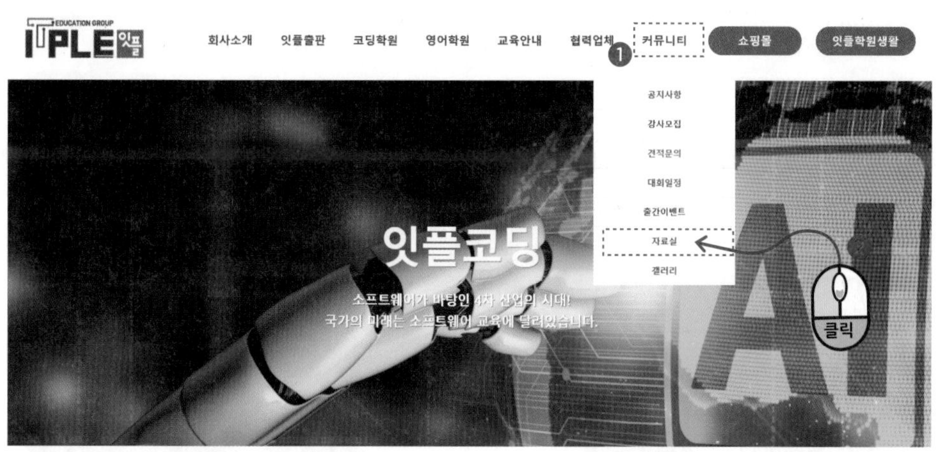

<엔트리 토리드론 설치>와 <잇플 토리드론 시뮬레이터 다운로드>가 있습니다. 두 가지 프로그램을 다운로드 받습니다. '엔트리 토리드론'는 엔트리 드론 코딩 프로그램입니다. '잇플 토리드론 시뮬레이터'는 드론 시뮬레이터입니다.

Download를 클릭하면 구글 드라이브에서 프로그램을 다운로드할 수 있습니다.

'Google Drive에서 파일에 바이러스가 있는지 검사할 수 없습니다'라는 메시지가 나오면 <무시하고 다운로드>를 클릭해서 다운로드하면 됩니다.

다운로드 받은 압축 파일을 풉니다. 폴더에서 <Drone Fighter Simulator.exe>를 실행합니다.

드론 시뮬레이터 프로그램을 실행할 때 그림과 같이 PC 보호 메시지가 나올 수 있습니다. <추가 정보>를 클릭하고 <실행>을 클릭합니다.

드론 시뮬레이터 화면입니다. 다양한 메뉴가 있습니다. 원하는 메뉴를 선택해서 사용하면 됩니다.

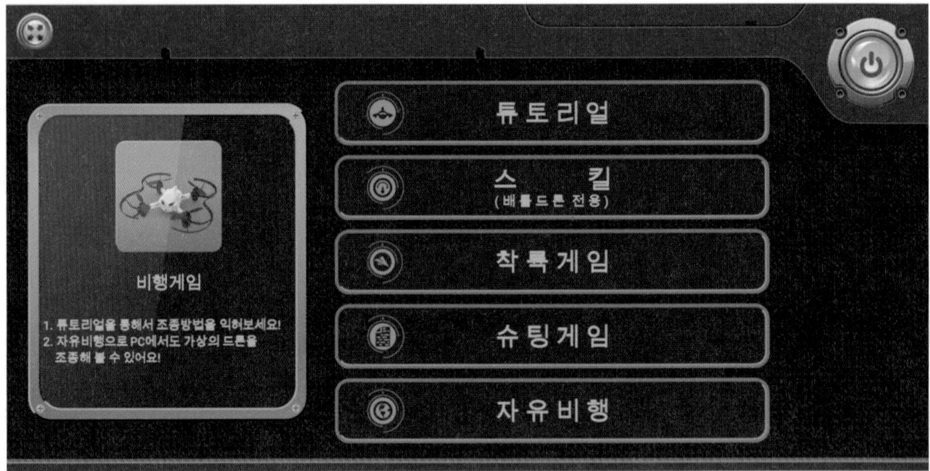

USB 케이블을 사용해서 조종기를 컴퓨터에 연결합니다.

먼저 쓰로틀·요우·피치·롤을 알아보겠습니다.

드론이 위-아래로 움직이는 것을 쓰로틀(Throttle)이라고 합니다.

4개의 프로펠러가 빠르게 회전해 공기를 밀어내서 위로 올라갑니다. 이때 쓰로틀은 커지게 됩니다. 반대로 천천히 회전하면 아래로 내려갑니다. 쓰로틀은 작아집니다.

고속

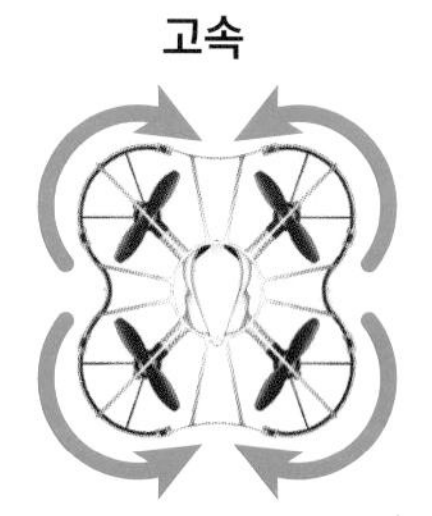

위로 올라감
쓰로틀(Throttle)이 커짐(+)

저속

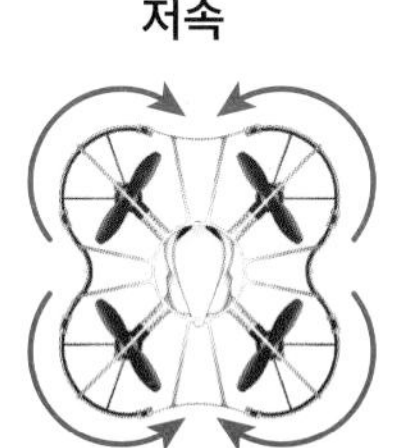

아래로 내려감
쓰로틀(Throttle)이 작아짐(-)

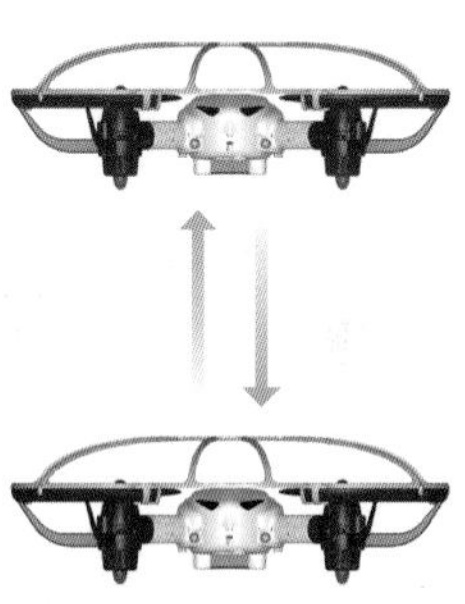

드론이 제자리에서 왼쪽-오른쪽 회전하는 것을 요우(Yaw)라고 합니다.

어떻게 드론이 회전할 수 있을까요? 뉴턴의 세 가지 법칙 중 '작용-반작용의 법칙'으로 설명할 수 있습니다.

시계 반대 방향으로 회전하는 프로펠러는 빠르게, 시계 방향으로 회전하는 프로펠러는 천천히 회전합니다. 그러면 시계 반대 방향으로 도는 힘이 시계 방향으로 도는 힘보다 강합니다. 시계 반대 방향으로 도는 힘의 반작용으로 드론 몸체는 시계 방향으로 회전합니다. 그러면 드론은 오른쪽으로 회전합니다. 요우 축이 회전해서 제자리에서 왼쪽-오른쪽으로 회전하는 것이죠.

왼쪽 회전

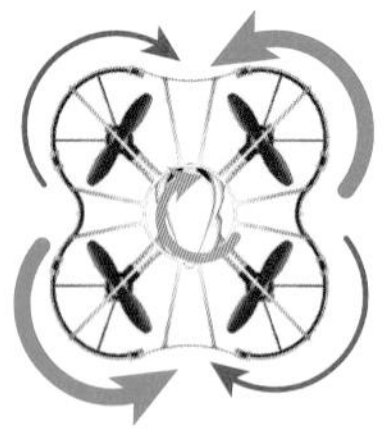

오른쪽 회전

드론이 앞-뒤로 움직이는 것을 피치(Pitch)라고 합니다.

그림과 같이 헤드 반대쪽 프로펠러가 더 빠르게 회전하면 드론이 앞쪽으로 움직입니다. 그러면 피치는 커집니다.

헤드 쪽 프로펠러가 더 빨리 회전하면 드론은 뒤로 움직입니다. 이때 피치는 작아집니다. 드론의 피치 축이 회전해서 앞-뒤로 움직이는 겁니다.

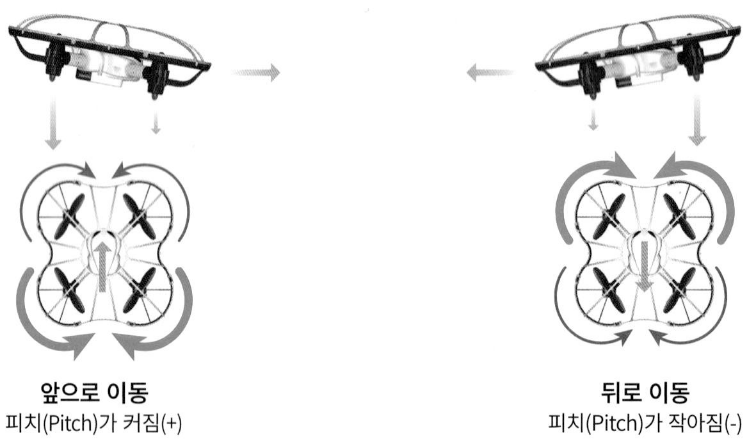

앞으로 이동
피치(Pitch)가 커짐(+)

뒤로 이동
피치(Pitch)가 작아짐(-)

드론이 왼쪽-오른쪽으로 움직이는 것을 롤(Roll)이라고 합니다.

헤드의 왼쪽 프로펠러가 더 빠르게 회전하면 드론이 오른쪽으로 움직입니다. 그러면 롤은 커집니다. 헤드의 오른쪽 프로펠러가 더 빠르게 회전하면 왼쪽으로 움직입니다. 반대로 롤은 작아지는 것입니다.

이렇게 드론의 롤 축이 회전하면 왼쪽-오른쪽으로 움직입니다.

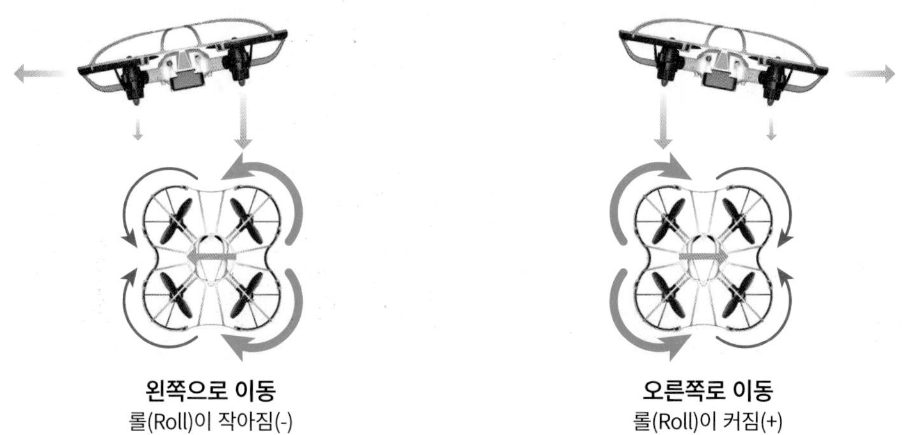

왼쪽으로 이동
롤(Roll)이 작아짐(-)

오른쪽으로 이동
롤(Roll)이 커짐(+)

표로 다시 정리했습니다.

쓰로틀(Throttle)	위-아래로 움직이기
요우(Yaw)	제자리에서 왼쪽-오른쪽으로 회전하기
피치(Pitch)	앞-뒤로 움직이기
롤(Roll)	왼쪽-오른쪽으로 움직이기

쓰로틀·요우·피치·롤을 바꿔서 드론을 조종하면 됩니다.

그러면 <튜토리얼>에서 조종기로 드론의 기초 사용법과 쓰로틀·요우·피치·롤을 어떻게 바꾸는지 알아보겠습니다.

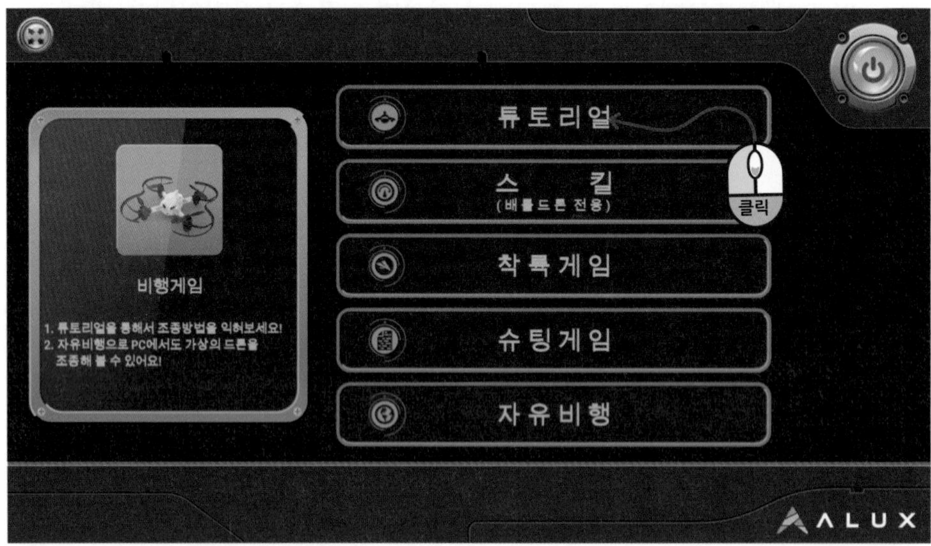

❶ 다시 하기: 버튼을 클릭하면 해당 프로그램이 다시 시작합니다.

❷ 확대 하기: 버튼을 클릭하면 창이 커집니다. 아니면 <Alt>+<Enter> 키를 눌러도 됩니다.

❸ 나가기: 버튼을 클릭하면 홈 화면으로 나옵니다.

왼쪽과 오른쪽 레버를 그림과 같이 가운데로 움직이면 드론이 이륙 준비를 합니다.

왼쪽 레버로 쓰토틀과 요우를 바꿉니다.

왼쪽 레버를 위-아래로 움직이면 쓰로틀이 바뀝니다. 레버를 위로 올리면 드론이 위로 움직이고, 레버를 아래로 내리면 드론이 아래로 움직입니다.

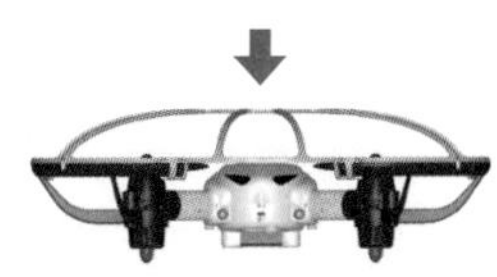

왼쪽 레버를 왼쪽-오른쪽으로 움직이면 요우가 바뀝니다. 레버를 왼쪽으로 움직이면 시계 반대 방향(왼쪽)으로 회전합니다. 레버를 오른쪽으로 움직이면 시계 방향(오른쪽)으로 회전합니다.

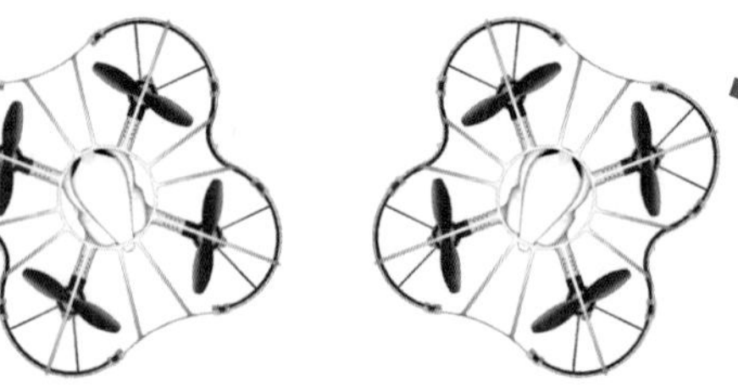

오른쪽 레버로 피치와 롤을 바꿉니다.

오른쪽 레버를 위-아래로 움직이면 피치가 바뀝니다. 레버를 위로 올리면 드론이 앞으로 움직이고, 레버를 아래로 내리면 드론이 뒤로 움직입니다.

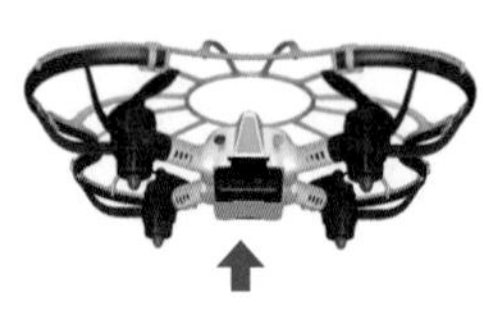

오른쪽 레버를 왼쪽-오른쪽으로 움직이면 롤이 바뀝니다. 레버를 왼쪽으로 움직이면 왼쪽으로 움직입니다. 레버를 오른쪽으로 움직이면 오른쪽으로 움직입니다.

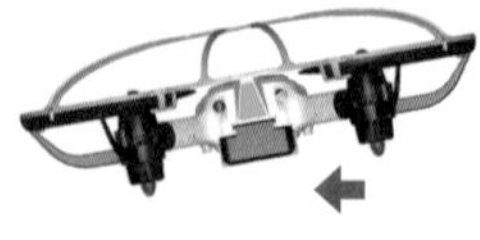

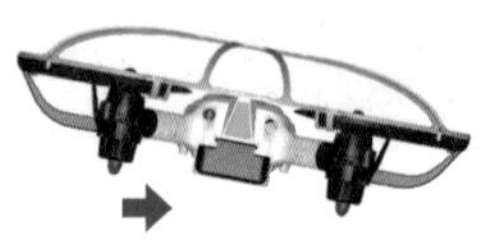

튜토리얼 순서대로 레버를 움직입니다.

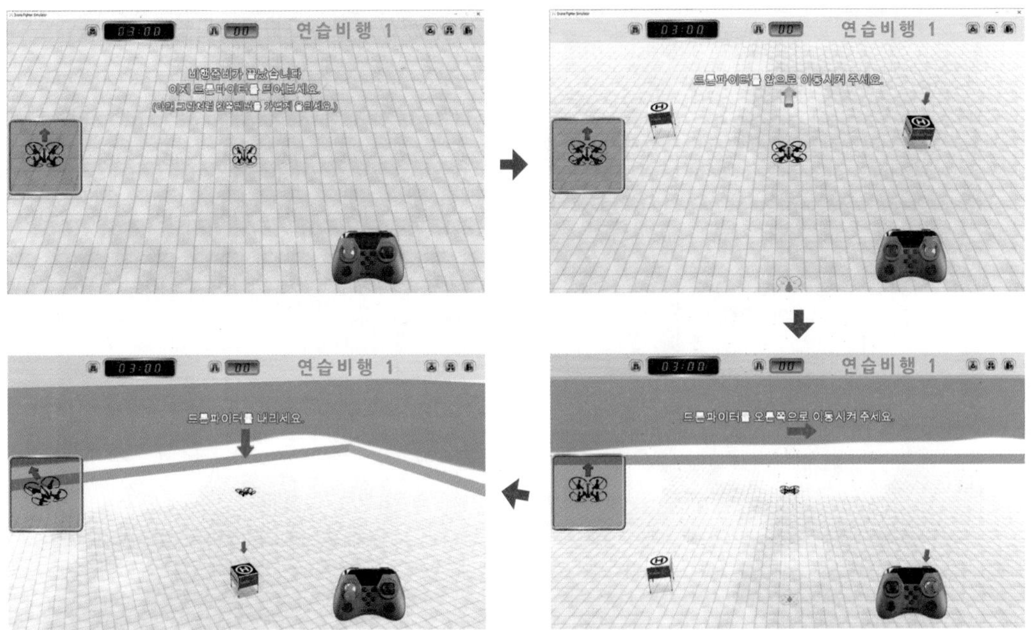

<L> 버튼을 누르고 왼쪽 레버를 아래로 내리면 드론이 멈춥니다. 실제 조종할 때도 마찬가지입니다.

<슈팅 게임>을 해보겠습니다. 시간 안에 미사일을 쏴서 적을 다 없애는 게임입니다.

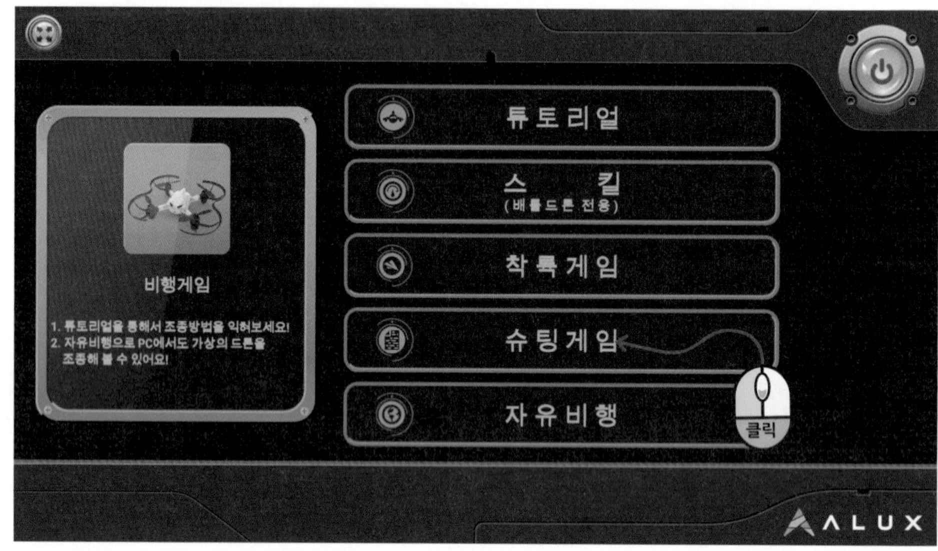

<R> 버튼을 클릭하면 미사일이 나갑니다.

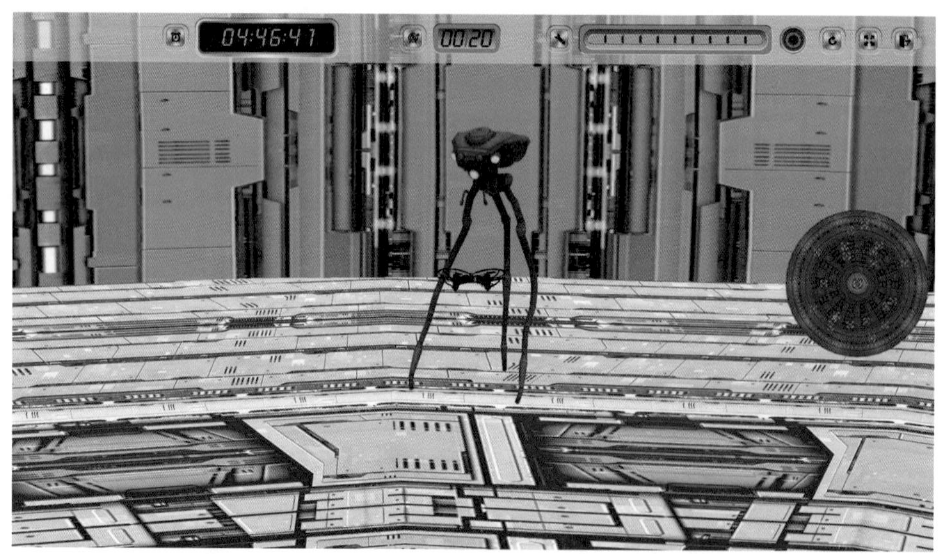

<자율비행>에서 원하는 대로 드론을 조종할 수 있습니다.

<뷰 선택>에서 원하는 것을 선택할 수 있습니다. 기본은 '고정뷰'입니다.

'리얼뷰'로 바꾸면 조종자가 드론을 보는 시점으로 바뀝니다.

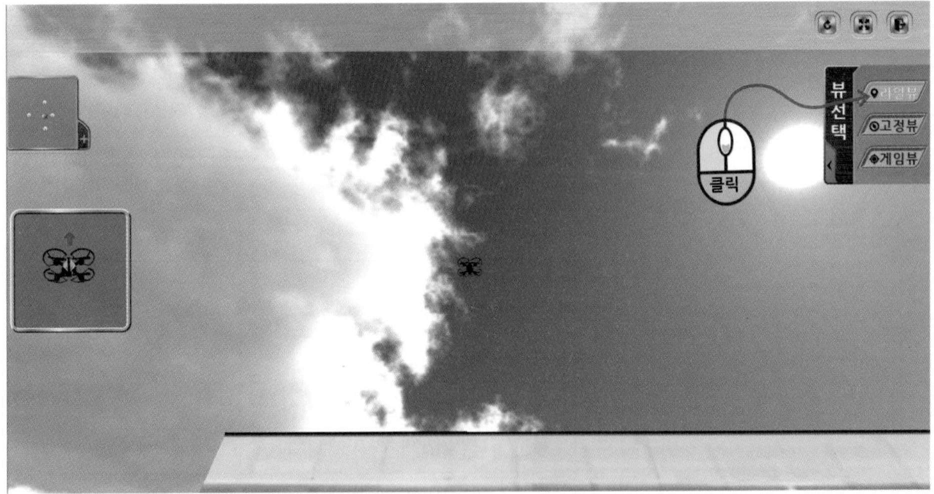

쓰로틀·요우·피치·롤과 드론 시뮬레이터 사용방법 배웠습니다. 드론 시뮬레이터의 다양한 프로그램에서 조종기 사용하는 방법을 충분하게 연습하기 바랍니다.

드론 조종하기

이 장에서는 무엇을 배울까요?

- 조종기 사용방법을 알 수 있어요
- 드론을 직접 조종할 수 있어요
- 헤드리스 모드를 사용할 수 있어요

시뮬레이터로 드론 조종을 충분하게 연습했으니, 실제로 드론을 날려서 조종해보겠습니다.

드론은 드론을 조종할 수 있는 조종기와 드론 기체 그리고 배터리로 구성되어 있습니다.

조종기는 버튼을 짧게 눌렀을 때, 길게 눌렀을 때 실행하는 기능이 다르니 잘 구분해서 사용합니다.

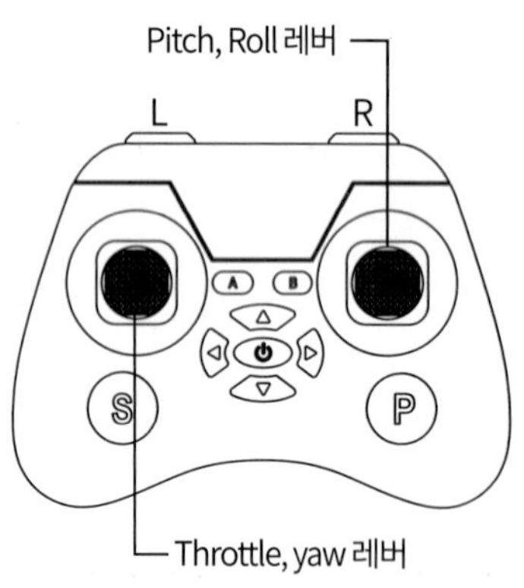

버튼	짧게 눌렀을 때	길게 눌렀을 때
L	속도 바꾸기	이륙/착륙
R	LED 바꾸기 배틀모드에서 미사일 쏘기	길게 누르고 피치나 롤을 바꾸면 360도 회전(플립)
S		자세 센서 초기화 조종기 레버 초기화
P		페어링
A	드론 방향 초기화 (Heading Reset)	헤드리스(Headless) 모드 설정
B	비행 모드 설정	
▲	트림(미세조정) 피치(+)	
▼	트림(미세조정) 피치(-)	
◀	트림(미세조정) 롤(-)	조종 모드 1
▶	트림(미세조정) 롤(+)	조종 모드 2
전원	조종/USB 모드 설정	전원 끄기/전원 켜기

먼저 드론을 페어링합니다. 페어링(Pairing)이란 조종기와 드론의 통신 설정을 같게 하여 연결하는 것을 말합니다. 페어링하면 다른 장치의 간섭 없이 두 장치끼리만 통신을 주고받을 수 있습니다. 페어링이 되어야 조종기로 드론을 조종할 수 있습니다.

드론과 조종기에 배터리를 연결합니다.

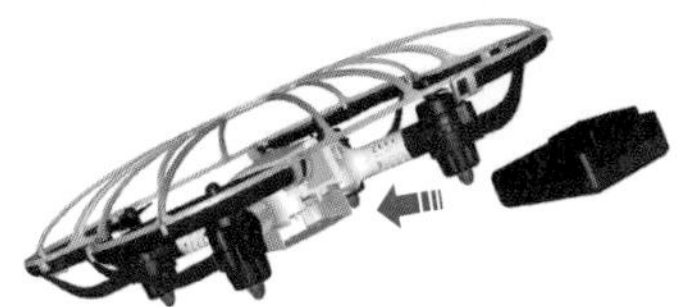

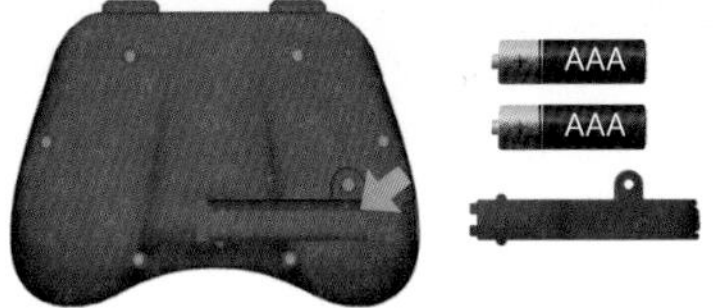

드론에 배터리를 연결하면 자동으로 전원이 들어옵니다. 드론의 몸통을 손으로 10번 이상 흔들어줍니다.

배터리를 연결하고 20초 이내에 흔들어야 합니다.

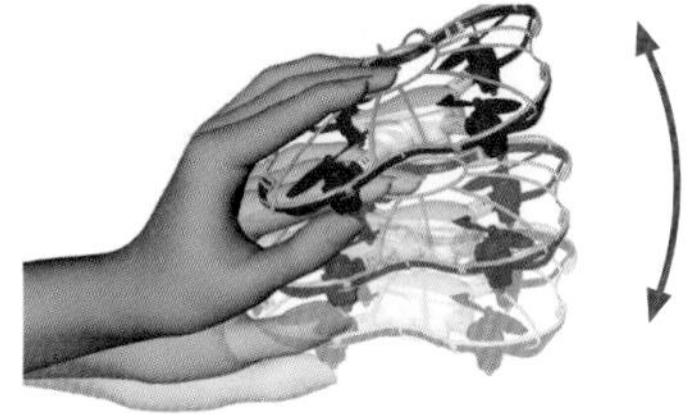

드론의 팔에 있는 LED가 빨간색과 파란색으로 번갈아 깜빡입니다. 이때 드론을 평평한 바닥에 놓습니다.

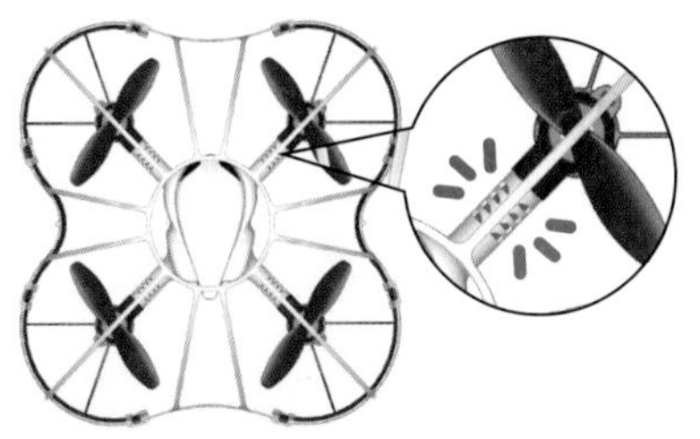

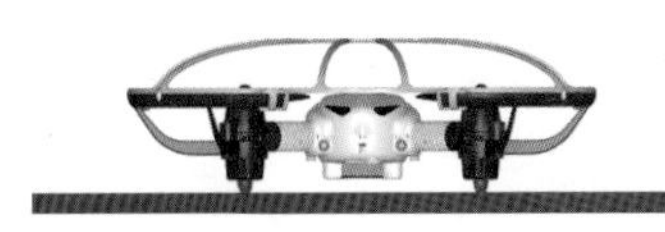

조종기 전원 버튼을 길게 눌러서 전원을 켭니다. 그리고 <P> 버튼을 3초 이상 길게 누릅니다.

조종기에서 소리가 나고 드론의 팔에 있는 LED가 초록색으로 바뀌면 페어링이 된 것입니다.

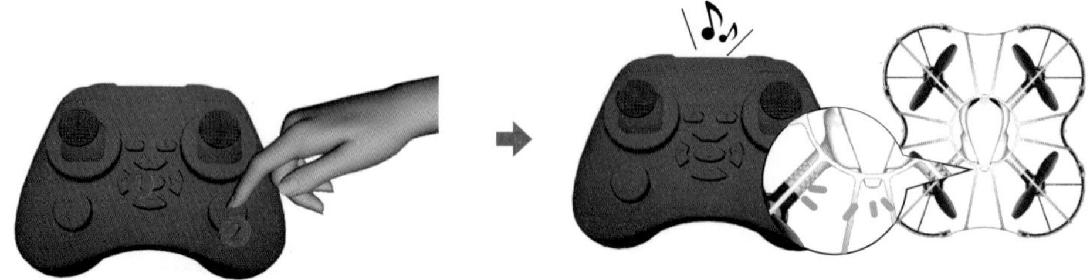

한번 페어링하면 드론의 배터리를 다시 연결하거나 조종기 전원을 끄고 켜도 계속 페어링 되어 있습니다. 하지만 사용 중에 페어링이 끊기거나 드론이나 조종기를 새로 구매한 경우에는 다시 페어링해야 합니다.

먼저 드론을 이륙/착륙해 보겠습니다. 2가지 방법으로 드론을 이륙/착륙할 수 있습니다.

<L> 버튼을 길게 누르면 드론이 이륙합니다. 그리고 다시 <L> 버튼을 길게 누르면 드론이 착륙합니다.

준비 상태에서 이륙과 착륙을 할 수 있습니다.

착륙 상태에서 그림과 같이 양쪽 레버를 동시에 움직여서 2초 정도 기다리면 드론이 이륙할 준비를 하면서 모터가 회전합니다. 이 상태에서 왼쪽 레버를 위로 올리면 이륙합니다.

착륙 상태에서 양쪽 레버를
동시에 움직여 2초 정도 유지

프로펠러가 느린 속도로 회전하면,
왼쪽레버를 올려 이륙

비행 중에 왼쪽 레버를 아래로 내려서 착륙할 수 있습니다. 이때 드론의 모터가 완전히 멈출 때까지 레버를 계속 아래로 내립니다.

비행 중 긴급한 상황이 발생했을 때 비상정지 기능을 사용해서 드론의 모터를 멈출 수 있습니다. 왼쪽 레버를 아래로 내리면서 <L> 버튼을 누릅니다.

드론이 높이 떠 있을 때 비상정지 기능을 사용하면 추락해서 사고가 발생하거나 드론이 고장 날 수 있으므로 주의해야 합니다.

반드시 긴급 상황에서만 비상정지 기능을 사용하기 바랍니다.

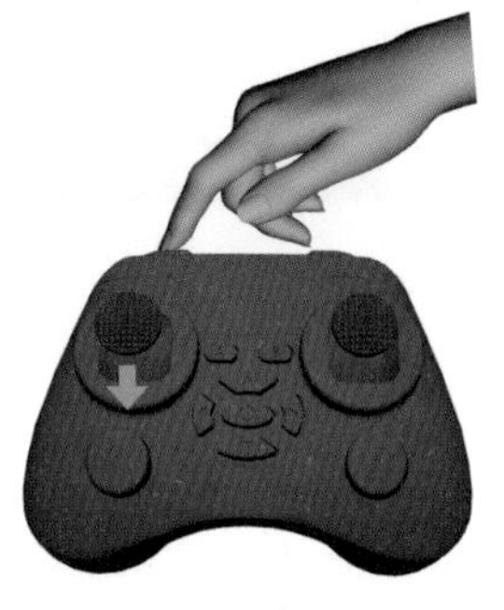

왼쪽 레버를 내리면서
좌측 상단 버튼 누르기

■ 호버링

드론을 코딩해서 조종할 때 프로펠러나 모터 등 드론의 부품에는 이상이 없는데 드론이 이상하게 나는 경우가 있습니다. 여러 가지 원인이 있지만 호버링 문제일 가능성이 큽니다.

'호버링(Hovering)'이란 드론이 공중에서 일정한 높이를 유지하면서 제자리 비행을 하는 것으로, 모든 드론 동작의 기초가 됩니다. 제자리에서 비행하게 하려면 4개의 모터가 어느 한쪽으로 흐르지 않도록 회전해야 합니다.

자동으로 호버링 해주는 기능을 '오토 호버링(Auto Hovering)'이라고 합니다. 사용자가 조종기에서 손을 떼도 자동으로 공중에 떠 있는 기능입니다.

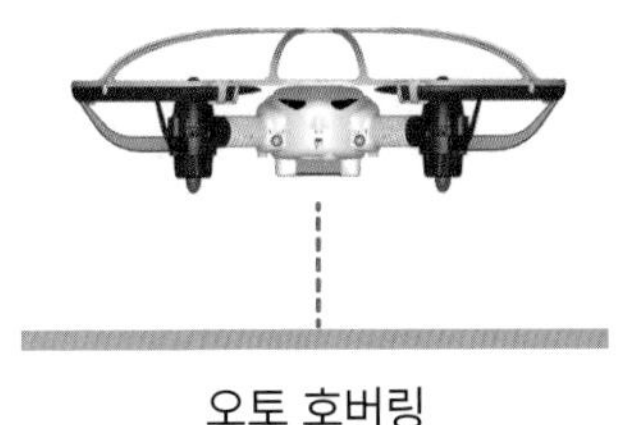

오토 호버링

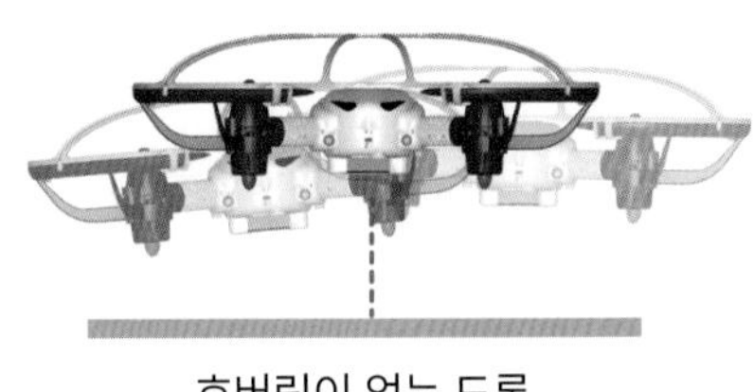

호버링이 없는 드론

■ 트림

오토 호버링이 있더라도 드론에 따라 비행환경이 달라서 비행할 때 기준점을 잡아야 합니다. 호버링할 수 있게 드론이 흐르는 방향을 잡아주는 기능을 '트림(Trim: 미세조정)'이라고 합니다. 만약 오른쪽으로 드론이 조금씩 움직이면 왼쪽으로 트림합니다. 반대인 경우는 오른쪽으로 트림합니다.

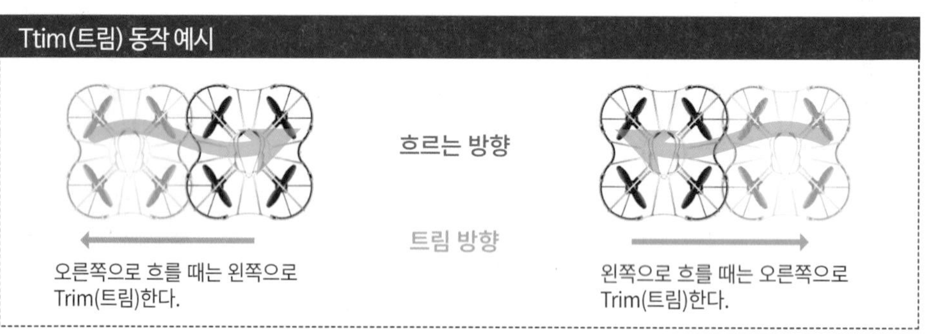

Trim 설정 버튼을 누를 때마다 조종기에서 소리가 납니다. 하지만 최대치까지 바뀌면 소리가 나지 않습니다.

| 트림조정 방향/드론이 흐르는 방향

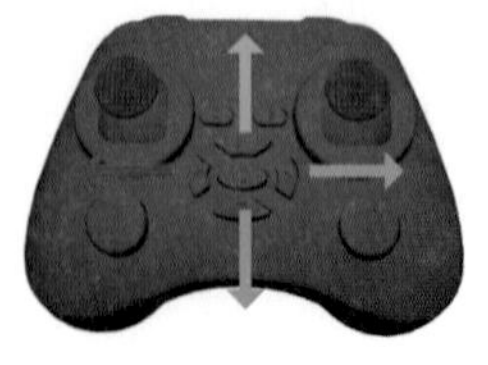

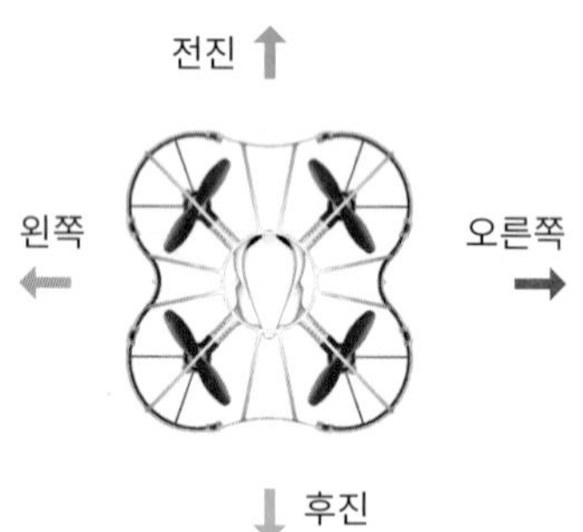

■ 캘리브레이션

센서를 초기화해서 보정하는 것이 '캘리브레이션(Calibration)'이라고 합니다. 캘리브레이션은 '측정, 눈금'이라는 뜻입니다. 드론에서 캘리브레이션은 센서의 0점을 맞추는 것을 의미합니다.

자세 센서는 드론이 기울어지지 않고 정확한 방향으로 비행할 수 있게 해주는 센서입니다. 만약 드론이 정확한 방향으로 비행하지 않거나 기울어지는 경우 자세 센서를 초기화(캘리브레이션) 해줍니다.

드론과 조종기와 페어링되어 있는 상태에서 드론을 평평한 곳에 놓고 <S> 버튼을 길게 누릅니다. 그러면 조종기에서 소리가 나고 드론의 메인(몸쪽) LED가 깜빡이다가 불이 들어옵니다.

드론과 조종기가 페어링되어 있는 상태에서
조종기의 S버튼(캘리브레이션 버튼)을
3초 이상 누르기

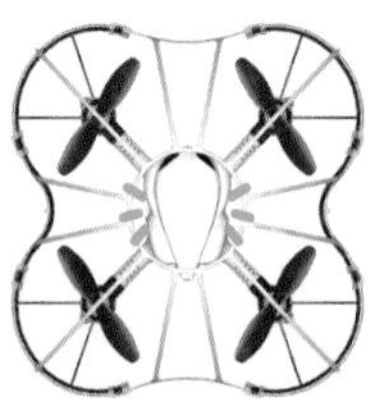

조종기의 부저음이 울리고 드론의
메인 LED가 깜빡이다가 점등되면
정상적으로 캘리브레이션 완료

조종기 레버도 초기화할 수 있습니다. 레버를 움직여서 드론을 조정할 때 드론이 이상하게 움직이는 경우 조종기 레버를 초기화합니다.

드론에서 배터리를 빼서 드론의 전원을 끕니다. 마찬가지로 <S> 버튼을 길게 누릅니다. 조종기에서 '띠리릭' 소리가 1번 또는 2번 울리면 정상적으로 초기화된 것입니다.

드론과 조종기가 페어링이 끊긴
(드론에서 배터리를 제거한) 상태에서
조종기의 S버튼(캘리브레이션 버튼)을
3초 이상 누르기

조종기에서 "띠리릭" 부저음이 1번
또는 2번 울리면 정상적으로
캘리브레이션 완료

왼쪽 레버로 쓰로틀과 요우를 바꿉니다.

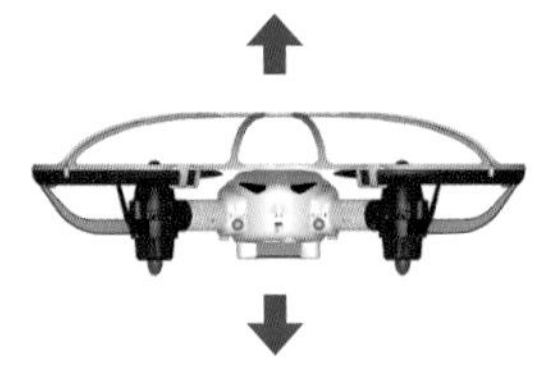
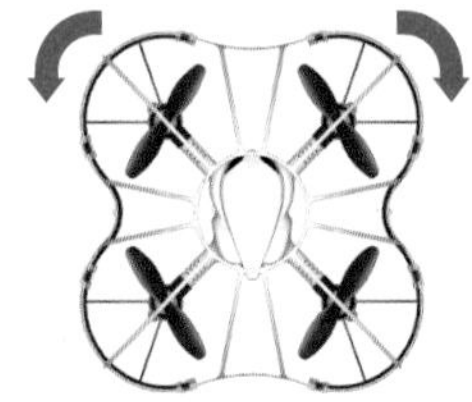

오른쪽 레버로 피치와 롤을 바꿉니다.

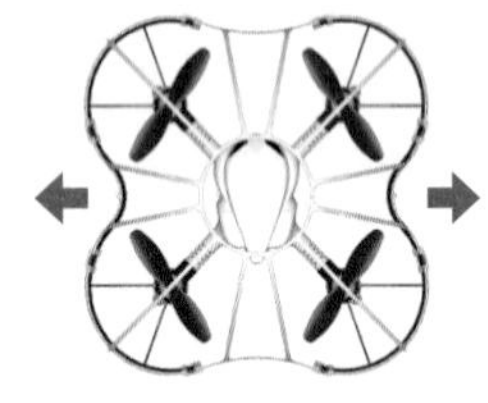

<B> 버튼을 짧게 한 번 누르면 비행모드가 바뀝니다.

① 배틀모드(Red팀) : 부저음 1회
② 배틀모드(Blue팀) : 부저음 2회
③ 조종모드 : 부저음 3회

[비행모드]
1. 배틀모드 | 조종+배틀게임(Red팀과 Blue팀 중 선택
2. 조종모드 : 조종

비행모드별 LED색상				
비행모드	드론		조종기	
	메인 LED	팔 LED	중앙 LED 표시등	양쪽 사이드 LED 표시등
배틀모드(Red팀)	빨간색(점멸)	빨간색(점등)	6개 LED(점등)	빨간색(점멸)
배틀모드(Blue팀)	파란색(점멸)	파란색(점등)	6개 LED(점등)	파란색(점멸)
조종모드	설정되어 있는 색상(점등)	보라색(점등)	6개 LED(점등)	빨간색+파란색(점등)

드론의 비행모드가 조종모드일 때 <R> 버튼을 짧게 한 번 누르면 LED 색깔이 바뀝니다.

<R> 버튼을 누르고 있으면 소리가 나는데 이때 오른쪽 레버를 움직이면(피치나 롤을 바꾸면) 드론이 360도 회전(플립)합니다.

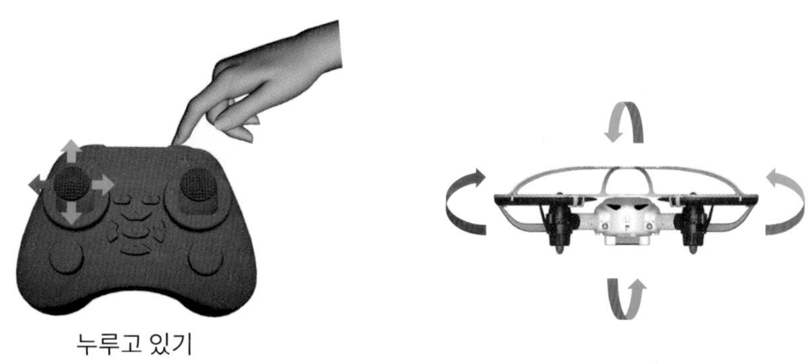

조종모드를 바꿀 수 있습니다. 착륙 상태에서 ◀버튼이나 ▶버튼을 누르면 조종모드가 바뀝니다. 기본 설정은 모드 2입니다.

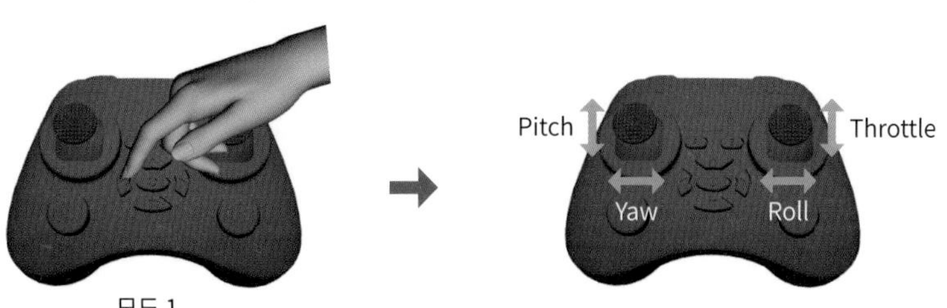

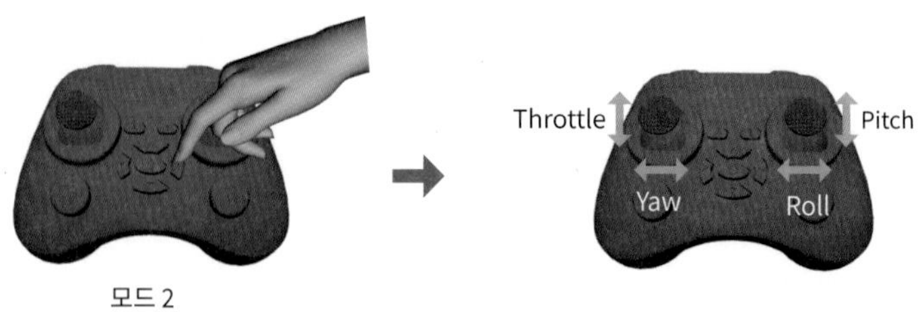

모드 2

■ 헤드리스(Headless) 모드

드론이 회전하면 사용자가 볼 때 정면이 어디인지 구분이 잘 안 되는 경우가 있어서 조종할 때 실수를 많이 합니다. 아직 연습이 더 필요한 사람이라면 자신의 정면 방향과 드론의 정면 방향을 일치시켜 비행하는 것이 좋습니다. 이때 헤드리스 (Headless) 모드를 사용하면 편리합니다. 헤드리스 (Headless) 모드를 사용하면 드론의 비행 방향이 드론의 이륙 시점 방향으로 고정되어서 조종자를 기준으로 움직이기 때문에 초보자가 조종하기 쉽습니다.

드론이 착륙한 상태에서 <A> 버튼을 길게 눌러서 헤드리스 모드를 설정합니다.

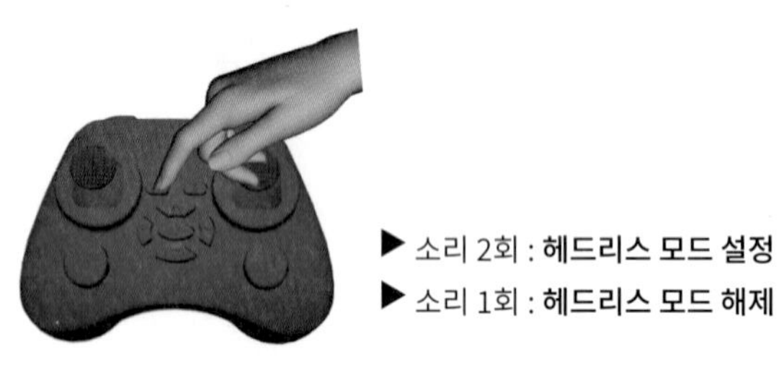

▶ 소리 2회 : **헤드리스 모드 설정**
▶ 소리 1회 : **헤드리스 모드 해제**

3초 길게 누르기

헤드리스 모드인 드론이 비행 중인 상태에서 <A> 버튼을 짧게 한 번 누르면 드론의 비행 방향이 그림과 같이 초기화(Heading Reset)됩니다. 드론이 착륙한 후 다시 이륙하면 드론의 이륙 시점 방향으로 비행 방향이 초기화됩니다.

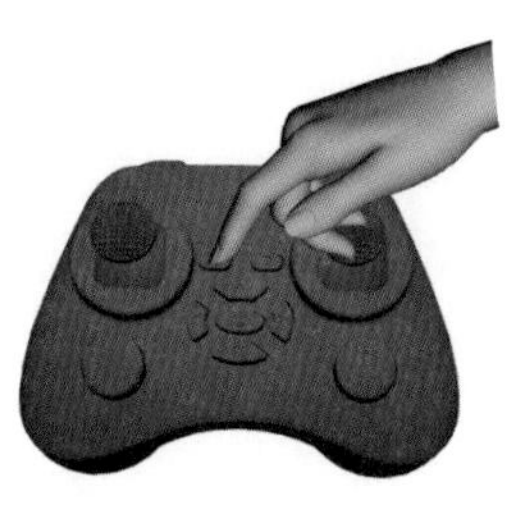

짧게 누르기

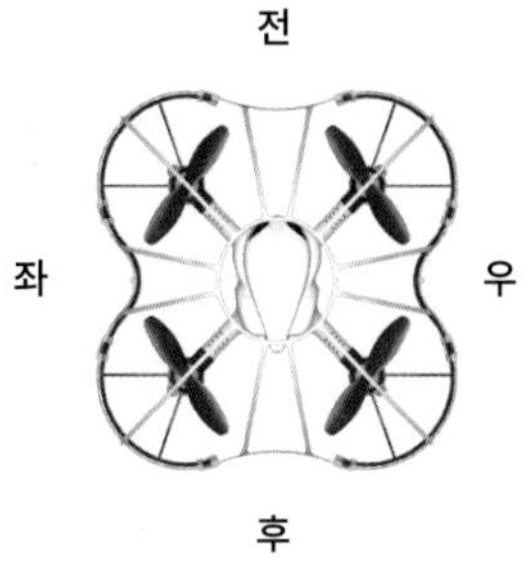

※ Heading Reset은 조종기의 양족 레버 조작을 하지 않은 상태에서만 작동합니다.

배터리가 부족하면 드론의 메인(몸쪽) LED가 흰색으로 깜빡이고 조종기 양쪽 사이드 LED 표시 등이 깜빡입니다. 그리고 조종기가 진동하고 소리가 계속 납니다. 그러면 즉시 드론을 안전한 곳에 착륙시키고 충전이 완료된 배터리로 바꿉니다.

조종기

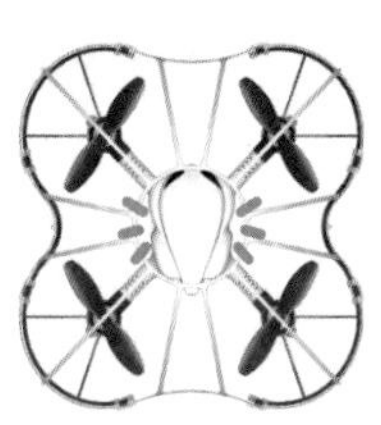

드론

배터리가 방전된 상태에서 계속 비행하면 배터리 수명에 영향을 줄 수 있습니다. 배터리를 충전 중이면 충전기에 불이 들어오고 충전이 다 되면 불이 들어오지 않습니다. 충전 시간은 약 40분이고 6~8분 비행할 수 있습니다.

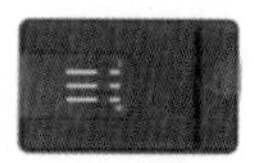

케이블 연결 & 배터리삽입

충전중

충전완료

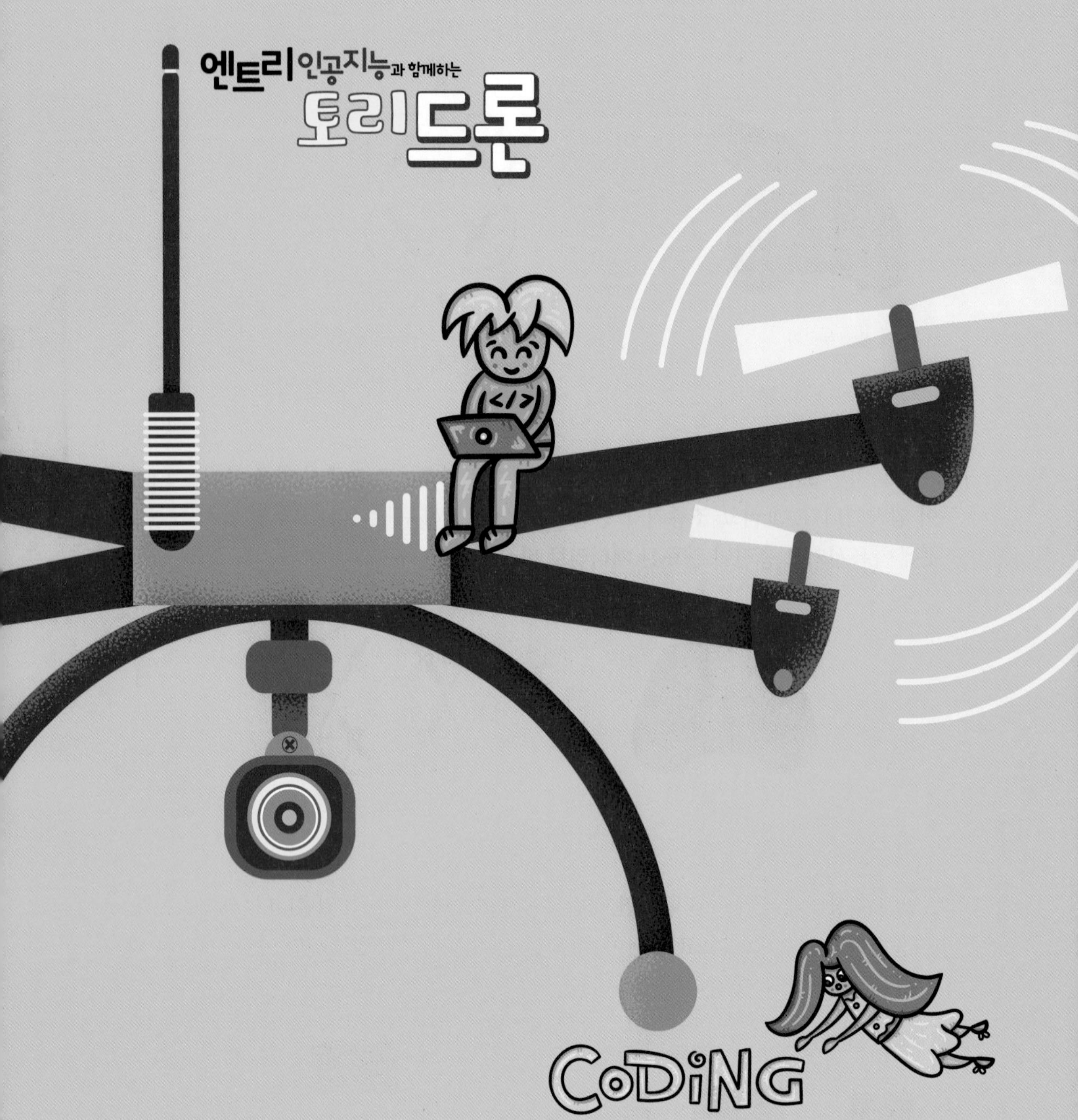

엔트리 인공지능과 함께하는
토리드론
</>
CoDiNG

CHAPTER 03

엔트리 첫걸음

01. 엔트리 사용방법
02. 엔트리로 그림 그리기
03. 선택 구조로 그림 그리기
04. 함수로 그림 그리기
05. 엔트리로 퀴즈 만들기

01 엔트리 사용방법

이 장에서는 무엇을 배울까요?

- 엔트리 사용방법을 익힐 수 있어요
- 엔트리에서 회원가입을 할 수 있어요
- 엔트리로 간단한 프로그램 만들 수 있어요

엔트리(ENTRY)는 누구나 쉽게 코딩을 배울 수 있게 도와주는 소프트웨어 교육 플랫폼입니다. 복잡한 문법을 배우지 않고도 마우스로 레고를 조립하듯이 블록을 조립해서 코딩할 수 있습니다. 그뿐만 아니라 엔트리는 번역, 음성인식, 사물 인식 등 최신의 인공지능을 사용할 수 있습니다. 그리고 드론과 같은 하드웨어를 연결해서 코딩할 수 있습니다.

그러면 엔트리 사용방법을 알아보겠습니다.

인터넷 브라우저에서 '엔트리'라고 검색하거나 주소창에 'playentry.org'를 입력해서 엔트리 사이트에 들어갑니다.

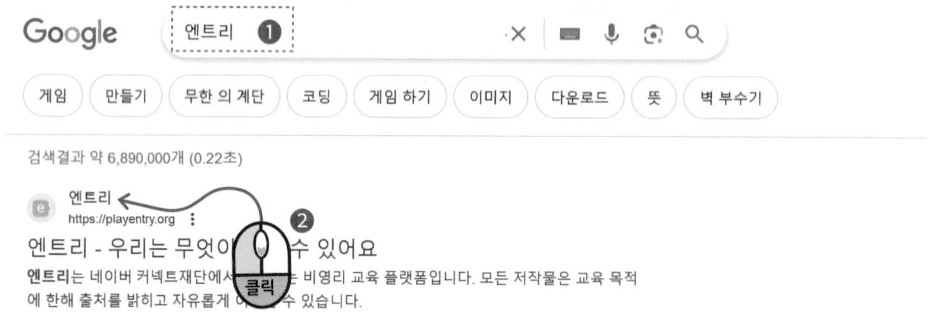

메뉴에서 <작품 만들기>를 클릭합니다. 그러면 엔트리에서 프로그램을 만들 수 있습니다.

다음은 엔트리 화면입니다.

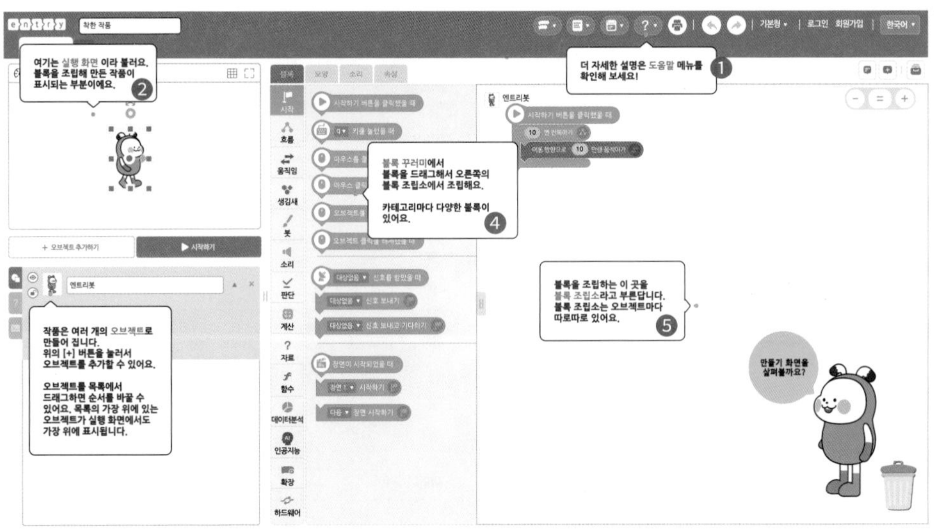

❶ 상단 메뉴 : 엔트리 새로 만들기, 저장하기, 로그인 등 다양한 작업을 할 수 있습니다.

❷ 실행화면 : 블록을 조립해 만든 작품이 표시되는 부분입니다.

❸ 오브젝트 : 오브젝트는 실행 화면에 들어가는 사람, 동물, 물건 등을 말합니다.
드라마에 나오는 배우(또는 물건)와 비슷합니다.

❹ 블록 꾸러미 : 프로그램을 만드는 데 사용하는 블록을 모아놓은 곳입니다.
블록 꾸러미에서 블록을 드래그해서 코딩합니다. 카테고리마다 다양한 블록이 있습니다.

❺ 블록 조립소 : 블록 꾸러미에서 명령어 블록을 가지고 와서 그것을 레고처럼 끼워 맞춰서
프로그램을 만드는 곳입니다.

엔트리에서 만든 작품을 저장하거나 인공지능 모델 학습을 하려면 회원가입을 해야 합니다.

오른쪽의 메뉴에서 <로그인>을 클릭합니다.

약관에 동의하고 <아이디로 회원가입>을 클릭합니다.

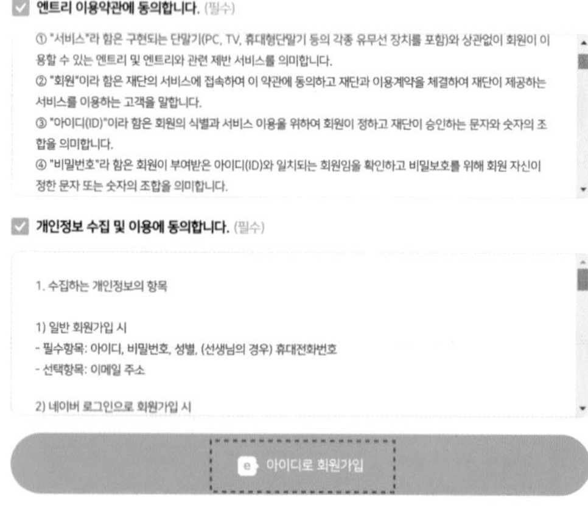

아이디 / 비밀번호를 입력합니다.

성별 / 닉네임 / 출생연도 등 정보를 입력합니다.

만 14세 이상으로 가입하면 보호자 동의를 받지 않아도 됩니다. 만 14세 미만이면 동의를 받아야 합니다.

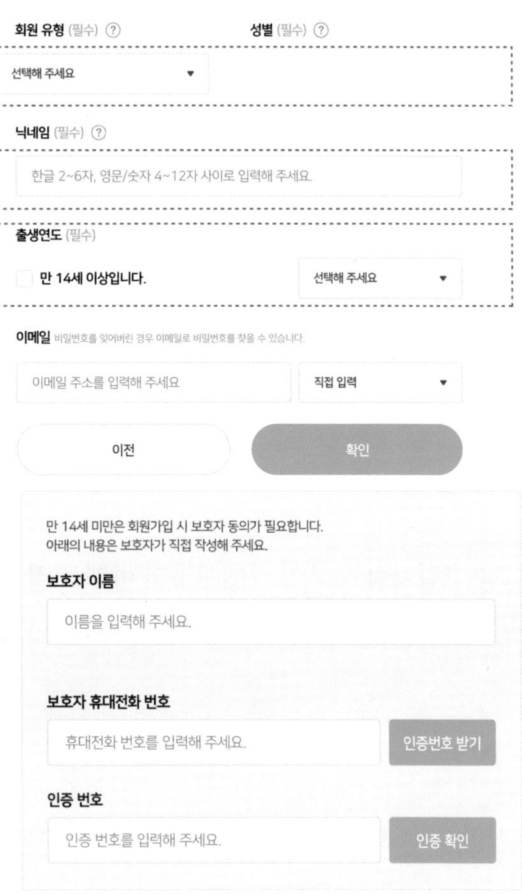

블록 크기가 너무 작으면 마우스로 코딩할 때 어렵습니다.

블록 조립소 오른쪽 위에 빼기(-)와 더하기(+) 아이콘이 있습니다. 더하기 아이콘을 클릭하면 블록이 커집니다.

반대로 빼기 아이콘을 클릭하면 블록이 작아집니다.

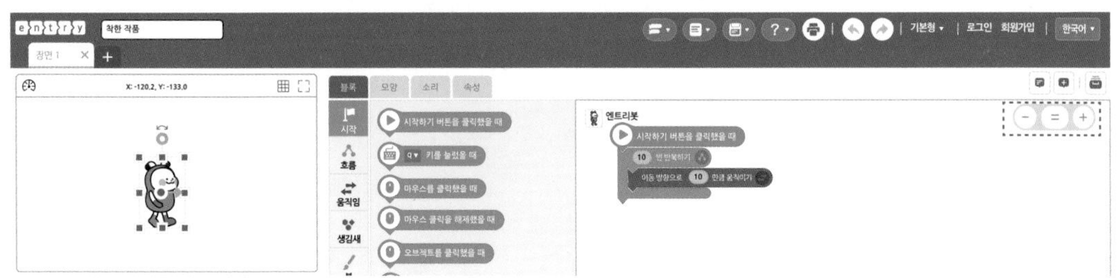

엔트리 코딩 규칙을 정리했습니다. 이 규칙을 잘 알아두면 더 쉽게 코딩을 할 수 있습니다.

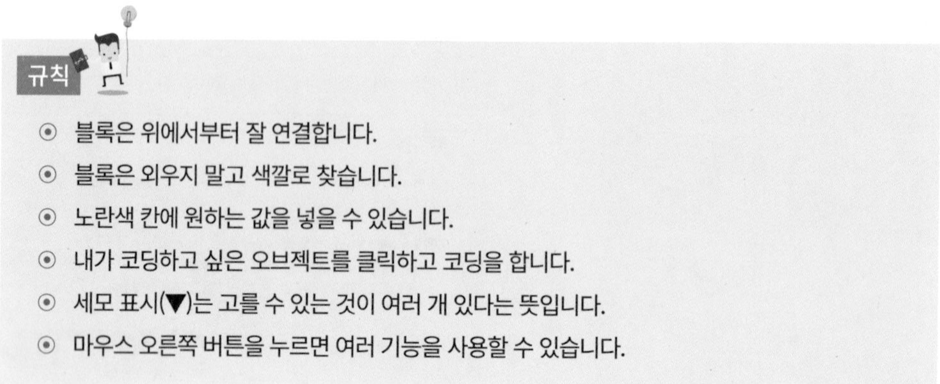

규칙

- 블록은 위에서부터 잘 연결합니다.
- 블록은 외우지 말고 색깔로 찾습니다.
- 노란색 칸에 원하는 값을 넣을 수 있습니다.
- 내가 코딩하고 싶은 오브젝트를 클릭하고 코딩을 합니다.
- 세모 표시(▼)는 고를 수 있는 것이 여러 개 있다는 뜻입니다.
- 마우스 오른쪽 버튼을 누르면 여러 기능을 사용할 수 있습니다.

다음 그림처럼 블록이 위에서부터 아래로 잘 연결되어야 합니다.

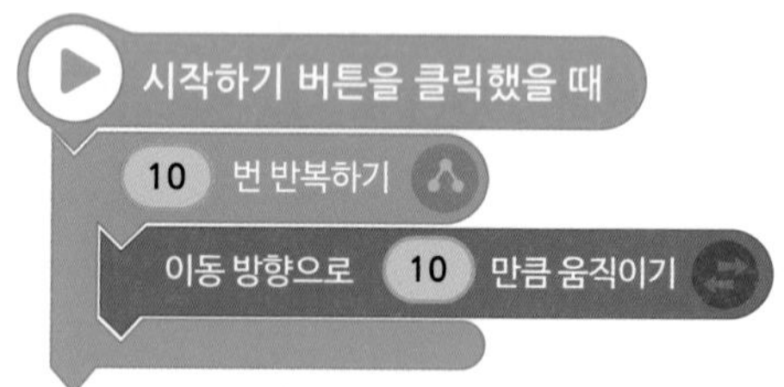

<시작하기> 버튼을 클릭하면 앞으로 10만큼, 10번 움직입니다.

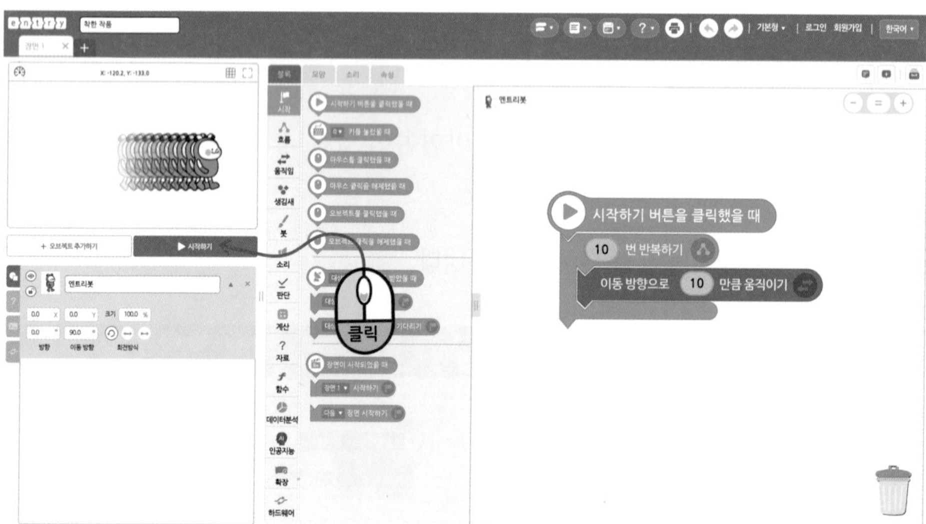

만약 블록이 잘 연결되지 않으면 프로그램이 제대로 실행되지 않습니다.

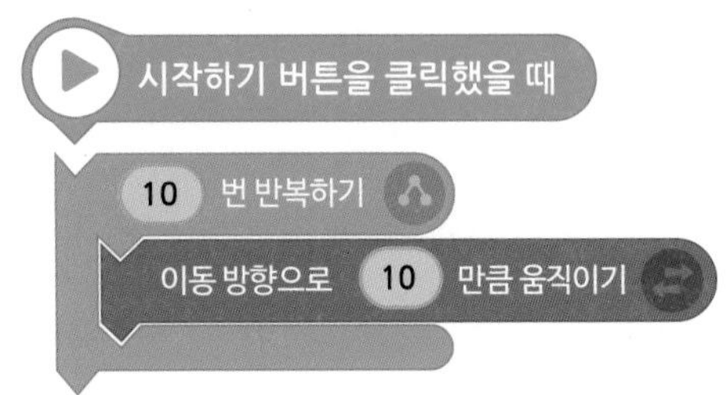

엔트리 블록은 비슷한 기능을 하는 것끼리 모아서 색깔로 구분했습니다. 그래서 코딩할 때 블록의 색깔을 잘 보고 찾습니다.

<시작하기 버튼을 클릭했을 때> 블록은 <시작>에 있습니다.

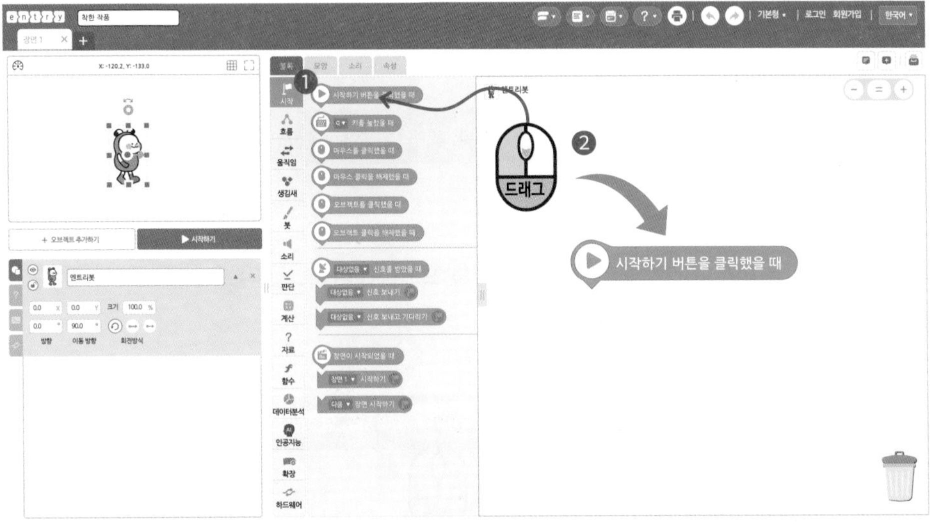

노란색 칸에 그림과 같이 원하는 값을 넣을 수 있습니다.

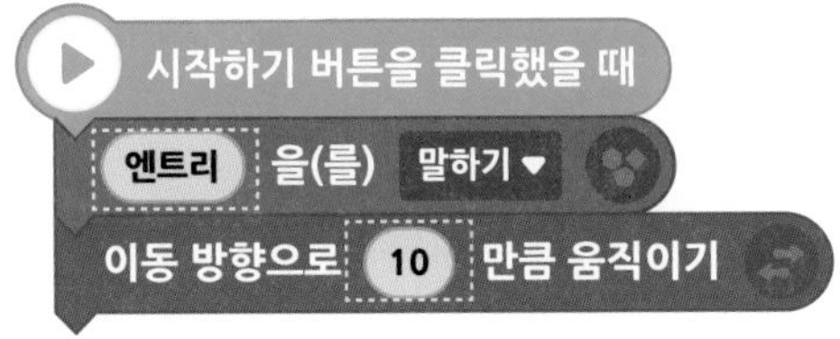

코딩할 때 바꾸기/더하기와 정하기를 잘 구분해야 합니다. 코딩할 때 가장 많이 헷갈리는 블록입니다.

바꾸기/더하기는 원래 값에서 더하고 뺄 때 사용합니다.

정하기는 새로운 값을 정할 때 사용합니다.

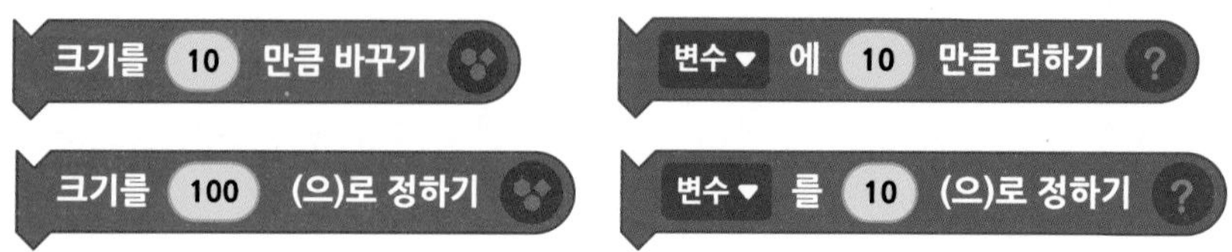

세모 표시(▼)는 고를 수 있는 것이 여러 개 있다는 뜻입니다. 아래 블록은 어디에 있을까요? 블록을 찾을 때 세모 표시(▼)가 있는 단어는 빼고 찾으면 됩니다.

<~효과를 ~(으)로 정하기>라는 블록이 있는지 찾으면 됩니다. 그리고 세모 표시(▼)를 클릭해서 원하는 것을 고르면 됩니다.

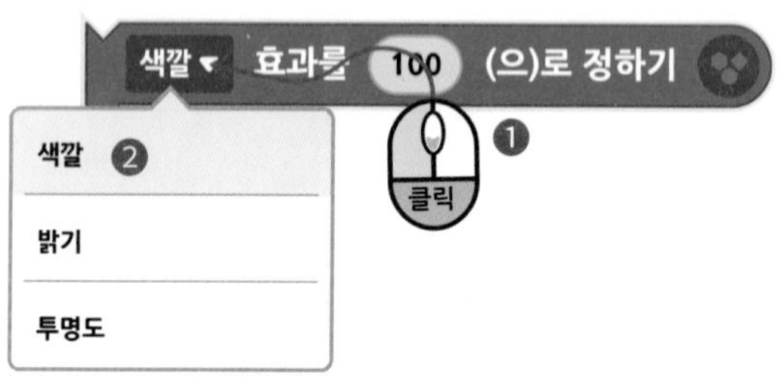

마우스 오른쪽 버튼을 누르면 여러 가지 메뉴가 나옵니다. 여기에서 원하는 것을 선택해서 사용합니다.

블록을 지울 때는 블록 꾸러미나 오른쪽 아래에 있는 쓰레기통 아이콘으로 드래그합니다.

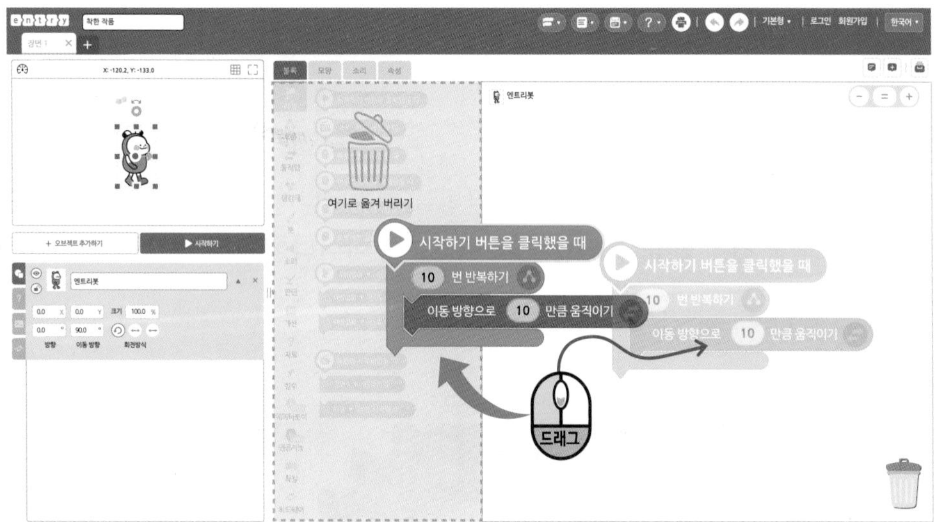

그러면 엔트리로 간단한 프로그램을 만들어 볼까요? 그림과 같이 코딩합니다.

계속 자신의 색깔을 바꾸고 방향을 15도 회전하고 자신의 복제본을 만듭니다.

복제되면 계속 이동 방향으로 5만큼 움직이다가 3초 뒤에 복제본이 삭제됩니다.

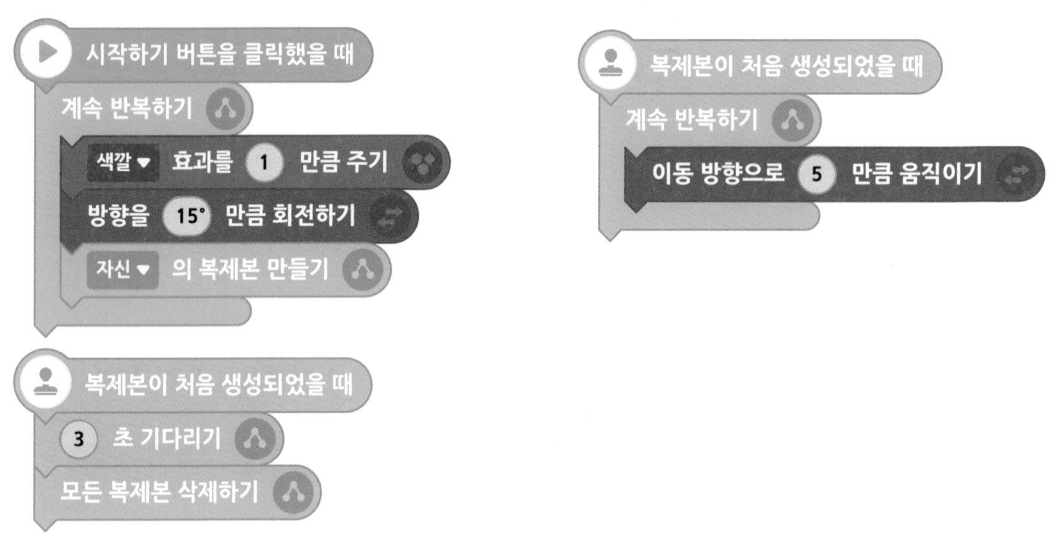

그러면 그림과 같이 엔트리가 복사되면서 빙글빙글 회전합니다. 이렇게 엔트리로 레고를 조립하듯이 프로그램을 쉽게 만들 수 있습니다. 여러분의 아이디어로 더 멋진 작품을 만들어 보세요.

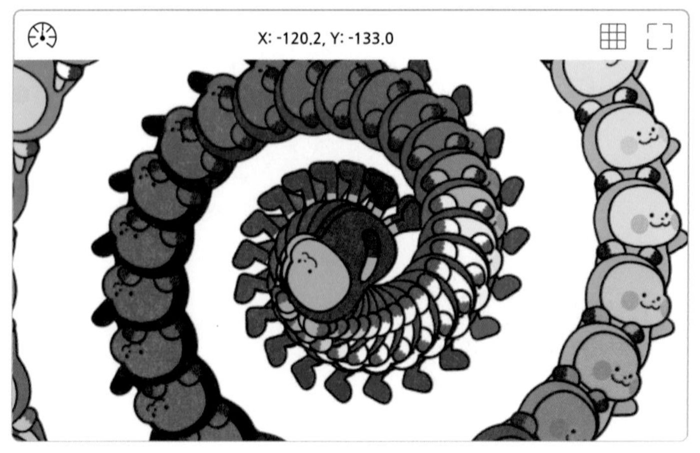

MEMO

엔트리로 그림 그리기

이 장에서는 무엇을 배울까요?

- <붓> 블록을 어떻게 사용하는지 알 수 있어요
- 순차와 반복을 사용해서 그림을 그릴 수 있어요
- 변수를 사용해서 정다각형을 그릴 수 있어요

엔트리로 그림을 그려보겠습니다.

<붓> 블록을 사용해서 다양한 그림을 그릴 수 있습니다.

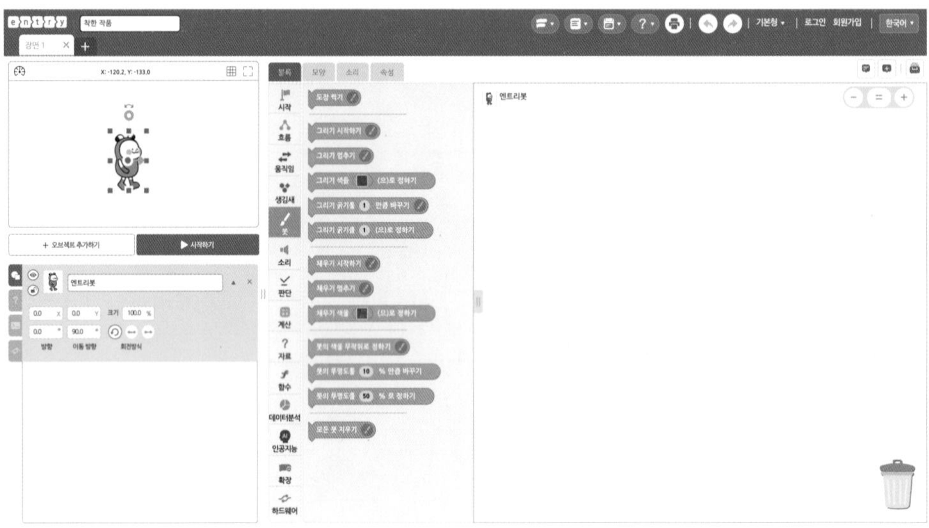

<그리기 시작하기> 블록을 실행하고 오브젝트를 움직이면 그림을 그려집니다. 펜을 내리고 움직이는 것과 같습니다.

<그리기 멈추기> 블록을 실행하면 더 이상 그림을 그리지 않습니다.

<모든 붓 지우기> 블록을 실행하면 그렸던 그림이 다 지워집니다.

모든 붓 지우기

색깔과 선 굵기도 정할 수 있습니다.

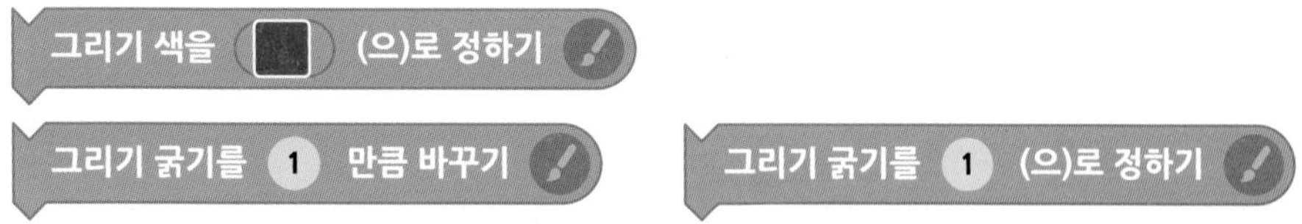

코딩을 공부할 때 순차, 반복, 선택, 함수, 변수를 잘 알아야 합니다. 엔트리로 다양한 그림을 그리면서 5가지 개념을 재미있게 배울 수 있습니다.

먼저 '순차'를 알아보겠습니다. 다음과 같이 코딩하면 정 4각형이 그려집니다.

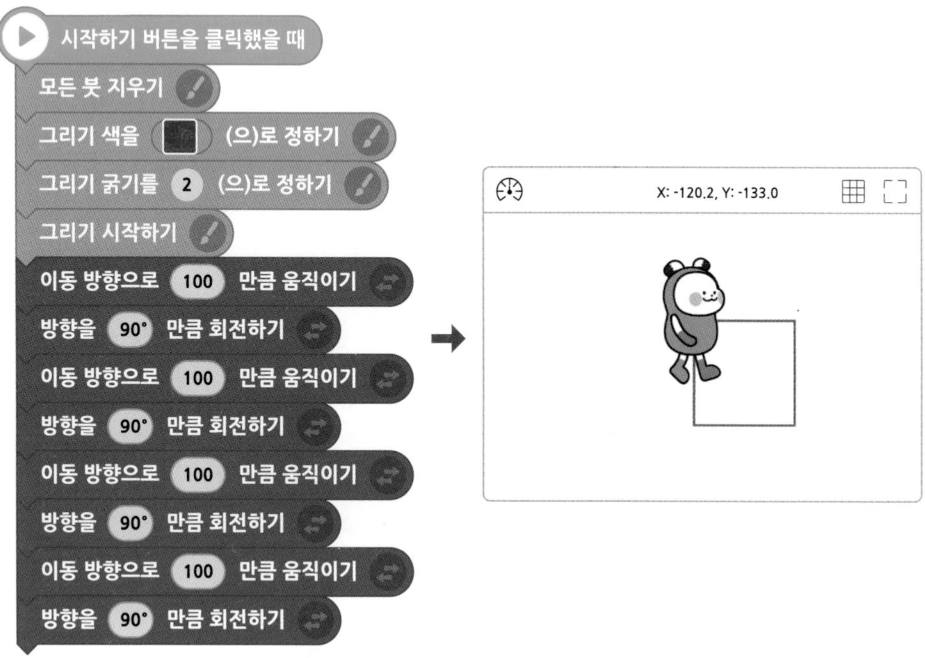

이렇게 컴퓨터에게 순서대로 일을 시키는 것을 '순차'라고 합니다.

그런데 자세히 보면 같은 블록이 반복되는 것을 알 수 있습니다. 조금 더 쉽게 코딩하는 방법은 없을까요?

여기서 필요한 것이 '반복'입니다. '반복'은 어떤 일을 계속한다는 뜻입니다.

<~번 반복하기> 블록을 사용하면 다음과 같이 간단하게 코딩할 수 있습니다. 이 블록 안에 들어있는 블록을 정해진 횟수만큼 반복할 수 있습니다.

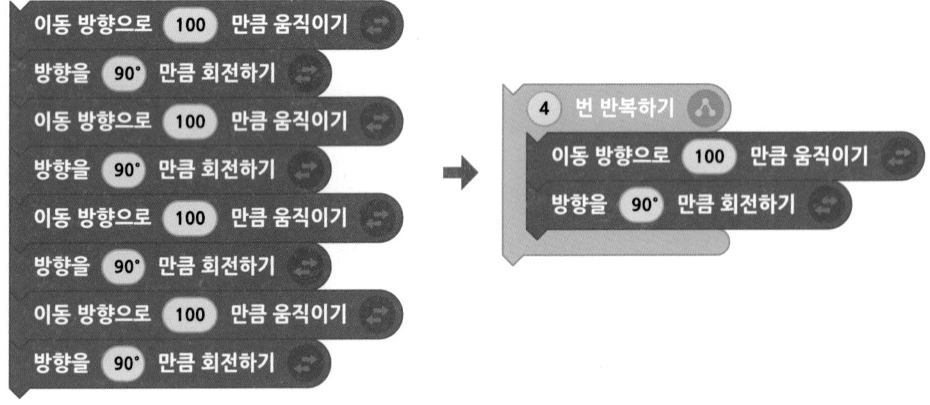

그러면 아래와 같이 조금 더 간단하게 코딩할 수 있습니다.

그러면 정 3각형을 그려볼까요? 몇 번을 반복하고 몇 도를 회전해야 할까요?

정 3각형을 그렸다면 정 5각형도 그려볼까요? 몇 번을 반복하고 몇 도를 회전해야 할까요?

어떤 규칙을 발견했나요? 규칙을 표로 정리했습니다.

정 N 각형을 그리려면 N번 반복하고 360 ÷ N 회전하면 됩니다.

도형	반복	회전
정삼각형	3	120
정사각형	4	90
정오각형	5	72
정N각형	N	360 ÷ N

이 규칙을 사용해서 코딩하겠습니다. 여기서 '변수'를 알아보겠습니다. '변수'는 쉽게 설명하면 값을 저장하는 상자 같은 것입니다. 상자에 책이나 크레파스와 같은 물건을 보관하는 것처럼 '변수'에 숫자, 글자 등을 저장할 수 있습니다.

'변수'와 상자의 다른 점이 있습니다. '변수'에는 값 하나만 저장할 수 있다는 것입니다. 어떤 '변수'에 1이라는 값이 저장되어 있는데 만약 2 값을 또 저장하면 원래 1 값은 없어지고 2 값이 새로 저장됩니다. 이렇게 변하는 값을 가질 수 있어서 '변수'라고 합니다.

상자에 번호나 이름을 표시하면 물건을 쉽게 찾을 수 있습니다. 마찬가지로 저장된 값을 쉽게 찾기 위해서(컴퓨터에 값을 저장하기 위해서) '변수'에도 이름을 지어줍니다.

<자료>-<변수 만들기>를 클릭합니다.

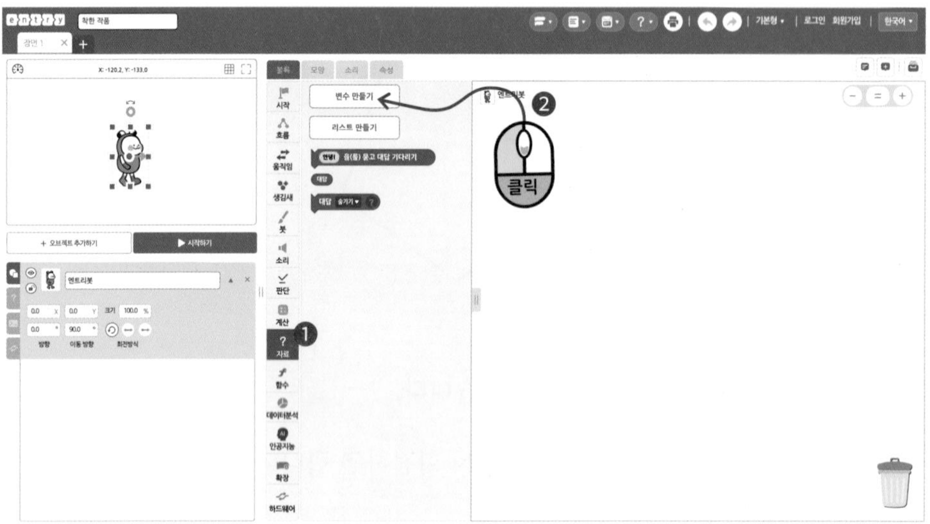

'변수' 이름을 정합니다. [각]이라고 이름을 정했습니다. 그리고 <변수 추가>를 클릭하면 '변수'가 만들어집니다. 실행화면에 '변수' 이름이 보입니다.

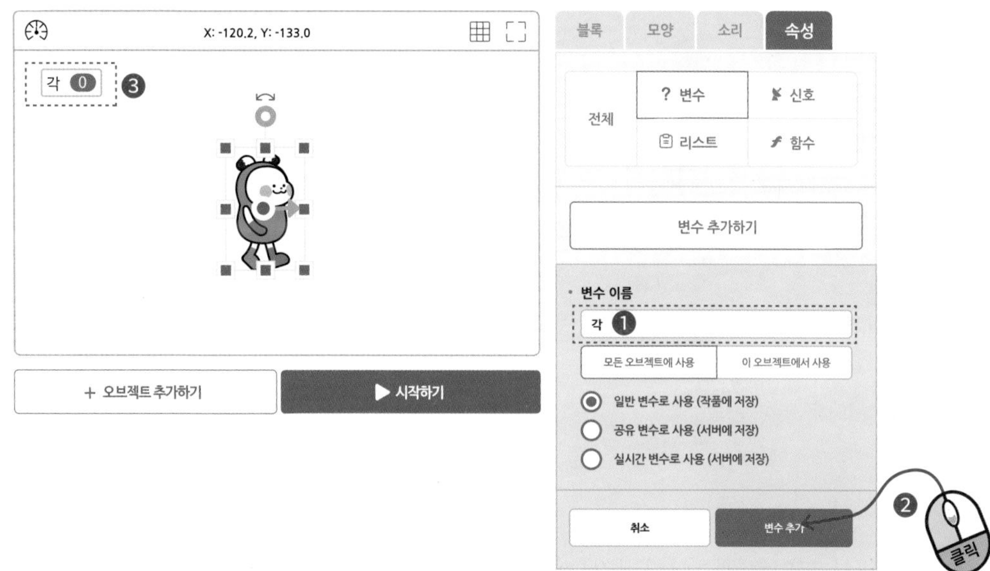

그리고 <눈> 아이콘을 클릭하면 실행화면에서 '변수'가 보이지 않습니다.

<계산> 블록에 수학과 관련된 다양한 블록이 있습니다.

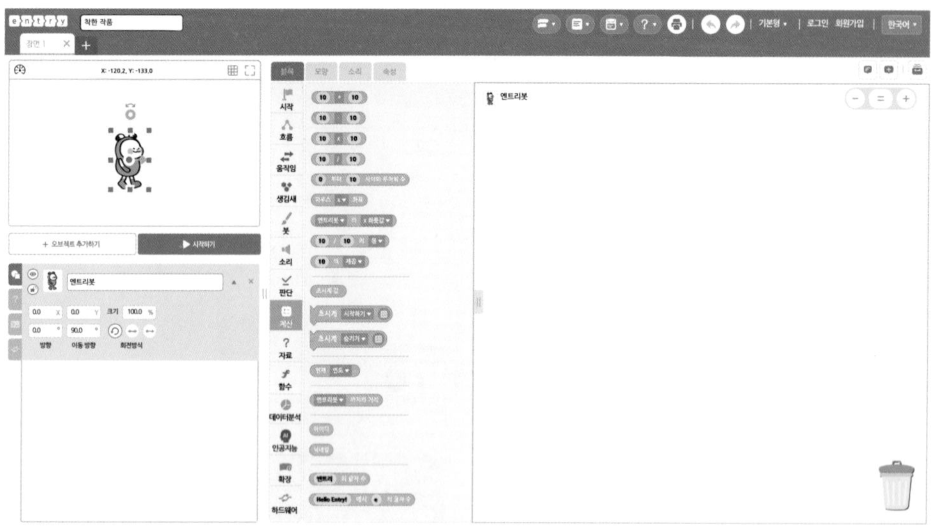

'변수'를 사용해서 코딩하겠습니다. [각] 변수에 원하는 숫자를 넣으면 쉽게 정다각형을 그릴 수 있습니다.

정 8각형을 그리고 싶다면 각에 8을 저장하면 됩니다.

이렇게 '변수'를 사용하면 더 쉽게 코딩할 수 있습니다.

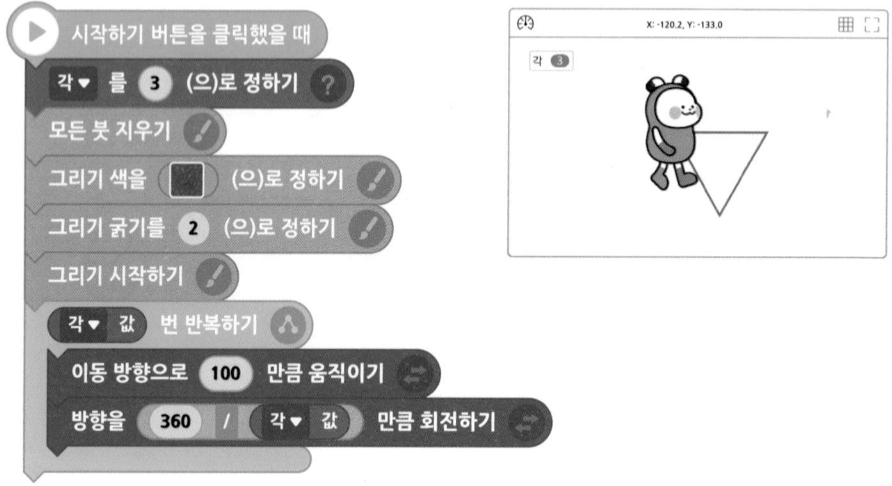

그러면 3각형부터 8각형까지 순서대로 그려볼까요? 어떻게 하면 될까요?

다음과 같이 코딩하면 됩니다. [각] 변숫값만큼 다각형을 그리고 [각] 변수에 1을 더하면 됩니다.

이렇게 6번 반복하면 3각형부터 8각형까지 순서대로 쉽게 그릴 수 있습니다.

```
시작하기 버튼을 클릭했을 때
각▾ 를 3 (으)로 정하기
모든 붓 지우기
그리기 색을 ■ (으)로 정하기
그리기 굵기를 2 (으)로 정하기
그리기 시작하기
6 번 반복하기
    각▾ 값 번 반복하기
        이동 방향으로 50 만큼 움직이기
        방향을 360 / 각▾ 값 만큼 회전하기
    각▾ 에 1 만큼 더하기
```

그렇다면 점점 길어지는 3각형은 어떻게 그리면 될까요?

[길이] 변수를 사용해서 코딩하면 됩니다. 그러면 점점 길어지는 삼각형을 그릴 수 있습니다.

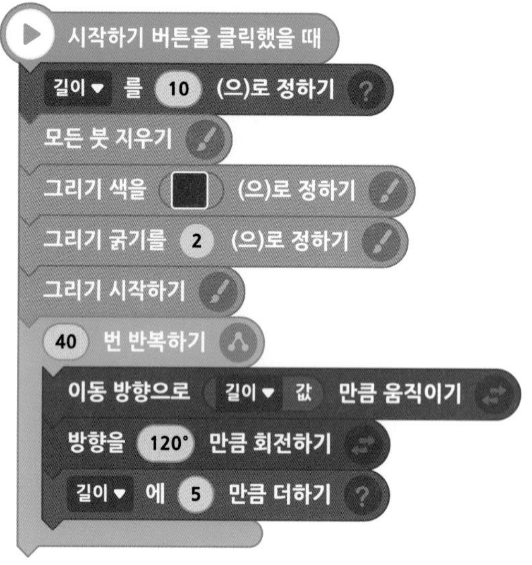

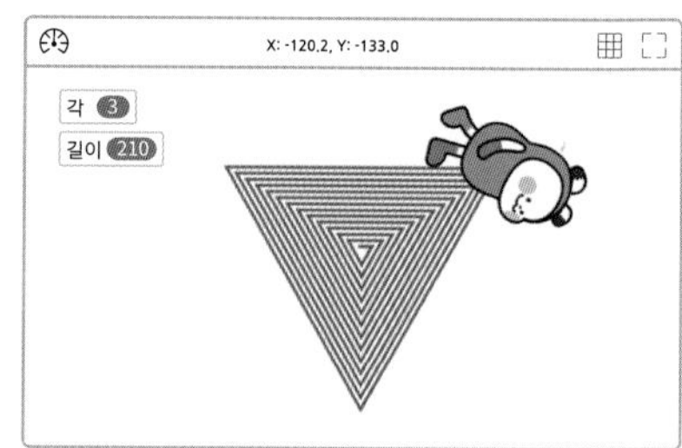

한 단계 더

그림과 같이 거미줄을 그리려고 합니다. 아래 코드에서 빈 부분을 완성하세요.

- 3각형을 반복해서 거미줄을 그립니다.
- 3각형을 그리고 회전합니다.
- 3각형이 점점 커집니다.

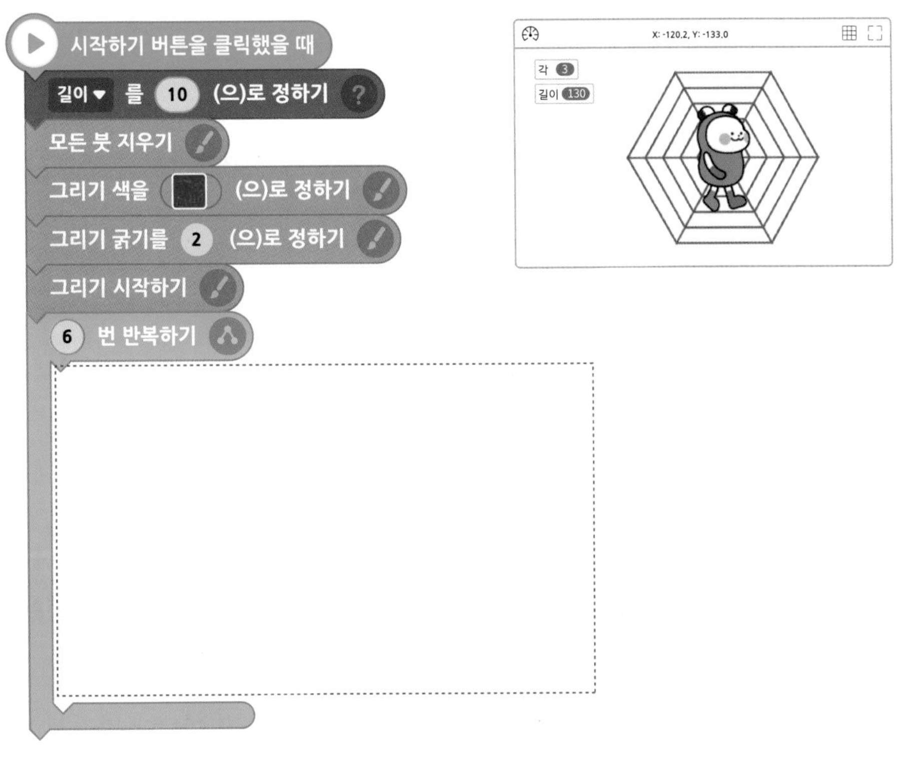

03 선택 구조로 그림 그리기

이 장에서는 무엇을 배울까요?

- 참과 거짓을 구분할 수 있어요
- 선택을 사용해서 그림을 그릴 수 있어요
- 나머지를 사용해서 그림을 그릴 수 있어요

앞에서 순차, 반복, 변수를 사용해서 그림을 그리는 방법을 배웠습니다. 이번에는 '선택'을 사용해서 코딩하는 방법을 알아보겠습니다.

'지각했다면, 배가 고프면, 심심하면' 이런 것을 모두 조건이라고 합니다.

이런 명령어를 만들어 봅시다.

'배고프면 밥을 먹어라'

여기서 '배고프면'은 조건입니다. '밥을 먹어라'는 배고프면(조건이 참이 되면) 실행하는 명령어입니다.

'참'은 쉬운 말로 '그렇다, 맞다'라는 뜻입니다.

예를 들어, '졸린 것이 참이다'라는 것은 '졸리다'는 것입니다. '학교 간 것이 참이 아니다'라는 것은 '학교에 가지 않았다'는 뜻입니다. '드론은 참 재미있다는 것이 참이다'는 것은 '드론이 재미있다.'는 뜻입니다.

선택 구조(select structure)는 조건을 정하고 그 조건이 참이냐 거짓이냐에 따라서 다른 일을 하는 것을 말합니다. 선택 구조를 사용해서 그림을 그려보겠습니다. 다음 블록을 사용하면 됩니다.

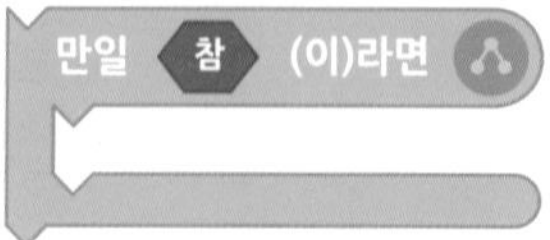

<판단> 블록에 값을 비교하는 블록이 있습니다.

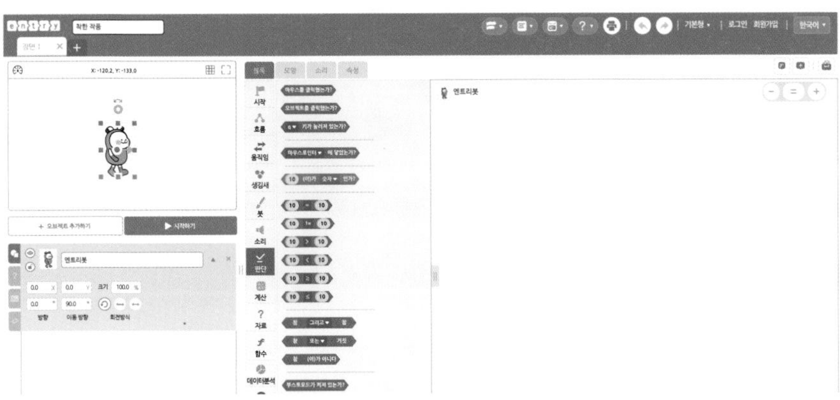

[길이] 변숫값에 따라서 색깔을 다르게 해보겠습니다. [길이] 변수가 100보다 작으면 빨간색, 그렇지 않으면(100 이상이면) 파란색으로 그림을 그립니다.

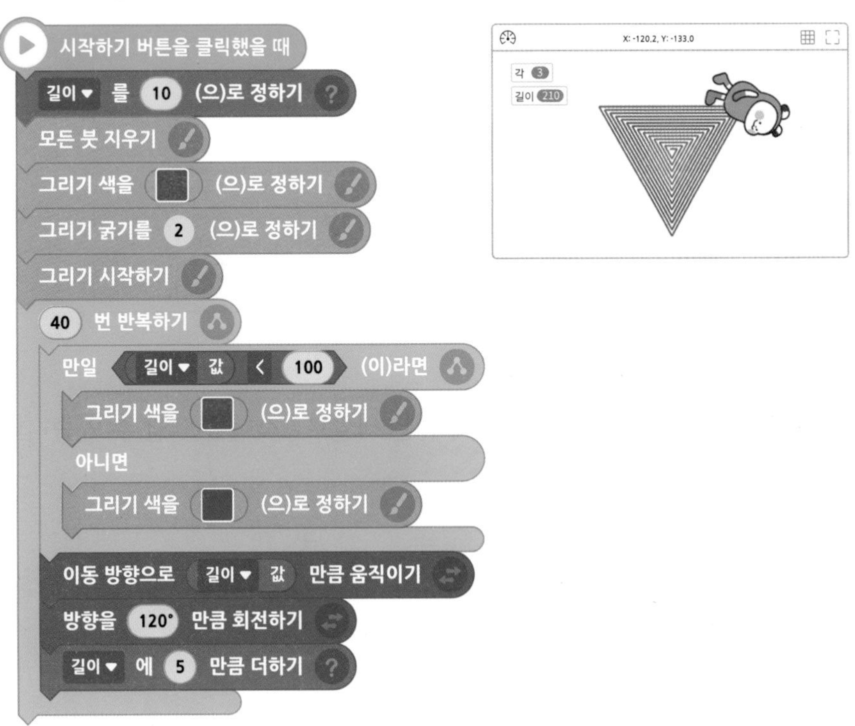

그림과 같이 색깔을 다르게 하려면 어떻게 코딩해야 할까요?

나머지를 사용합니다.

연속하는 수를 어떤 값으로 나누면 나머지가 계속 반복합니다.

1부터 6까지 3으로 나눠볼까요? 1, 2, 0이 반복됩니다.

수	몫	나머지
1	0	1
2	0	2
3	1	0
4	1	1
5	1	2
6	2	0

나머지에 따라서 색깔을 정하면 같은 쪽 변에 같은 색깔로 3각형을 그릴 수 있습니다.

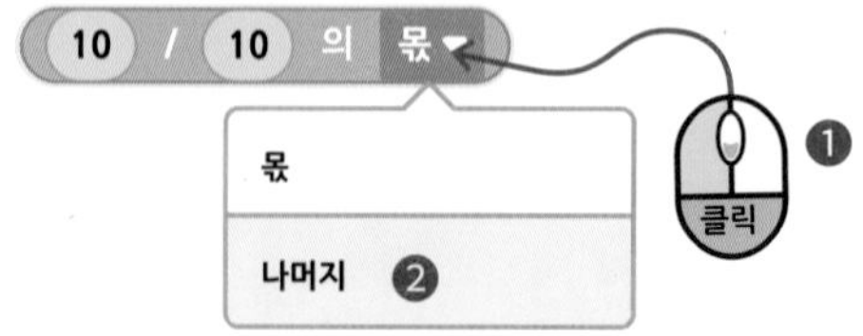

다음과 같이 코딩하면 됩니다. 이렇게 선택(조건) 구조를 사용하면 다양한 그림을 그릴 수 있습니다. 다양한 조건을 사용해서 더 멋진 그림을 그려보기 바랍니다.

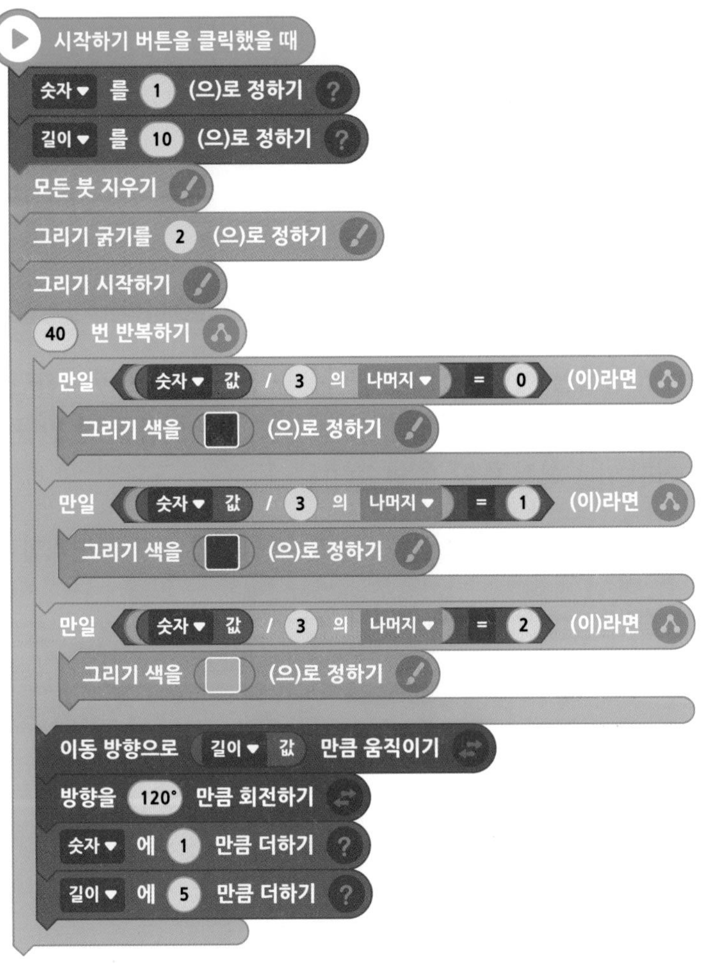

함수로 그림 그리기

이 장에서는 무엇을 배울까요?

- 함수의 개념을 이해할 수 있어요
- 매개변수를 사용해서 함수를 만들 수 있어요
- 함수를 사용해서 다양한 그림을 그릴 수 있어요

이번 시간에는 '함수'를 사용해서 코딩하는 방법을 배워보겠습니다.

'함수'는 쉽게 말하면 블록을 여러 개 모아서 이름을 붙인 것으로 생각하면 됩니다. '함수'를 사용하면 깔끔하고 보기 좋게 코딩을 할 수 있습니다. 함수 이름을 잘 만들어두면 함수 이름만으로도 코드가 어떤 일을 하는지 알 수 있습니다.

코드를 수정할 때도 '함수'에서 고치고 싶은 부분만 바꿔주면 되므로 편리합니다.

<함수>-<함수 만들기>를 순서대로 클릭합니다.

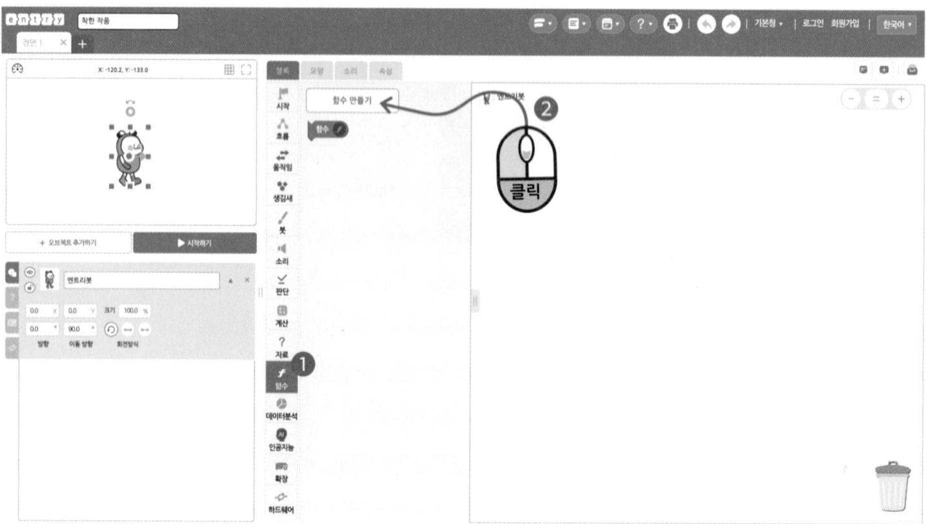

'4각형 그리기'라고 함수 이름을 정합니다. 4각형을 그릴 수 있도록 그림과 같이 코딩합니다.

코딩을 다 했으면 <저장>을 클릭합니다. 그러면 '함수'가 만들어집니다.

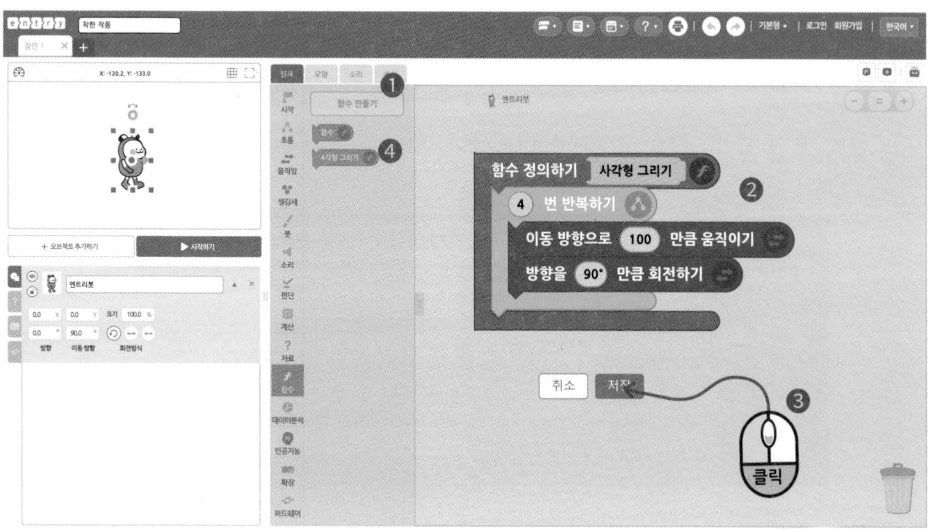

<4각형 그리기> 함수를 사용하면 4각형이 그려집니다. 함수 이름을 보면 어떤 일을 하는지 알 수 있어서 코드를 더 잘 이해할 수 있습니다.

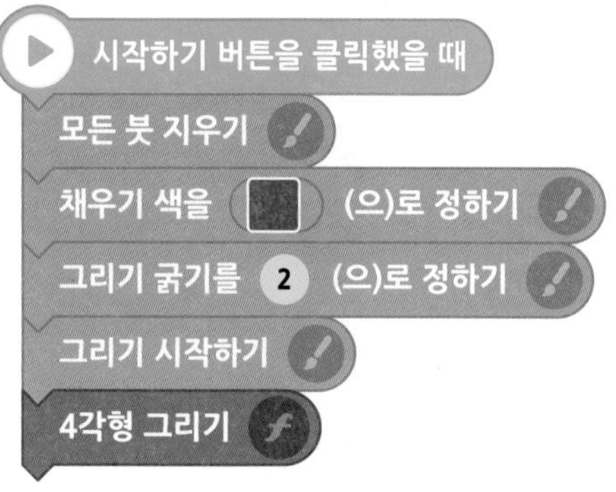

'함수'를 흔히 '마술상자'에 비유합니다. 마치 재료를 넣어서 물건을 만드는 것과 같이 어떤 값을 '함수'에 넣을 수 있습니다. '함수'에 어떤 값을 넣을 것인지 정하는 것을 '매개변수'라고 합니다. 그리고 실제로 넣는 값을 '인자'라고 합니다. 말이 어렵죠? 우리는 그냥 '들어가는 값'으로 부르겠습니다.

그림과 같이 <다각형 그리기> 함수를 만듭니다. 이 함수는 2가지 값이 들어갑니다.

첫번째 <문자/숫자값 1>는 몇 각형을 그릴 것인지 정합니다.

두번째 <문자/숫자값 2>는 길이를 정합니다.

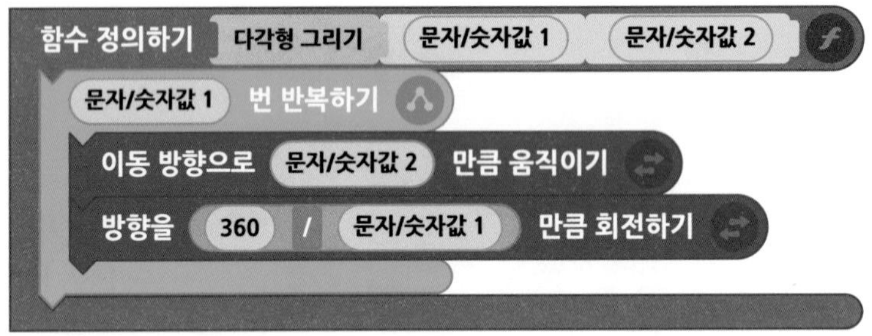

한 변의 길이가 100인 5각형을 그려보겠습니다. 다음과 같이 코딩하면 됩니다. '함수'에 넣는 값에 따라서 모양이 달라집니다.

이렇게 '함수'를 사용하면 더 간편하고 이해하기 쉽게 코딩할 수 있습니다.

<다각형 그리기> 함수를 사용해서 3각형부터 8각형까지 그려보겠습니다. 어떻게 하면 될까요?

[각] 변수를 사용해서 다음과 같이 코딩하면 됩니다.

```
시작하기 버튼을 클릭했을 때
각▼ 를 3 (으)로 정하기
모든 붓 지우기
채우기 색을 ■ (으)로 정하기
그리기 굵기를 2 (으)로 정하기
그리기 시작하기
6 번 반복하기
    다각형 그리기 (각▼ 값) 50
    각▼ 에 1 만큼 더하기
```

'함수'를 배웠으니 보다 어려운 그림을 그려보겠습니다. 다음 그림은 어떻게 그릴까요?

그림에서 규칙을 찾을 수 있나요?

이 그림은 6각형을 그리고 60도 회전하는 것을 6번 반복하면 됩니다.

그림과 같이 <다각형 반복해서 그리기> 함수를 만들어서 그림을 그리면 됩니다.

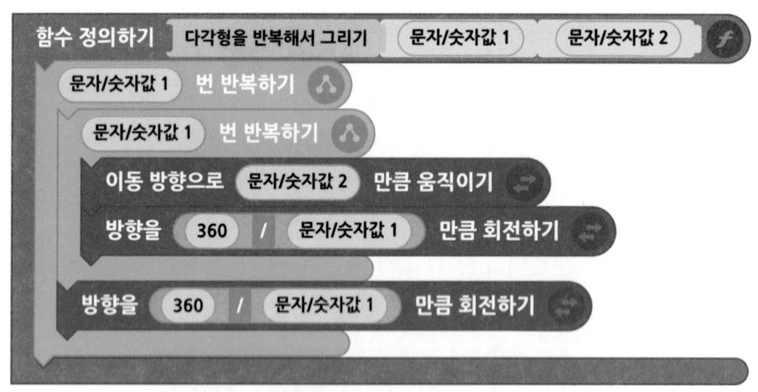

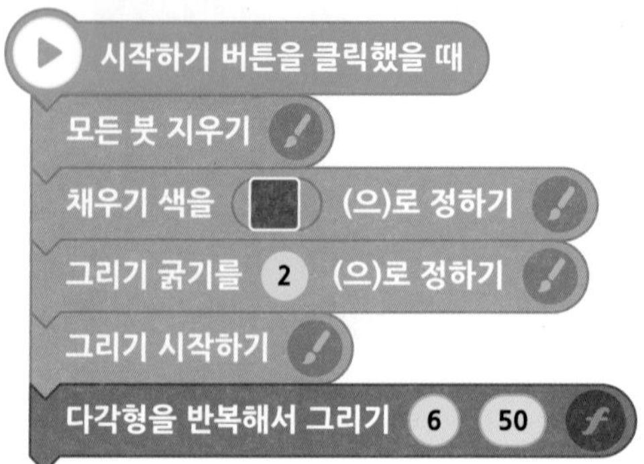

그러면 다음 그림을 어떻게 그리면 될까요?

규칙이 보이죠? 8각형을 반복해서 그리면 됩니다.

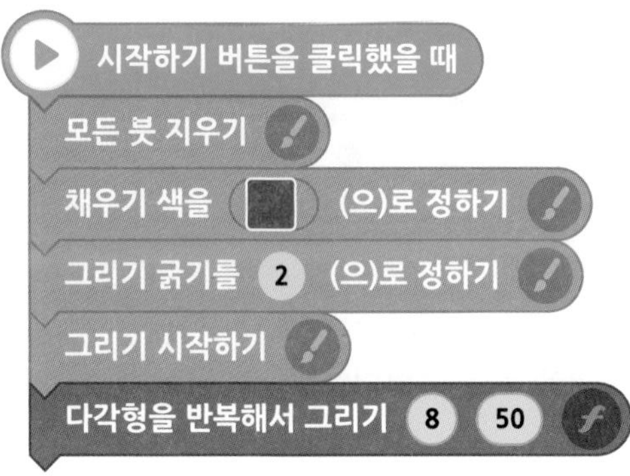

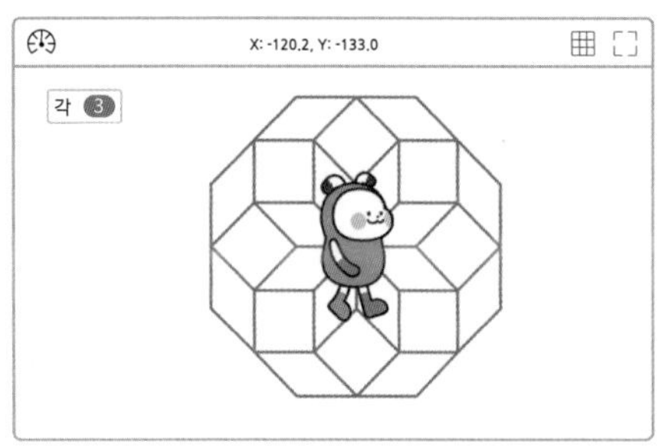

지금까지 순차, 반복, 선택, 함수, 변수를 사용해서 다양한 그림을 그려봤습니다. 5가지 개념을 잘 이해해서 여러분의 아이디어로 멋진 그림을 그려보기 바랍니다.

05 엔트리로 퀴즈 만들기

이 장에서는 무엇을 배울까요?

- 리스트 이해할 수 있어요
- 리스트를 사용해서 문제와 답을 정리할 수 있습니다.
- 엔트리 퀴즈를 만들 수 있어요

우리가 값을 저장하기 위해서 '변수'를 사용한다는 것을 배웠습니다.

다음과 같이 사과, 자두, 파인애플을 저장하기 위해서 과일1, 과일2, 과일3 '변수'를 만들었습니다.

그런데 만약 과일 이름을 100개 저장해야 한다면 '변수'를 100개 만들어야 할까요?

더 쉬운 방법은 없을까요?

이때 사용하는 것이 리스트입니다. 리스트는 쉽게 말하면 '여러 개의 값을 저장할 수 있는 변수'라고 생각하면 됩니다.

'과일'이라는 리스트를 만들고 여기에 과일 이름을 저장하는 것이 더 간단합니다.

[과일] 리스트	
순서	이름
1	사과
2	자두
3	파인애플
…	…
100	포도

리스트에 들어있는 값을 '항목'이라고 합니다. 리스트에서는 순서가 중요합니다. 이 순서를 '인덱스'라고 합니다. 인덱스로 값을 가져오거나 넣거나 삭제합니다.

예를 들어보겠습니다.

[과일] 리스트에 1번째 항목은 사과입니다.

[과일] 리스트에 2번째에 '딸기'를 넣을 수 있습니다.

[과일] 리스트에 3번째 항목인 '파인애플'을 삭제할 수 있습니다.

이런 방법으로 리스트를 사용하면 됩니다.

엔트리에서 리스트를 만들어 보겠습니다.

<자료>-<리스트 만들기>를 순서대로 클릭합니다.

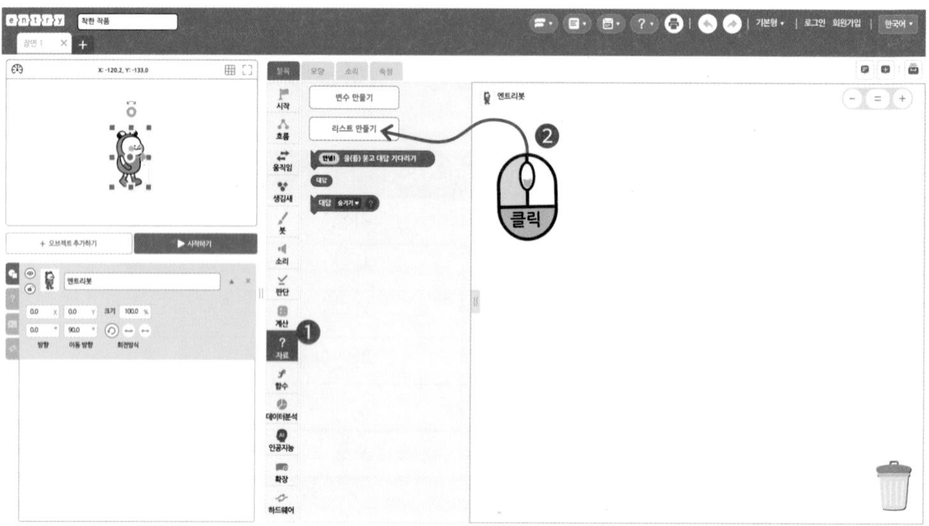

'과일'이라고 적고 <리스트 추가>를 클릭합니다.

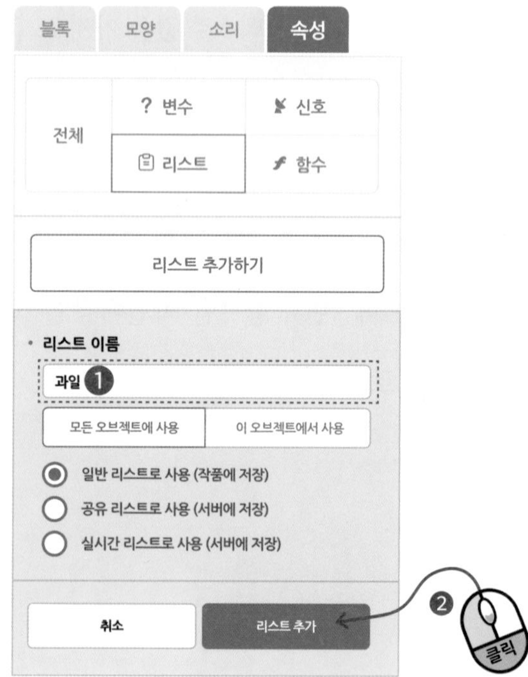

+표시를 원하는 수만큼 클릭하고 값을 넣습니다.

<리스트 불러오기>를 클릭해서 값을 넣을 수 있습니다.

값을 입력하고 <Enter> 키를 눌러서 값을 입력합니다. 다 되면 <저장하기>를 클릭합니다.

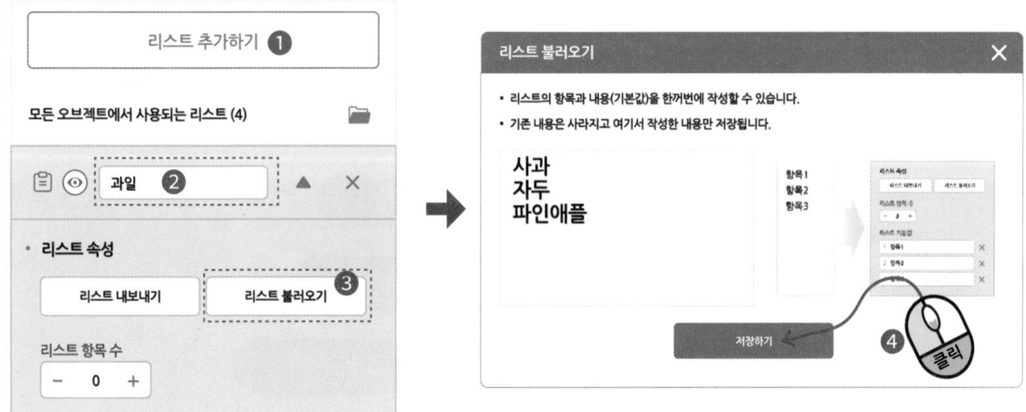

그러면 그림과 같이 리스트가 만들어집니다.

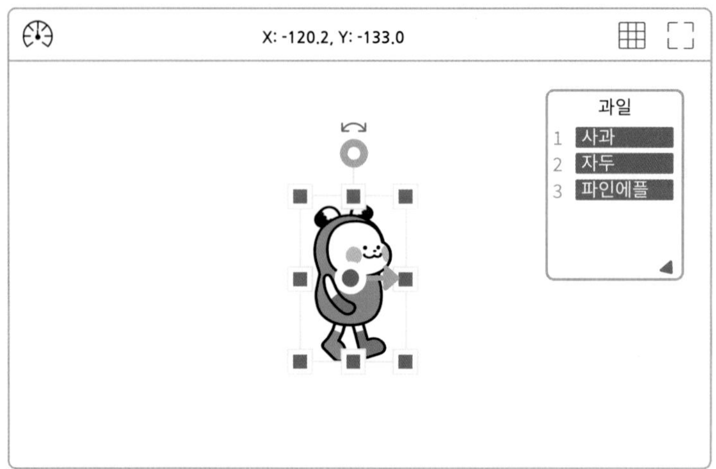

다음 블록을 사용해서 리스트로 코딩하면 됩니다.

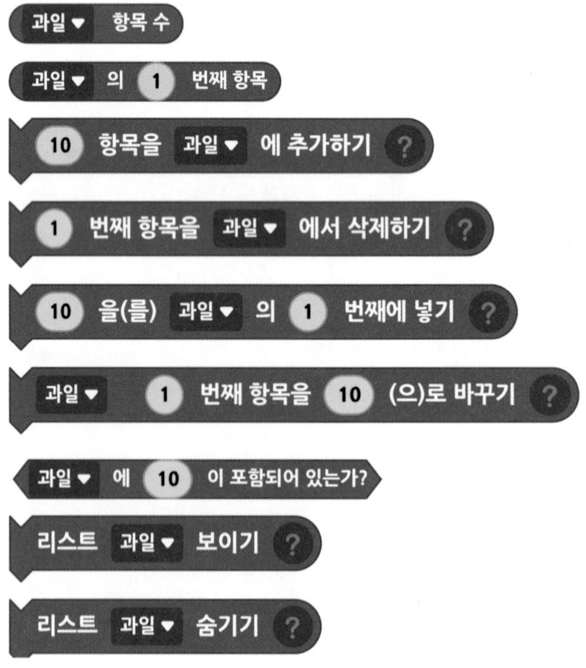

먼저 [문제] 리스트를 만들어 보겠습니다. 이 책에서는 역사 문제를 만들었습니다.

1. 우리나라 최초의 나라는?
2. 삼국시대를 통일한 왕은?
3. 고려 때 거란의 3차 침입을 강감찬이 지휘한 고려 군이 크게 이긴 전투는?
4. 우리나라 국보 1호는?
5. 1592년 일본이 조선을 침략한 사건은?

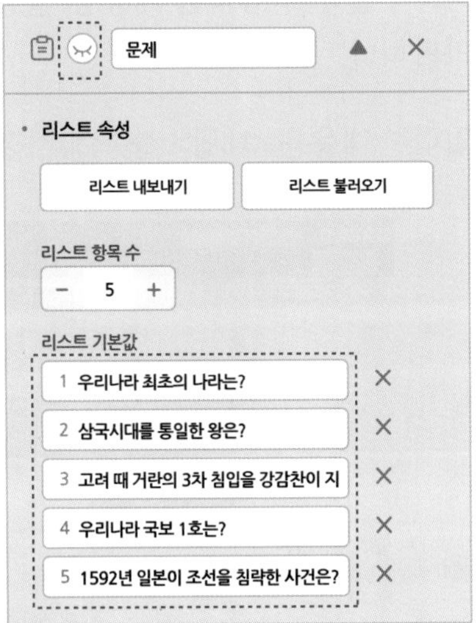

실행화면에서 [문제] 리스트가 보이지 않도록 합니다.

[답] 리스트를 만들고 실행화면에서 보이지 않도록 합니다.

고조선

문무왕

귀주대첩

숭례문

임진왜란

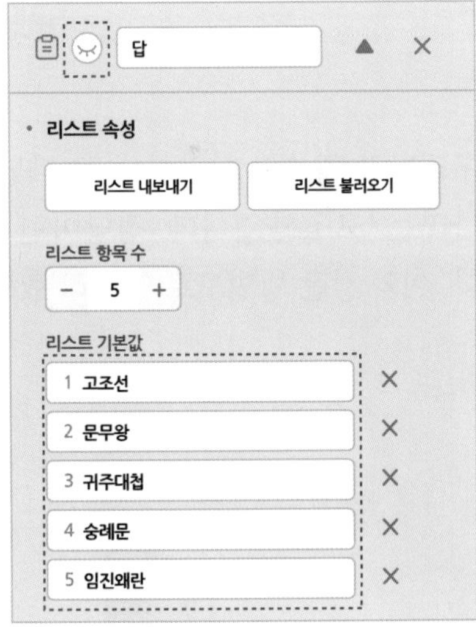

<자료> 블록에서 <~을(를) 묻고 대답 기다리기> 블록을 사용하면 묻고 대답할 수 있습니다. 이 블록에 입력한 내용을 말풍선으로 묻고, 실행화면에 대답을 입력할 수 있는 창이 나타납니다.

입력한 내용은 <대답> 블록에 저장됩니다.

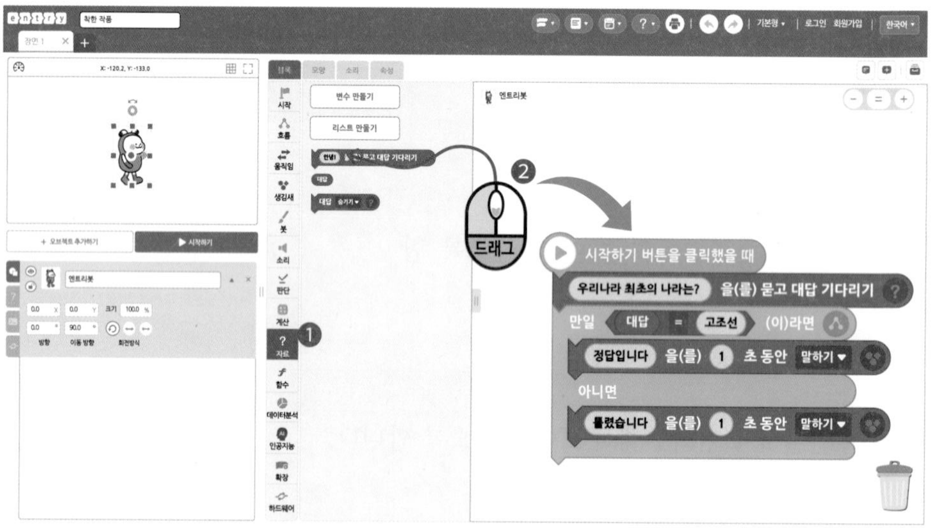

우리나라 최초의 나라를 묻고 대답하는 프로그램을 그림과 같이 만듭니다. 우리나라 최초의 나라는 '고조선'입니다. 정답이면 '정답입니다'라고 말하고 틀리면 '틀렸습니다'라고 말합니다. 이와 같은 방법으로 엔트리 퀴즈를 만들면 됩니다.

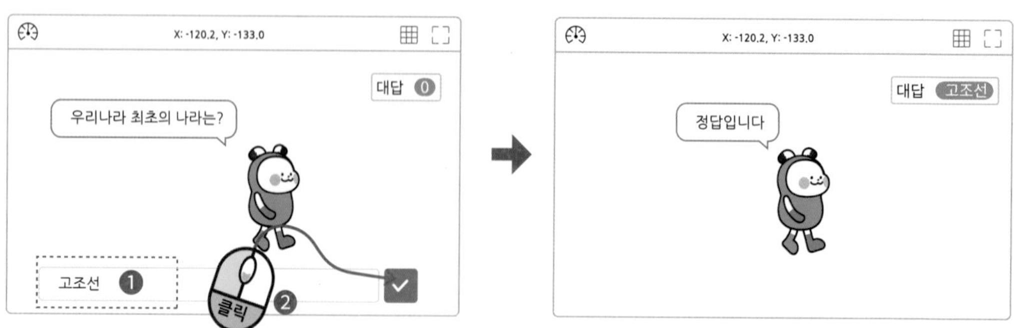

[문제] 리스트에 있는 것을 순서대로 묻고 정답을 확인하는 프로그램을 만듭니다.

문제를 순서대로 내도록 [순서] 변수를 만듭니다.

[문제] 리스트의 항목 수만큼 문제를 내도록 <문제 항목 수> 블록을 사용합니다. [문제] 리스트 항목 수가 5개이므로 5번 문제를 냅니다.

```
문제▾ 항목 수
```

정답이면 [점수] 변수에 1을 더합니다.

```
시작하기 버튼을 클릭했을 때
점수▾ 를 0 (으)로 정하기
순서▾ 를 1 (으)로 정하기
대답 숨기기▾
엔트리 퀴즈를 시작합니다 을(를) 2 초 동안 말하기▾
문제▾ 항목 수 번 반복하기
    문제▾ 의 순서▾ 값 번째 항목 을(를) 묻고 대답 기다리기
    만일 대답 = 답▾ 의 순서▾ 값 번째 항목 (이)라면
        점수▾ 에 1 만큼 더하기
        정답입니다 을(를) 1 초 동안 말하기▾
    아니면
        틀렸습니다 을(를) 1 초 동안 말하기▾
    순서▾ 에 1 만큼 더하기
```

잘 되는지 확인해볼까요? 그림과 같이 순서대로 문제를 내고 정답이면 [정답] 변숫값이 커집니다.

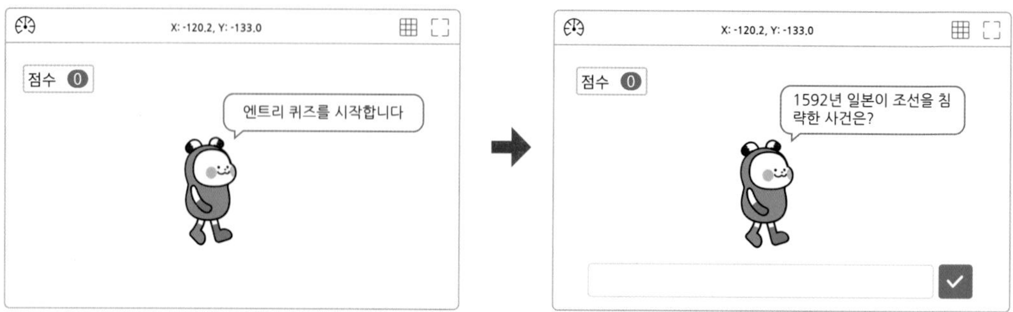

이번 시간에는 엔트리로 퀴즈 만드는 방법을 알아봤습니다. <대답> 블록을 사용하면 다양한 퀴즈를 만들 수 있습니다. 관심 있는 주제로 퀴즈를 만들면서 코딩 실력도 키우고 지식도 넓혀가기 바랍니다.

MEMO

엔트리 인공지능과 함께하는
토리 드론
</>
CoDiNG

CHAPTER 04

드론 코딩 시작하기

01. 드론 연결하기
02. 해발고도 센서 코딩하기
03. LED와 소리 바꾸기
04. 드론으로 게임 조종기 만들기

01 드론 연결하기

이 장에서는 무엇을 배울까요?

- 엔트리 토리드론을 설치할 수 있어요
- 다양한 드론 블록을 사용할 수 있어요
- 센서값을 확인할 수 있어요

이제 엔트리로 드론 코딩하는 방법을 알아보겠습니다.

엔트리로 드론 코딩하기 위해서는 엔트리 토리드론을 설치해야 합니다.

잇플 사이트(itpleinfo.com)의 자료실에서 엔트리 토리드론 설치파일을 다운로드 받습니다.

ITPLE 잇플 EDUCATION GROUP
회사소개 잇플출판 코딩학원 영어학원 교육안내 협력업체 커뮤니티 쇼핑몰 잇플학원생활
자료실입니다
PPT, 지도안, MP3, 소스코드, 프로그램소개 등
커뮤니티
공지사항
강사모집
견적문의
대회일정
행사일정
자료실
갤러리
자료실
커뮤니티 > 자료실
드론 자동차 파이썬 디지털새싹 구구박사 MP3
지도안 소스코드 PPT 제안서 청오표 기타
(주)잇플에서 제공하는 유용한 자료입니다.
언제나 고객님의 눈높이에 맞추어 최상의 서비스가 되기 위해 노력하겠습니다.

번호	제목	작성자	작성일자	조회수
공지	엔트리 토리드론 설치	잇플	2024-02-02	56
공지	잇플 토리드론 시뮬레이터 다운로드	잇플	2023-12-26	77

TOP

설치파일을 실행합니다.

그림과 같이 PC 보호 메시지가 나올 수 있습니다.

<추가 정보>-<실행>을 클릭합니다.

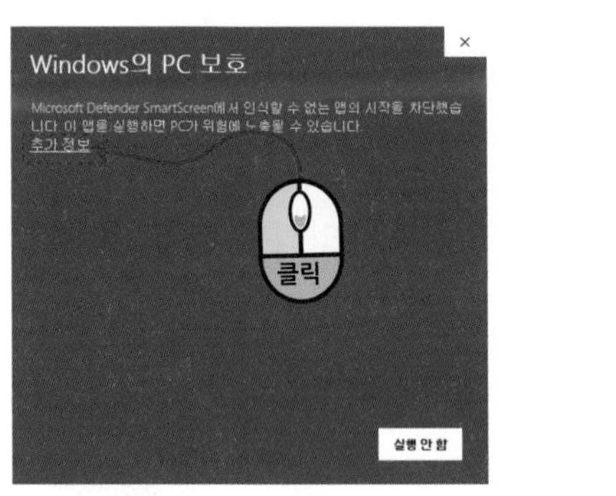

다음 그림과 같이 <다음>, <동의함>, <마침>을 클릭해서 프로그램을 설치합니다.

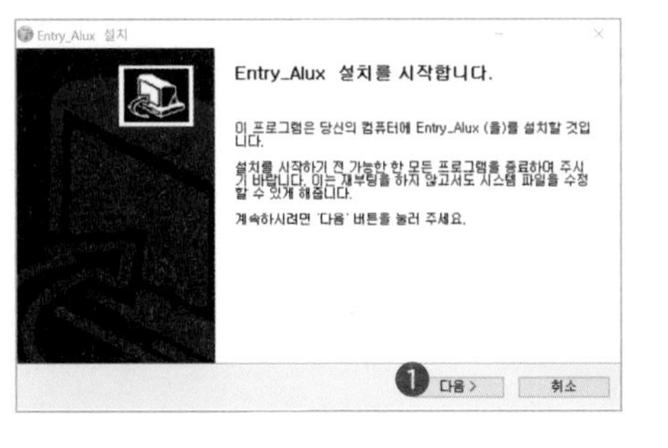

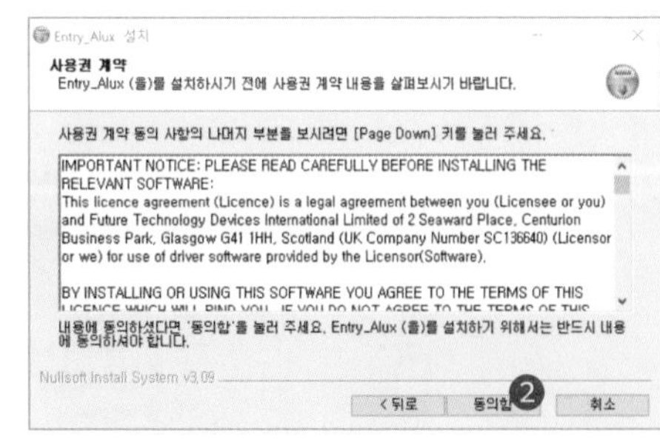

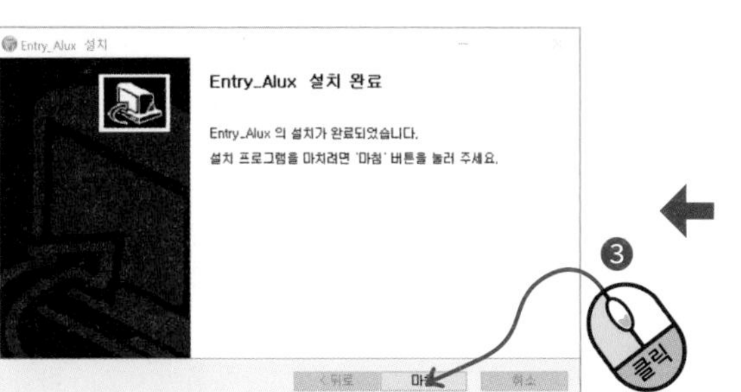

그러면 Entry_Alux 아이콘이 생깁니다.

프로그램을 설치할 때 백신 프로그램이 검사하는 경우가 있습니다. 이때 검사를 제외합니다.

엔트리 드론 코딩할 때 조종기를 컴퓨터에 연결해야 합니다. 조종기를 통해서 컴퓨터와 드론이 서로 정보를 주고받습니다.

엔트리로 코딩한 것을 드론에 전달하거나 배터리, 해발고도 등 드론의 여러 정보를 컴퓨터로 전달합니다.

USB 케이블을 사용해서 조종기를 연결합니다. 그리고 드론에 배터리를 연결합니다.

<하드웨어>-<연결 프로그램 열기>를 순서대로 클릭합니다.

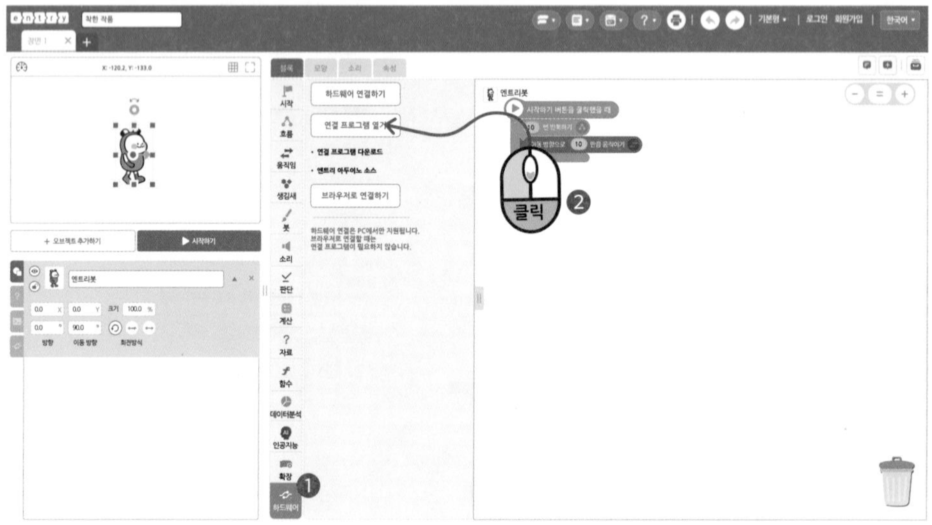

'토리드론'을 검색해서 선택합니다.

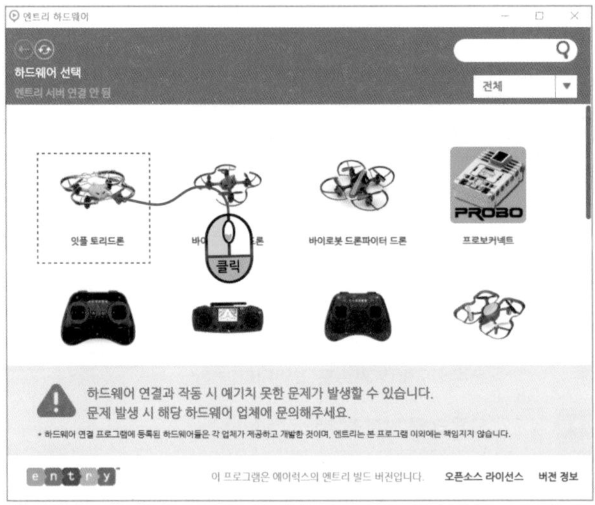

연결이 잘 되면 '연결 성공'이라는 메시지가 나옵니다.

엔트리에서 조종기와 같은 하드웨어 연결해서 사용할 때 이 창을 끄면 안 됩니다.

그리고 하드웨어에 다양한 드론 블록이 보입니다. 이 블록을 사용해서 드론 코딩을 하면 됩니다.

다음은 드론 센서와 정보 관련 블록을 정리한 표입니다.

드론 센서 블록	
각도 Roll ▾	드론이 왼쪽-오른쪽으로 얼마나 기울어져 있는지 알려줍니다.
각도 Pitch ▾	드론이 앞-뒤로 얼마나 기울어져 있는지 알려줍니다.
각도 Yaw ▾	드론이 왼쪽-오른쪽으로 얼마나 회전했는지 알려줍니다.
가속도 x ▾	드론의 X방향 가속도 값입니다.
가속도 y ▾	드론의 Y방향 가속도 값입니다.
가속도 z ▾	드론의 Z방향 가속도 값입니다.
각속도 Roll ▾	드론의 롤 방향 각속도 값입니다.
각속도 Pitch ▾	드론의 피치 방향 각속도 값입니다.
각속도 Yaw ▾	드론의 요우 방향 각속도 값입니다.
위치 X ▾	드론의 x축에 대한 현재 위치 값을 반환합니다.
위치 Y ▾	드론의 y축에 대한 현재 위치 값을 반환합니다.
위치 Z ▾	드론의 z축에 대한 현재 위치 값을 반환합니다.
해발고도 ▾	드론의 해발고도 값을 알려줍니다.

드론 정보 블록	
비행 동작 상태 ▾	드론의 비행 동작 상태를 나타냅니다. 동작 상태는 코드로 나타냅니다. 준비 : 16 이륙준비 : 17 이륙 : 18 비행 : 19 착륙 : 20 회전 : 21 뒤집기 : 22 강제 정지 : 32 사고 : 48 오류 : 49 테스트 모드 : 64
비행 제어 모드 ▾	비행 제어의 모드를 나타냅니다. 토리 드론은 따로 제어모드를 바꾸지 않기 때문에 0이 됩니다.
이동 상태 ▾	드론의 이동상태를 나타냅니다. 준비 : 1 호버링 : 2 움직임 : 3 리턴홈 : 4
Headless ▾	Headless mode를 사용했는지 알려줍니다. Headless mode 일 때 : 1 Headless mode가 아닐 때 : 2
센서 방향 ▾	드론이 뒤집혀 있는지를 확인하기 위한 값입니다. 센서 방향은 코드로 나타냅니다. 가만히 있음 : 1 뒤집히기 시작 : 2 뒤집어짐 : 3
배터리 ▾	배터리가 얼마나 남았는지 알려줍니다.

헤드리스 모드(Headless mode)를 사용하겠습니다.

on을 선택하면 헤드리스 모드가 됩니다. 헤드리스 모드를 사용하면 <Headless> 블록이 1이 됩니다.

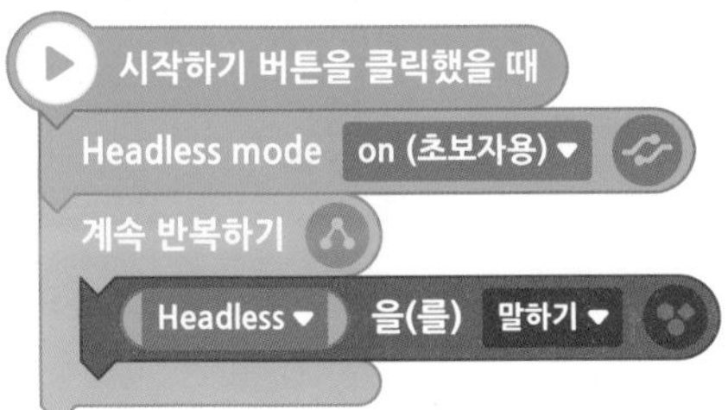

off를 선택하면 헤드리스 모드가 되지 않습니다. <Headless> 블록이 2가 됩니다.

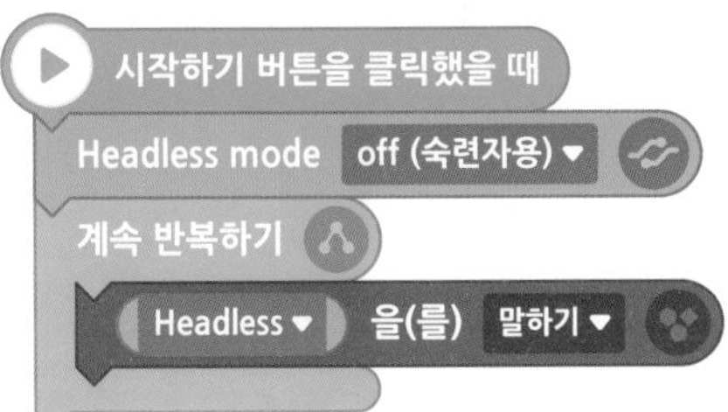

<센서 방향> 블록으로 드론이 뒤집혔는지 알아보겠습니다.

드론이 가만히 있으면 1이 됩니다.

시작하기 버튼을 클릭했을 때
계속 반복하기
센서 방향 을(를) 말하기

드론이 뒤집히면 3이 됩니다.

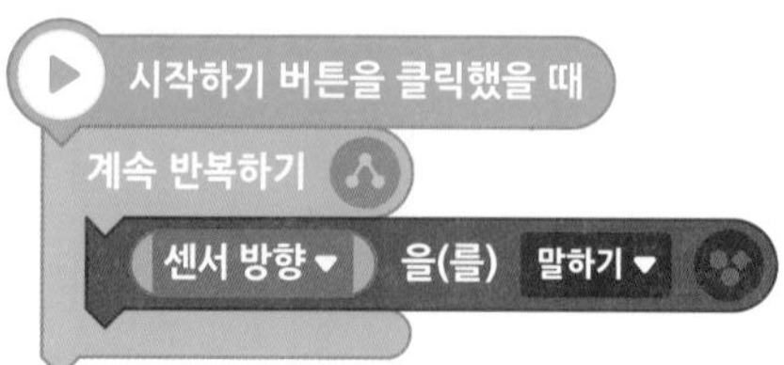

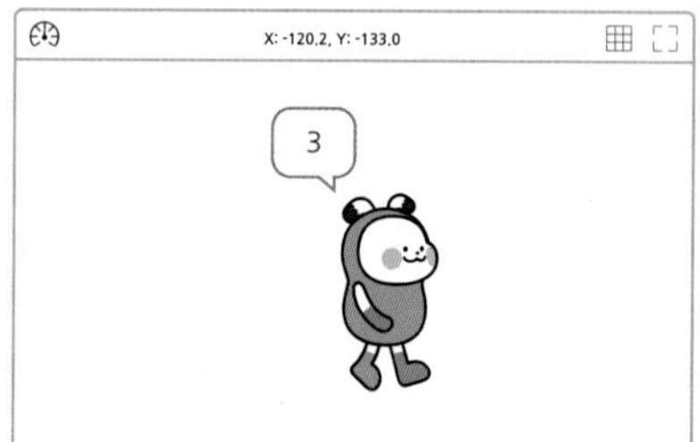

배터리가 얼마나 남았는지 확인해보겠습니다.

<배터리> 블록을 사용해서 확인합니다.

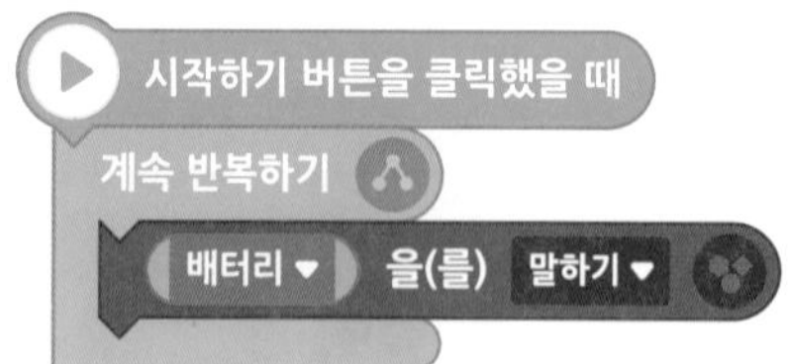

MEMO

해발고도 센서 코딩하기

이 장에서는 무엇을 배울까요?

- 해발고도 센서를 사용할 수 있어요
- 오브젝트 크기를 바꿀 수 있어요
- 드론을 위 아래로 움직여서 엔트리봇 크기를 바꿀 수 있어요

해발고도 센서를 사용해서 오브젝트의 크기를 바꾸는 프로그램을 만들어 보겠습니다. 해발고도 센서값이 커지면 오브젝트 크기가 커지고, 해발고도 센서값이 작아지면 오브젝트 크기가 작아집니다.

먼저 해발고도 센서를 어떻게 사용하는지 알아보겠습니다.

'엔트리봇'이 해발고도 값을 말하도록 그림과 같이 코딩합니다.

드론을 위로 올리면 값이 커지고 아래로 내리면 값이 작아집니다. 그런데 그 값이 큰 차이는 없습니다.

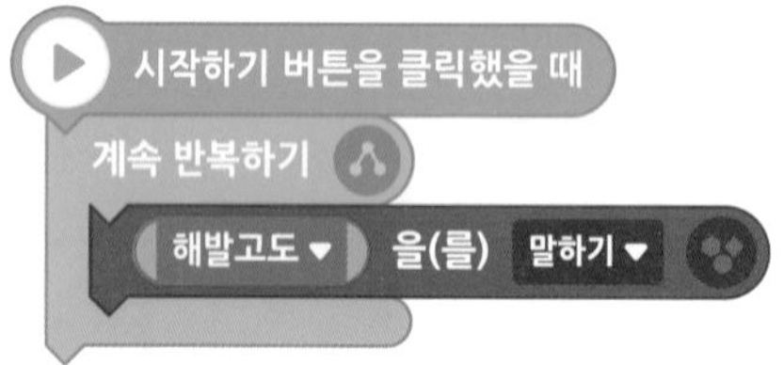

오브젝트 크기를 바꾸는 방법을 알아보겠습니다. 오브젝트의 크기를 바꾸기 위해서는 <크기 ~만큼 바꾸기> 블록이나 <크기를 ~(으)로 정하기> 블록을 사용하면 됩니다.

크기를 10 만큼 바꾸기

크기를 100 (으)로 정하기

<왼쪽 화살표> 키를 누르면 크기가 작아지고 <오른쪽 화살표> 키를 누르면 크기가 커지도록 코딩하겠습니다.

<~키를 눌렀을 때> 블록을 사용합니다. <q>를 클릭하고 원하는 키를 누르면 키 이름이 바뀝니다.

크기를 -1만큼 바꾸면 크기가 작아지고 1만큼 바꾸면 크기가 커집니다.

<크기를 ~(으)로 정하기> 블록을 사용해서 크기를 바꿀 수 있습니다. 원래 크기는 100입니다. 크기를 200으로 정하면 두 배 커집니다.

그러면 크기를 50으로 정하면 어떻게 될까요? 크기가 반으로 작아집니다.

해발고도 센서값에 따라서 오브젝트 크기가 바뀌도록 코딩하겠습니다. 드론을 위로 올리면 오브젝트가 커지고, 드론을 아래로 내리면 오브젝트가 작아져야 합니다. 어떻게 코딩하면 될까요?

100을 기준으로 크기를 정합니다.

[기준] 변수에 기준 해발고도를 저장합니다.

드론을 위로 올리면 해발고도 센서값에서 [기준] 변숫값을 뺀 값이 커집니다. 여기에서 적당한 값을 곱합니다. 그러면 100보다 값이 커집니다.

드론을 아래로 내리면 해발고도 센서값에서 [기준] 변숫값을 뺀 값이 작아집니다. 그러면 100보다 값이 작아집니다.

이렇게 정한 값을 <크기를 ~(으)로 정하기> 블록 안에 넣어서 크기를 정합니다.

오브젝트의 크기가 1보다 작지 않도록 코딩합니다. [크기] 변수가 1보다 작으면 1로 값을 정해서 더 이상 크기가 작아지지 않도록 합니다.

그림과 같이 코딩하면 되겠죠?

잘 되는지 확인해볼까요? 드론을 위로 올리면 엔트리봇이 커지고 드론을 아래로 내리면 엔트리봇이 작아집니다.

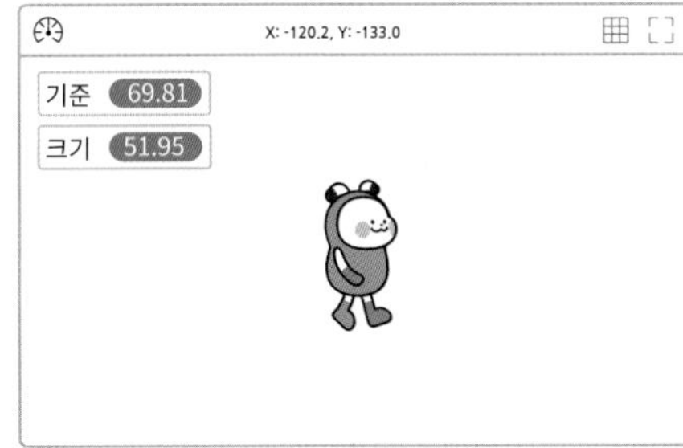

LED와 소리 바꾸기

이 장에서는 무엇을 배울까요?

- 드론의 LED를 바꿀 수 있어요
- 조종기로 다양한 소리를 낼 수 있어요
- 조종기를 진동시킬 수 있어요

코딩으로 드론의 LED를 바꾸거나 조종기에서 다양한 소리를 낼 수 있습니다. 자세한 코딩방법을 알아보겠습니다. 아래 블록을 사용해서 원하는 색깔로 LED를 켜고 끌 수 있습니다.

색깔은 빨강, 초록, 파랑, 노랑, 자홍, 하늘색, 흰색, 저녁노을, 구름솜사탕, 청포도, 딸기우유, 에메랄드, 라벤더에서 정합니다.

'켜기'를 선택하면 LED가 켜집니다. '끄기'를 선택하면 LED가 꺼집니다.

밝기도 바꿀 수 있습니다. 25%, 50%, 75%, 100%에서 밝기를 정합니다.

LED가 신호등 색깔로 바뀌도록 그림과 같이 코딩합니다.

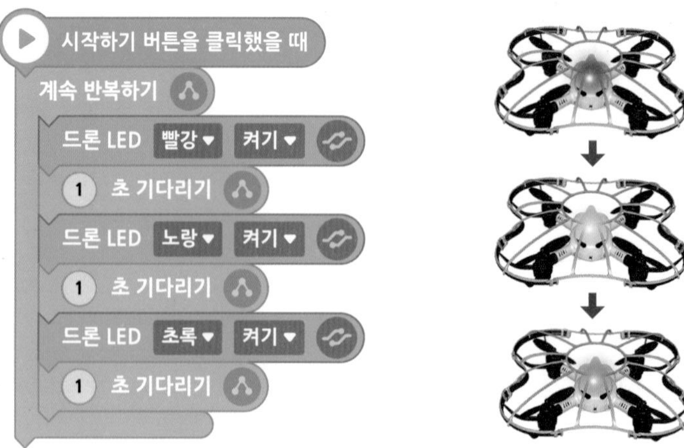

다음 블록으로 0부터 255까지 밝기를 정할 수 있습니다.

숫자가 커질수록 LED가 밝아집니다.

```
드론 LED 빨강▾ 켜짐▾ 255
```

LED가 점점 밝아지다가 어두워지도록 코딩해볼까요? [밝기] 변수를 사용해서 LED 밝기를 바꿉니다.

<~이 될 때까지 반복하기> 블록을 사용해서 코딩합니다. 이 블록을 사용하면 조건을 만족시킬 때까지 반복합니다.

[밝기] 변숫값이 255 이상이 될 때까지 밝아집니다. 그리고 0 이하가 될 때까지 어두워집니다.

```
시작하기 버튼을 클릭했을 때
밝기▾ 를 0 (으)로 정하기
계속 반복하기
    밝기▾ 값 ≥ 255 이 될 때까지▾ 반복하기
        드론 LED 빨강▾ 켜짐▾ 밝기▾ 값
        밝기▾ 에 1 만큼 더하기
    밝기▾ 값 ≤ 0 이 될 때까지▾ 반복하기
        드론 LED 빨강▾ 켜짐▾ 밝기▾ 값
        밝기▾ 에 -1 만큼 더하기
```

<깜빡임>을 선택하면 LED가 깜빡입니다. 100과 1000 사이의 값을 넣어서 깜빡이는 속도를 정합니다.

값이 작으면 빨리 깜빡이고 값이 크면 천천히 깜빡입니다.

<무지개2>를 선택하면 LED가 순서대로 깜빡입니다. 1과 10 사이의 값을 넣어서 색이 바뀌는 시간을 정합니다. 값이 작을수록 색깔이 빨리 바뀝니다.

아래 블록을 사용하면 빨강색(Red), 초록색(Green), 파랑색(Blue)을 섞어서 LED 색을 정할 수 있습니다. 색은 0과 255 사이의 값으로 정합니다.

그리고 밝기도 바꿀 수 있습니다. 마찬가지로 값이 커질수록 밝아집니다.

엔트리봇을 클릭할 때마다 색을 랜덤하게 바꿔보겠습니다.

<~ 부터 ~ 사이의 무작위 수> 블록을 사용합니다. 이 블록은 두 수 사이에서 숫자를 아무거나 고릅니다.

다음 블록을 사용하면 조종기에서 소리가 납니다. 옥타브로 음높이를 정하고 어떤 음을 몇 초 동안 연주할 것인지 정합니다.

다음은 '학교종' 노래의 악보입니다.

먼저 2마디를 연주해보겠습니다. 다음과 같이 코딩합니다.

변수를 사용해서 코딩할 수 있습니다. [시간] 변수를 사용해서 코딩하면 빠르기를 쉽게 바꿀 수 있습니다. <미>는 다른 음보다 2배 길게 연주해야 하기 때문에 2를 곱했습니다.

그러면 악보를 보고 '학교종' 노래를 완성해봅니다.

조종기를 진동시킬 수 있습니다. 다음 블록을 사용합니다.

<진동 ~초 켜기> 블록을 사용하면 진동이 다 끝나고 그다음 블록이 실행됩니다.

<진동 ~초 예약> 블록을 사용하면 진동과 함께 그다음 블록이 실행됩니다.

드론 코딩할 때 배터리가 얼마나 남았는지 알려주면 좋습니다. 남은 배터리가 20보다 크다면 배터리값을 <말하기> 블록을 사용해서 알려줍니다. 20 이하라면 조종기를 진동해서 배터리가 부족하다는 것을 알려줍니다.

```
시작하기 버튼을 클릭했을 때
계속 반복하기
  만일 배터리 > 20 (이)라면
    배터리 을(를) 말하기
  아니면
    배터리가 부족해요 을(를) 말하기
    진동 1 초 켜기
    0.5 초 기다리기
```

04 드론으로 게임 조종기 만들기

이 장에서는 무엇을 배울까요?

- <각도 Roll>과 <각도 Pitch> 블록을 사용할 수 있어요
- 드론으로 게임 조종기를 만들 수 있어요
- 신호를 사용해서 코딩할 수 있어요

이번 시간에는 드론을 게임 조종기처럼 사용하는 방법을 알아보겠습니다.

드론을 기울여서 엔트리봇을 움직입니다. 공은 벽에 튕기면서 계속 움직입니다. 여러분은 공을 피해서 계속 엔트리봇을 움직여야 합니다.

엔트리봇이 공에 닿으면 '게임 끝'이라는 글상자가 나오면서 게임이 끝납니다.

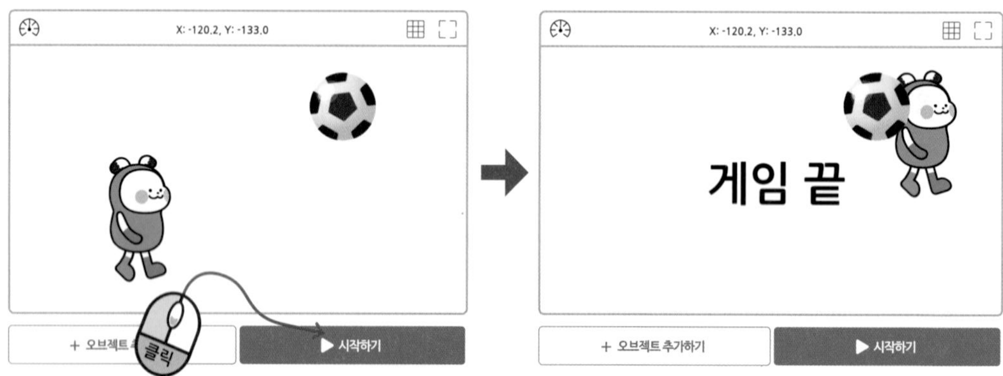

그러면 어떻게 드론을 게임 조종기로 사용할 수 있는지 자세하게 알아보겠습니다.

드론을 왼쪽-오른쪽, 앞-뒤로 기울이면 <각도 Roll>과 <각도 Pitch> 값이 달라집니다. 이 값을 사용해서 오브젝트를 움직일 수 있습니다.

각도 Roll ▾　　각도 Pitch ▾

드론에 배터리를 연결합니다. <각도 Roll> 값을 말하도록 다음과 같이 코딩합니다.

롤(Roll)은 드론이 왼쪽-오른쪽으로 움직이는 것을 말합니다.

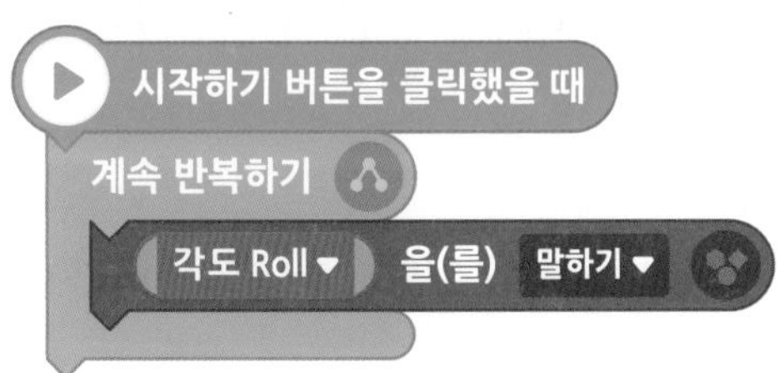

롤이 플러스면 오른쪽으로 움직이고, 마이너스면 왼쪽으로 움직입니다.

드론이 오른쪽으로 움직일 때 오른쪽으로 기울어집니다.

드론을 오른쪽으로 기울이면 <각도 Roll>이 플러스가 됩니다.

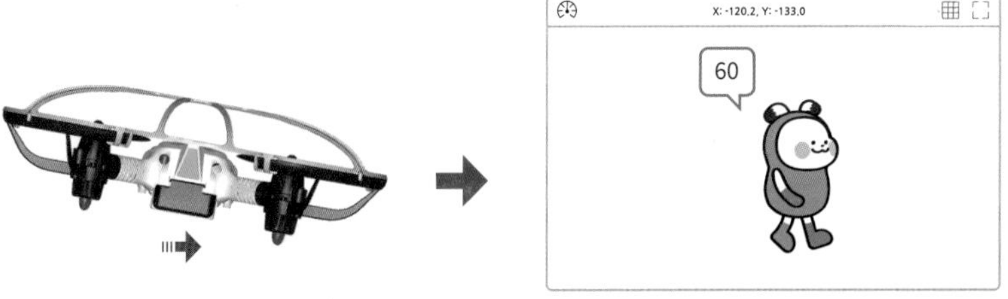

드론이 왼쪽으로 움직일 때 왼쪽으로 기울어집니다.

드론을 왼쪽으로 기울이면 <각도 Roll>이 마이너스가 됩니다.

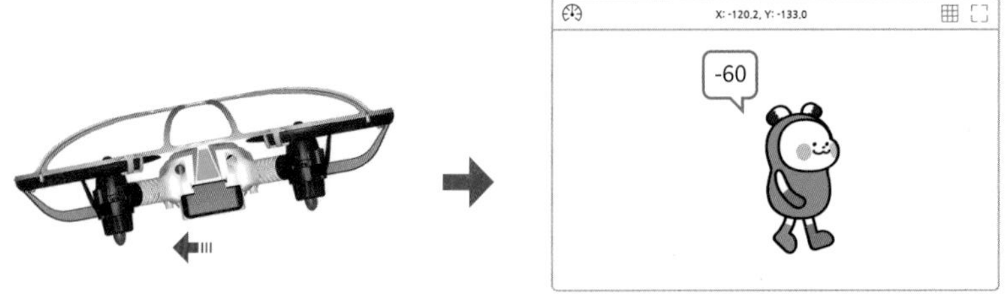

피치(Pitch)는 드론이 앞-뒤로 움직이는 것을 말합니다.

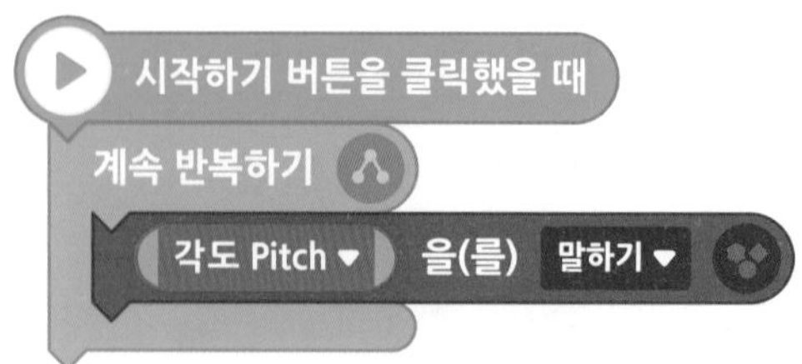

피치가 플러스면 앞으로 움직이고, 마이너스면 뒤로 움직입니다.

드론이 앞으로 움직일 때 앞쪽으로 기울어집니다.

드론을 앞쪽으로 기울이면 <각도 Pitch>가 플러스가 됩니다.

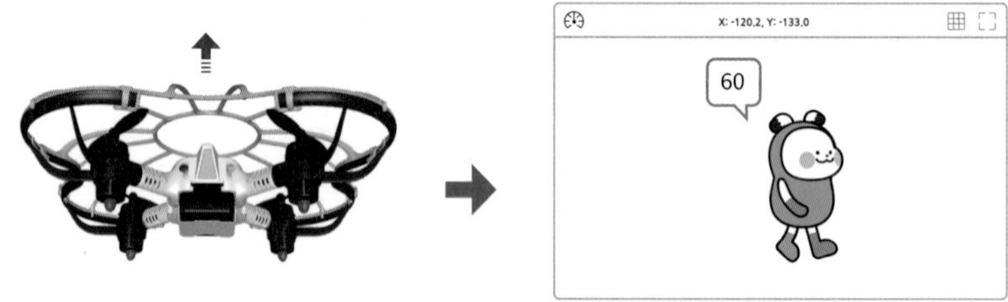

드론이 뒤로 움직일 때 뒤쪽으로 기울어집니다.

드론을 뒤쪽으로 기울이면 <각도 Pitch>가 마이너스가 됩니다.

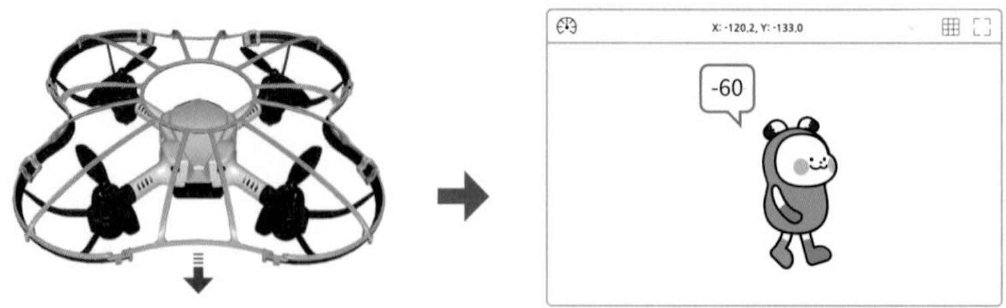

이렇게 드론을 움직이면 <각도 Roll>과 <각도 Pitch>가 바뀝니다. 이 두 가지 블록을 사용해서 엔트리봇을 움직여 보겠습니다.

먼저 엔트리봇 크기를 적당하게 바꿉니다.

<x 좌표를 ~만큼 바꾸기>와 <y 좌표를 ~만큼 바꾸기> 블록을 사용해서 움직일 수 있습니다.

오브젝트가 왼쪽-오른쪽으로 움직이면 <x 좌표>가 바뀝니다. 왼쪽으로 움직이면 <x 좌표>가 작아지고, 오른쪽으로 움직이면 <x 좌표>가 커집니다.

위-아래로 움직이면 <y 좌표>가 바뀝니다. 아래쪽으로 움직이면 <y 좌표>가 작아지고, 위쪽으로 움직이면 <y 좌표>가 커집니다.

드론을 왼쪽-오른쪽으로 기울이면 오브젝트도 왼쪽-오른쪽으로 움직이게 합니다.

드론을 위-아래로 기울이면 오브젝트도 위-아래로 움직이게 합니다.

너무 많이 움직이지 않도록 10을 나눕니다. 그리고 y 좌표를 바꿀 때는 -1를 곱해야 우리가 원하는 대로 움직입니다.

잘 되는지 확인해볼까요? 드론을 기울이는 방향으로 엔트리봇이 잘 움직입니다. 그런데 실행 화면을 넘어가는 경우가 생깁니다. 어떻게 하면 될까요?

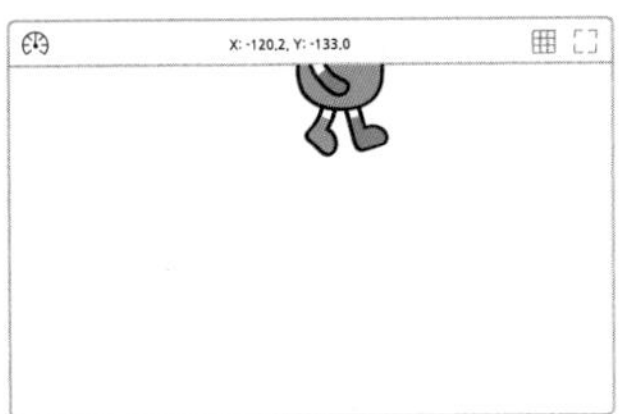

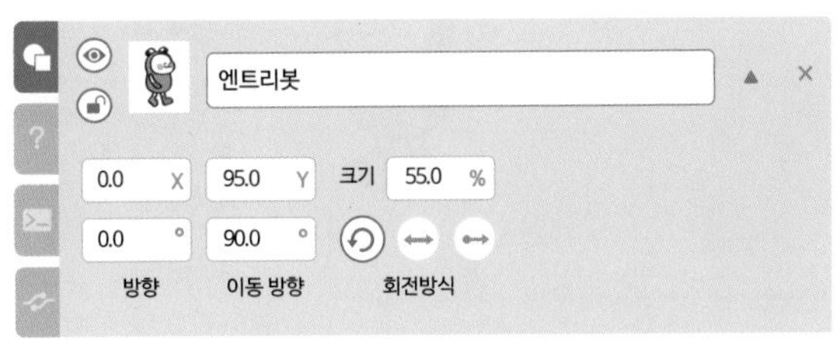

<화면 끝에 닿으면 튕기기> 블록을 사용하면 될 것 같지만 잘되지 않습니다. 실행화면을 많이 넘어가는 경우에는 튕기지 않습니다.

화면 끝에 닿으면 튕기기

이때는 좌표를 사용해서 오브젝트가 움직이는 범위를 정하면 됩니다.

<계산> 블록에 다음과 같은 블록이 있습니다. 이 블록으로 오브젝트의 x 좌푯값과 y 좌푯값을 확인할 수 있습니다.

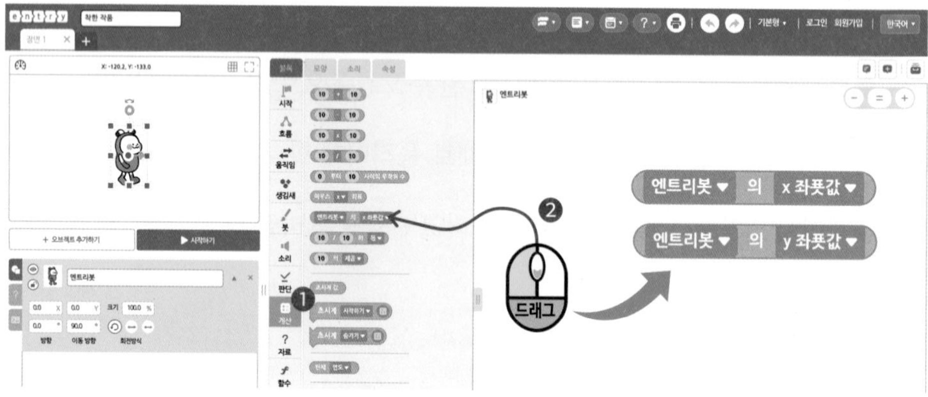

엔트리봇을 움직여서 어디까지 움직일 수 있는지 x, y 좌푯값을 확인합니다. 그리고 정한 좌푯값 범위 안에서 움직이도록 합니다.

이 책에서는 x 좌푯값 범위를 -215 ~ 215로, y 좌푯값 범위를 -95 ~ 95로 정했습니다.

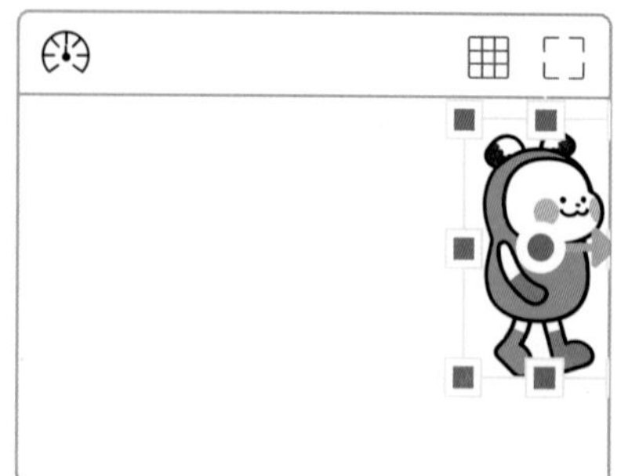

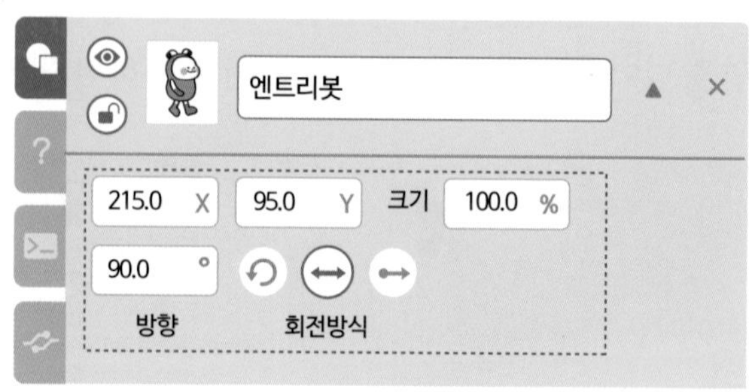

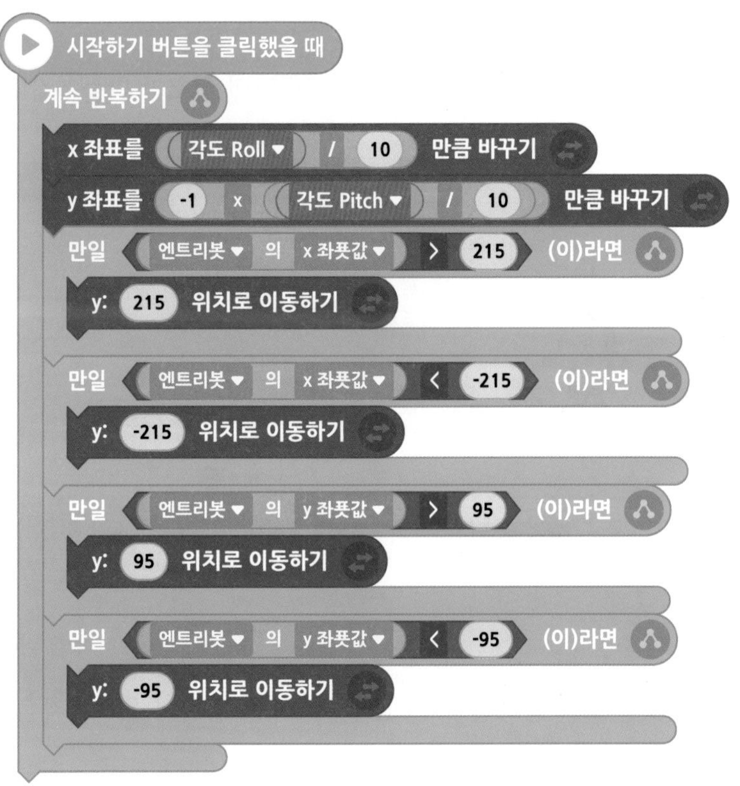

엔트리봇이 축구공에 닿으면 움직이지 않도록 하겠습니다. 어떻게 하면 될까요? 이때 <신호>를 사용하면 됩니다.

초록불이면 신호등을 건너고 빨간불이면 멈추는 것 기억나죠? 이런 것들을 신호라고 합니다. 축구경기에서 심판이 호루라기를 불면 선수들이 축구경기를 하는 것도 마찬가지입니다. 심판이 호루라기로 경기 시작이라는 신호를 보내면 선수들이 축구경기를 하는 것이죠.

심판이 오루라기로 경기 시작이라고 신호를 보낸다

▼

선수들이 신호를 받으면 축구 경기를 시작한다

<속성>-<신호>-<신호 추가하기>를 순서대로 클릭합니다.

신호 이름을 '게임 끝'으로 정하고 <신호 추가>를 클릭하면 신호가 만들어집니다.

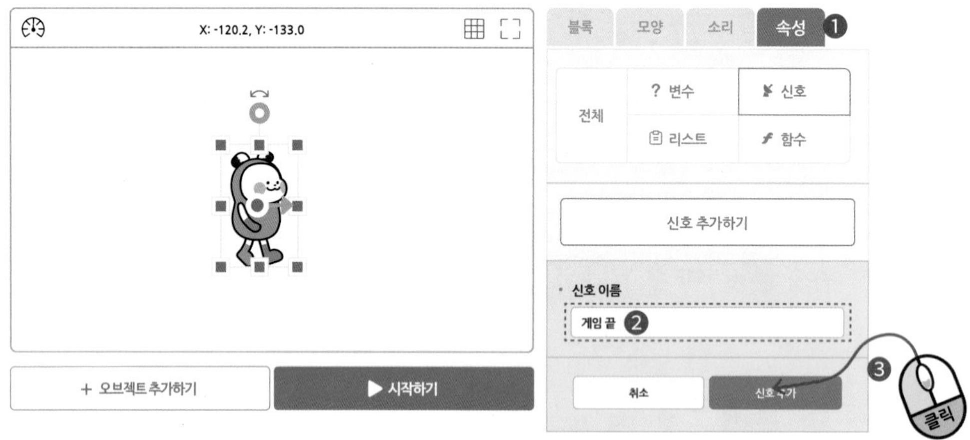

엔트리봇이 <게임 끝> 신호를 받으면 자신의 다른 코드를 멈춰서 움직이지 않도록 합니다.

이제 축구공을 오브젝트를 추가하겠습니다.

<오브젝트 추가하기>를 클릭합니다.

검색 창에 '축구공'이라고 검색해서 선택합니다. 그리고 <추가하기>를 클릭합니다. 그러면 오브젝트가 추가됩니다. 크기를 적당하게 바꿉니다.

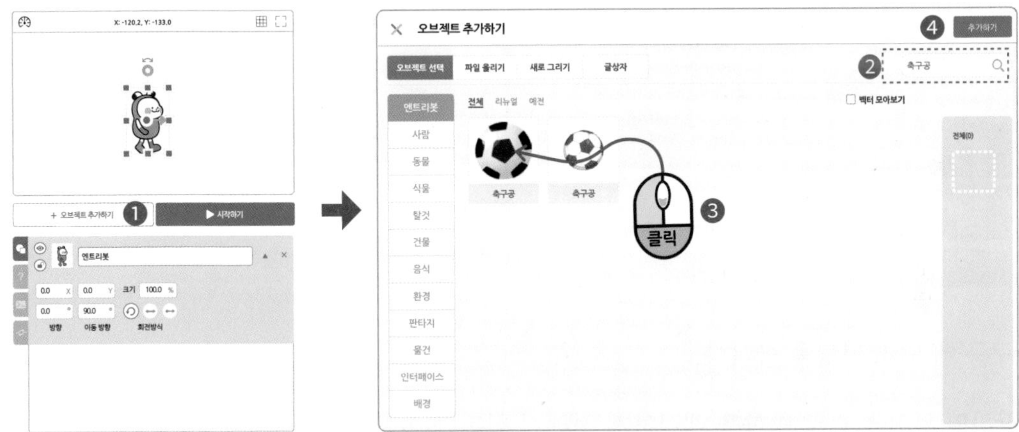

글상자를 추가합니다. <오브젝트 추가하기>-<글상자>를 순서대로 클릭합니다.

'게임 끝'이라고 쓰고 <추가하기>를 클릭합니다.

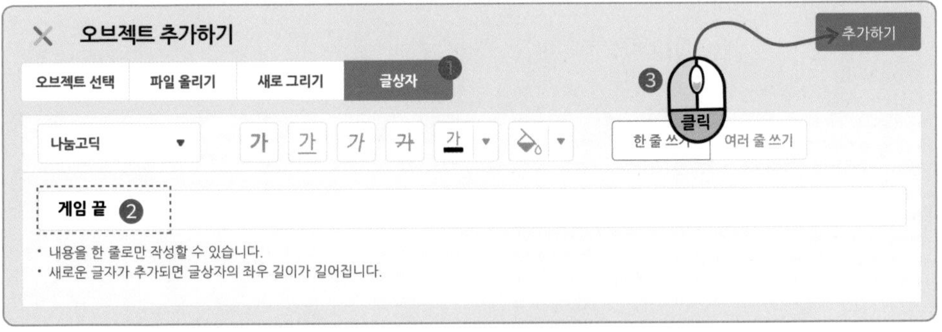

글상자가 보이지 않도록 <눈> 아이콘을 클릭합니다. 글상자는 게임이 끝나면 보입니다.

'축구공'에 먼저 코딩을 합니다.

시작하면 무작위 수로 방향을 랜덤하게 정해서 회전합니다.

그리고 이동 방향으로 10 만큼 움직이다가 화면에 끝에 닿으면 튕깁니다.

만약 엔트리봇에 닿으면 <게임 끝> 신호를 보내고 이 코드를 멈춰서 더 이상 움직이지 않습니다.

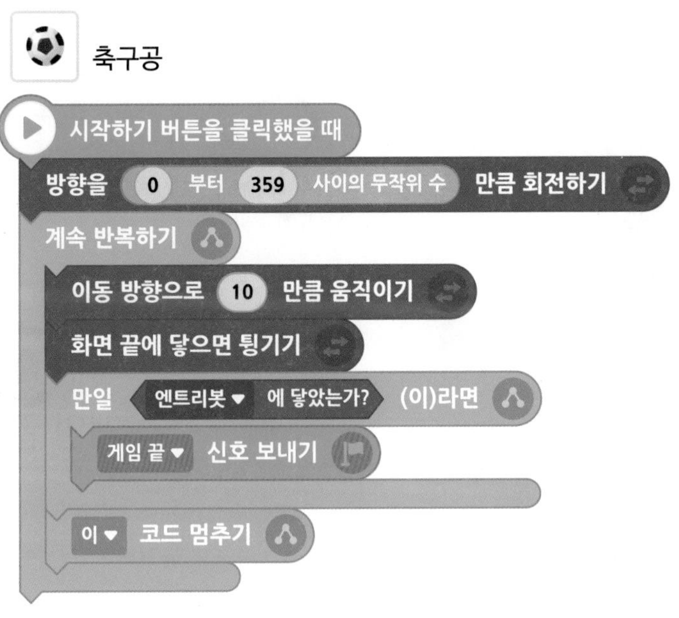
축구공
시작하기 버튼을 클릭했을 때
방향을 0 부터 359 사이의 무작위 수 만큼 회전하기
계속 반복하기
이동 방향으로 10 만큼 움직이기
화면 끝에 닿으면 튕기기
만일 엔트리봇 에 닿았는가? (이)라면
게임 끝 신호 보내기
이 코드 멈추기

'게임 끝' 글상자에 다음과 같이 코딩합니다.

<모양 숨기기> 블록을 실행하면 실행화면에서 보이지 않습니다.

<게임 끝> 신호를 받으면 실행화면 가운데에 있도록 x, y 좌표를 0으로 정합니다.

그리고 실행화면에서 보이게 하고 크기를 계속 바꿔서 글씨를 강조합니다.

A 게임 끝 글상자

이렇게 드론을 게임 조종기처럼 사용할 수 있습니다.

엔트리로 다양한 게임을 만들 수 있습니다. 여러분의 아이디어로 더 멋진 게임을 만들어 보세요.

MEMO

엔트리 인공지능과 함께하는
토리드론
CODING

CHAPTER

05

코딩으로 드론 조종하기

01 드론 코딩 기초

이 장에서는 무엇을 배울까요?

- 드론 코딩의 기초를 알 수 있어요
- 코딩으로 드론을 조종할 수 있어요
- 다양한 블록을 사용해서 드론 코딩을 할 수 있어요

드론을 처음 코딩할 때 센서 초기화를 한 번 합니다. 그러면 드론의 불이 깜빡입니다.

먼저 안전을 위해서 키보드로 드론을 착륙시키거나 멈추게 하겠습니다.

<스페이스> 키를 누르면 착륙하고 <q> 키를 누르면 드론이 멈춥니다.

<~키를 눌렀을 때> 블록을 사용해서 코딩합니다. '키 이름'을 선택하고 키보드에서 원하는 키를 누르면 키 이름이 바뀝니다.

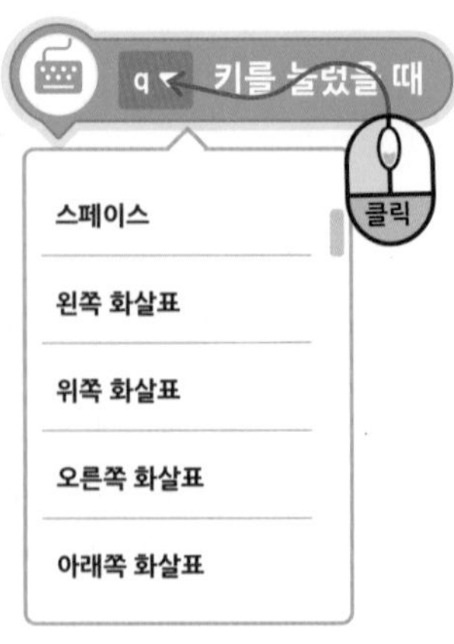

그림과 같이 코딩합니다.

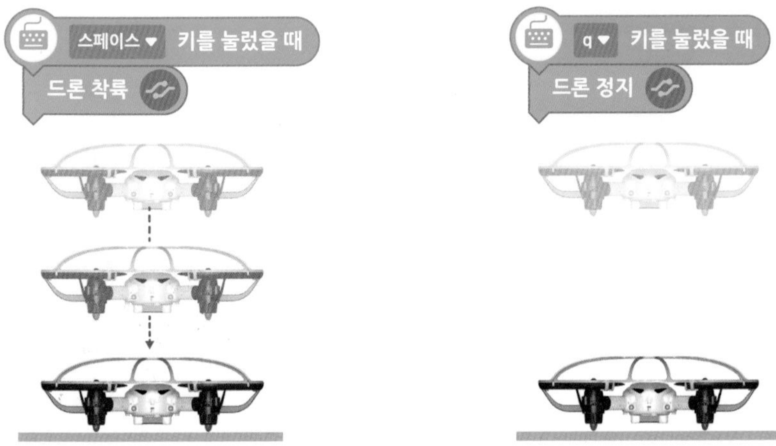

아니면 조건을 사용하는 방법도 있습니다. <~ 키가 눌러져 있는가?> 블록을 사용합니다. 마찬가지로 '키 이름'을 선택하고 키보드에서 원하는 키를 누르면 키 이름이 바뀝니다.

q 키가 눌러져 있는가?

아래와 같이 코딩해도 됩니다.

```
시작하기 버튼을 클릭했을 때
계속 반복하기
    만일 스페이스 키가 눌러져 있는가? (이)라면
        드론 착륙
    만일 q 키가 눌러져 있는가? (이)라면
        드론 정지
```

그리고 배터리가 얼마나 남았는지 알려주도록 합니다. 배터리가 부족하면 조종기를 진동시켜서 알려줍니다.

앞으로 드론 코딩을 할 때 '드론 착륙', '드론 정지', '배터리 알려주기'를 먼저 코딩합니다.

코딩으로 드론을 이륙하고 착륙하도록 하겠습니다.

2초 기다리고 이륙하고 5초 있다가 착륙합니다.

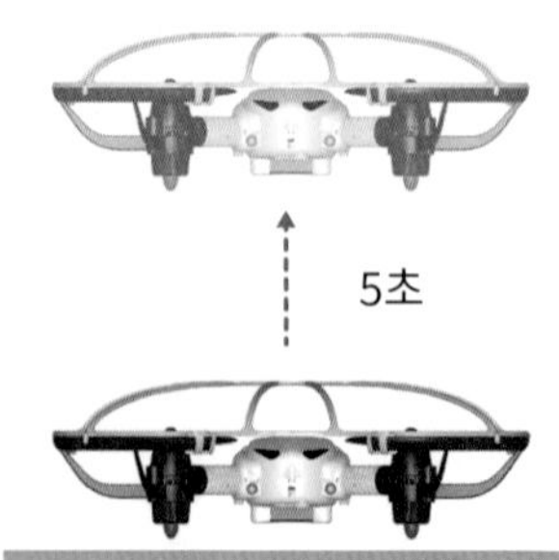

이륙과 착륙을 잘하는지 확인합니다.

코딩을 잘못하면 드론이 이상하게 움직이고 자칫 잘못하면 위험할 수 있습니다.

이때는 재빠르게 조종기 모드로 바꿔서 직접 조종해야 합니다.

코딩으로 드론을 조종하다가 조종기 전원 버튼을 누르면 소리가 나면서 조종기 모드로 바뀝니다.

다시 한번 더 누르면 다른 소리가 나면서 다시 코딩 모드로 바뀝니다. 만약 코딩 모드로 잘 안 바뀌면 조종기를 빼고 다시 연결해서 사용합니다.

드론을 움직여 보겠습니다.

쓰로틀(Throttle), 요우(Yaw), 피치(Pitch), 롤(Roll) 값을 바꿔서 드론을 움직입니다.

-100과 100 사이의 값을 넣으면 됩니다.

플러스와 마이너스일 때 움직이는 방향이 달라집니다.

쓰로틀 +	위로 움직인다
쓰로틀 -	아래로 움직인다
요우 +	반시계 방향으로 회전한다
요우 -	시계 방향으로 회전한다
피치 +	앞으로 움직인다
피치 -	뒤로 움직인다
롤 +	오른쪽으로 움직인다
롤 -	왼쪽으로 움직인다

먼저 앞으로 움직이겠습니다. 앞으로 움직이는 것은 피치(Pitch)입니다.

0보다 큰 값을 넣으면 앞으로 움직입니다. 100이 가장 빠른 속도입니다.

뒤로 가려면 피치(Pitch)에 0보다 작은 값을 넣습니다. -100이 가장 빠른 속도입니다.

앞으로 가다가 멈추려면 피치(Pitch)를 0으로 정합니다.

드론 비행을 할 때 드론을 90도로 꺾어서 움직여야 할 때가 있습니다. 단순하게 생각하면 앞으로 갔다가(피치(+)) 오른쪽으로 가면(롤(+)) 될 것으로 생각하고 다음과 같이 코딩합니다.

하지만 확인해보면 드론이 대각선 방향으로 움직입니다. [피치] 값을 0으로 정하지 않으면 앞으로 가는 힘과 오른쪽으로 가는 힘이 합쳐져서 드론은 대각선 방향으로 움직입니다.

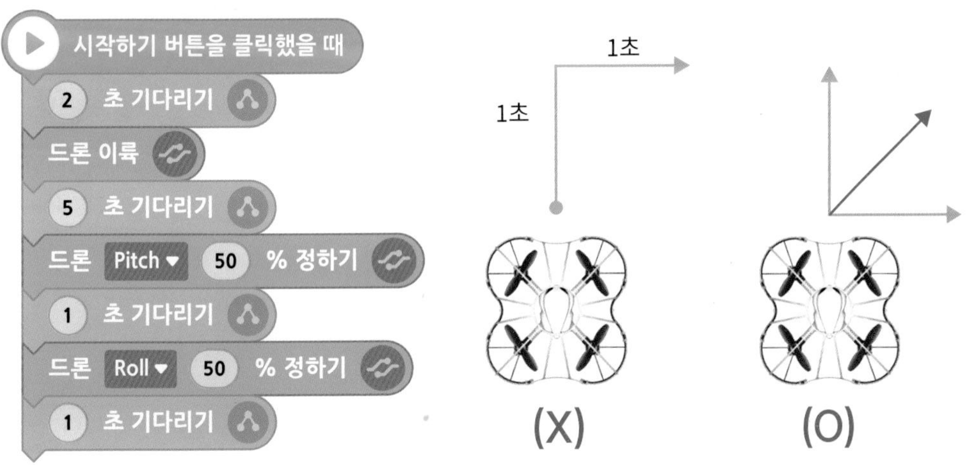

원하는 대로 움직이려면 [피치] 값을 0으로 정해서 초기화해서 멈춰야 합니다. 그리고 [롤] 값을 플러스로 정해야 합니다.

이렇게 드론을 멈추는 것을 '초기화'라고 하겠습니다. 드론을 코딩할 때 이 점을 잘 알아야 합니다.

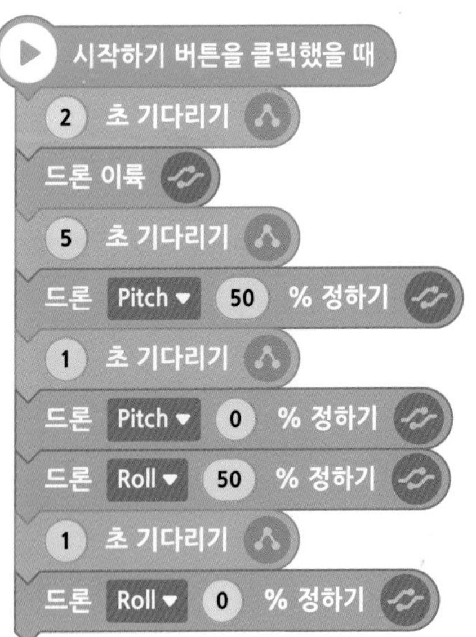

앞으로 가다가 착륙하면 앞으로 떨어지면서 착륙합니다.

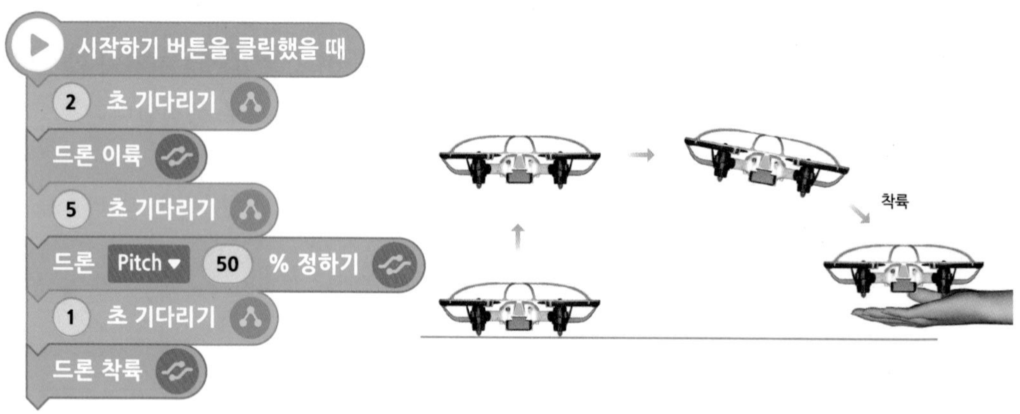

다음 블록을 사용하면 초기화를 하지 않아도 됩니다.

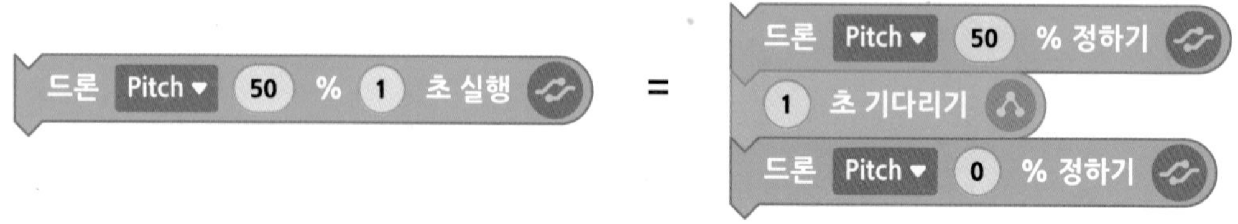

직각으로 움직이려면 아래와 같이 코딩해도 됩니다.

아래 블록을 사용해서 원하는 거리를, 원하는 속도로 움직일 수 있습니다.

앞, 뒤, 오른쪽, 왼쪽, 위, 아래로 움직입니다. 그런데 약간 멈추는 시간이 있습니다.

드론 앞▾ (으)로 1 m를 1 m/s로 이동

다음과 같이 코딩해도 직각으로 움직입니다.

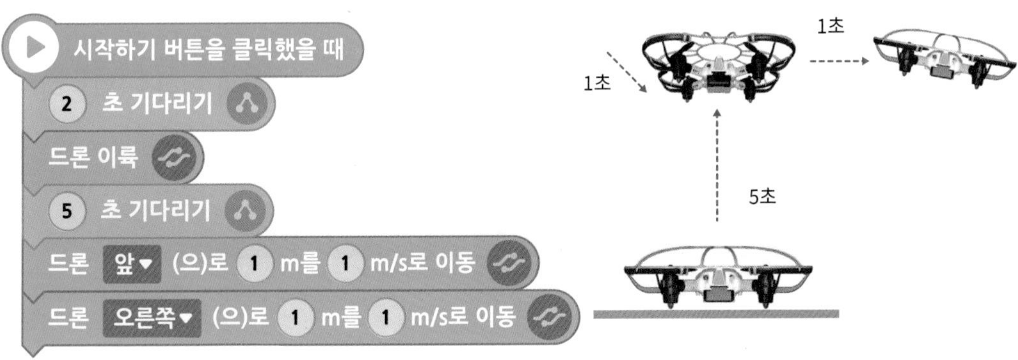

쓰로틀, 요우, 피치, 롤을 한 번에 바꿀 수 있는 블록이 있습니다.

이 블록은 초기화해서 사용해야 합니다.

대각선으로 움직이려면 다음과 같이 코딩합니다.

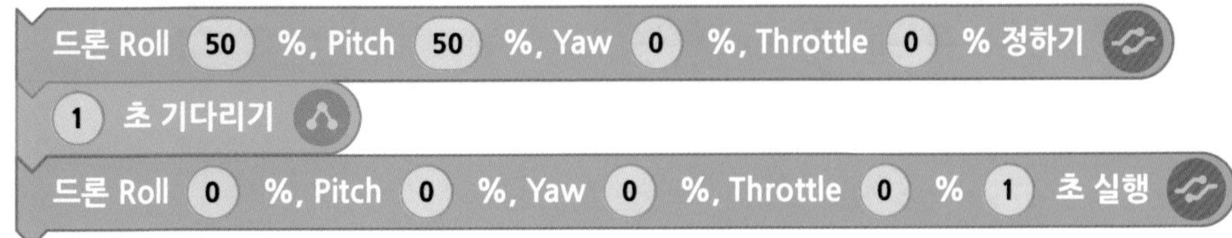

이 블록을 사용하면 초기화를 하지 않아도 됩니다. 원하는 시간만큼 움직입니다.

대각선으로 1초 움직이고 멈추려면 그림과 같이 코딩합니다.

움직이는 거리를 정할 수 있는 블록도 있습니다. 이 블록도 초기화하지 않아도 되는데 약간 멈추는 시간이 있습니다.

[요우] 값을 바꿔서 회전하겠습니다.

토리드론은 코딩할 때 오른손 좌표계를 사용합니다.

[요우] 값이 플러스면 반시계방향으로 회전합니다.

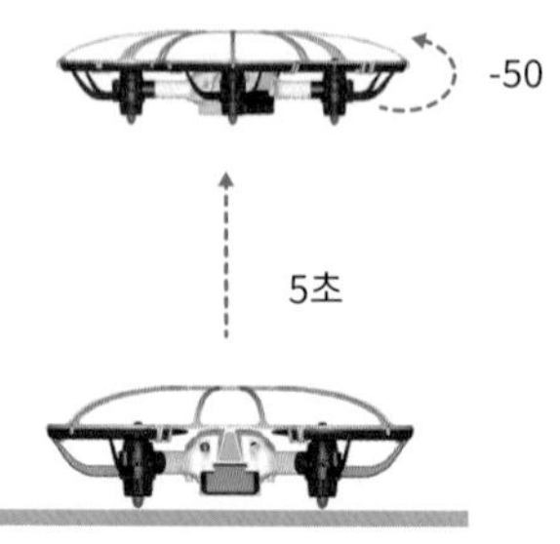

[요우] 값이 마이너스면 시계 방향으로 회전합니다.

회전 방향을 정하고 원하는 속도로 드론을 회전할 수도 있습니다.

쓰로틀, 요우, 피치, 롤을 한 번에 바꿀 수 있는 블록도 있습니다.

이렇게 다양한 블록을 사용해서 드론을 조종할 수 있습니다.

그러면 장애물 피해서 드론을 원하는 곳에 착륙해 볼까요?

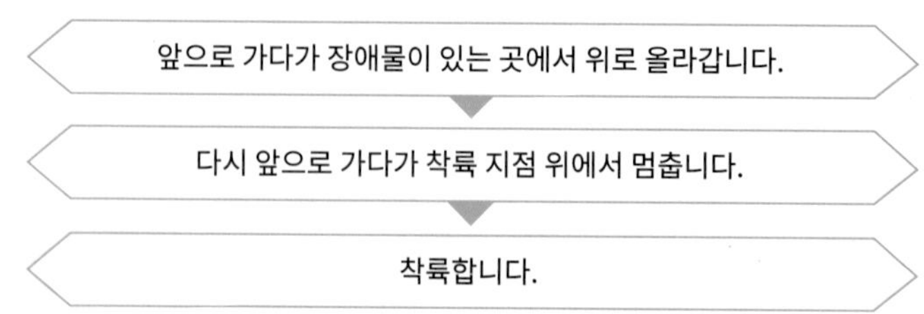

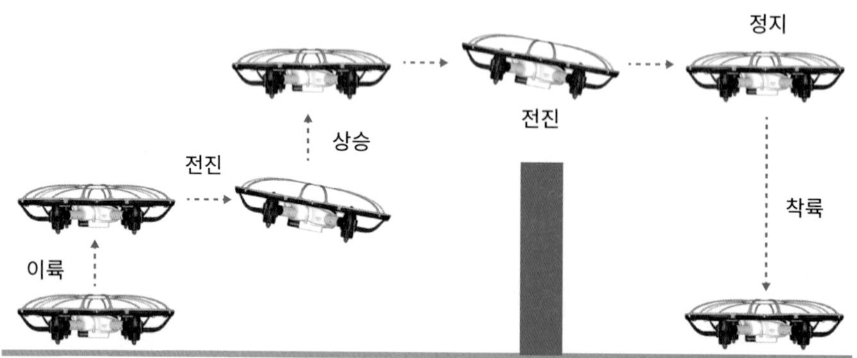

어떻게 코딩하면 될까요? 그림과 같이 코딩하면 됩니다. 움직이는 시간은 장애물과 착륙 지점 위치에 맞게 바꿉니다.

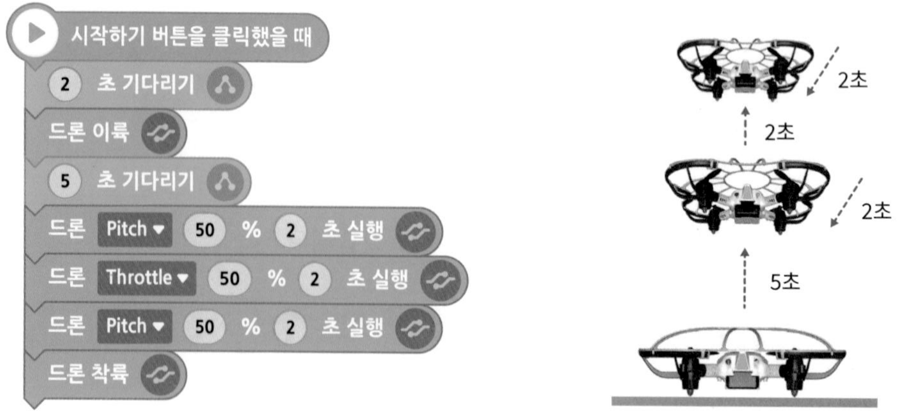

아니면 다음과 같이 코딩해도 됩니다.

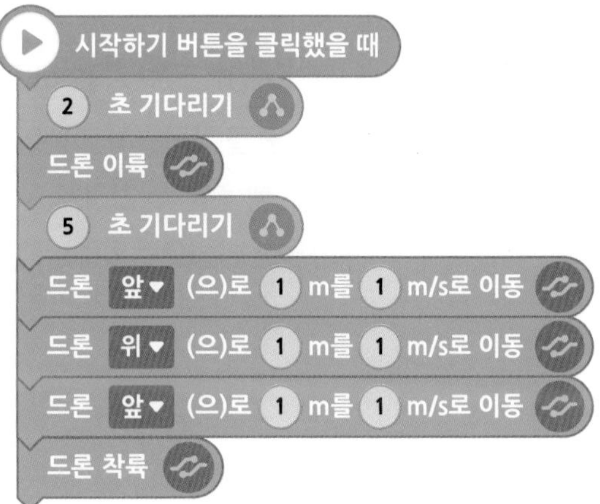

<드론 방향 초기화>는 헤드리스 모드에서 북쪽 방향을 설정하는 블록입니다. 드론의 머리 쪽을 북쪽 방향으로 정해서 움직입니다.

드론 방향 초기화

<Headless mode on> 블록을 실행해서 헤드리스 모드를 사용합니다. 그리고 드론 방향을 초기화합니다.

드론을 180도 회전시키고 조종자를 기준으로 잘 움직이는지 확인합니다.

시작하기 버튼을 클릭했을 때
Headless mode on (초보자용)
드론 방향 초기화
2 초 기다리기
드론 이륙
5 초 기다리기
드론 반시계 방향 (으)로 180 도를 45 deg/s로 회전
드론 Roll 50 % 1 초 실행
드론 착륙

Chapter 05

02 드론 곡예비행 하기

이 장에서는 무엇을 배울까요?

- 사각형을 그리면서 비행할 수 있어요
- 원 비행을 할 수 있어요
- 다양한 방법으로 곡예비행을 할 수 있어요

앞에서 기초적인 드론 비행방법을 배웠습니다. 배운 내용을 바탕으로 다양한 곡예비행 하는 방법을 알아보겠습니다.

먼저 드론 코딩 기초에서 배운 것처럼 '드론 착륙', '드론 정지', '배터리 알려주기'를 코딩합니다.

직선 비행 기술로 드론이 사각형을 그리면서 비행하도록 하겠습니다.

아래와 같이 코딩합니다. 그러면 드론이 사각형을 그리면서 비행합니다. 사각형을 그릴 때 멈추지 않고 계속 움직입니다.

드론 Pitch 50 % 1 초 실행
드론 Roll 50 % 1 초 실행
드론 Pitch -50 % 1 초 실행
드론 Roll -50 % 1 초 실행

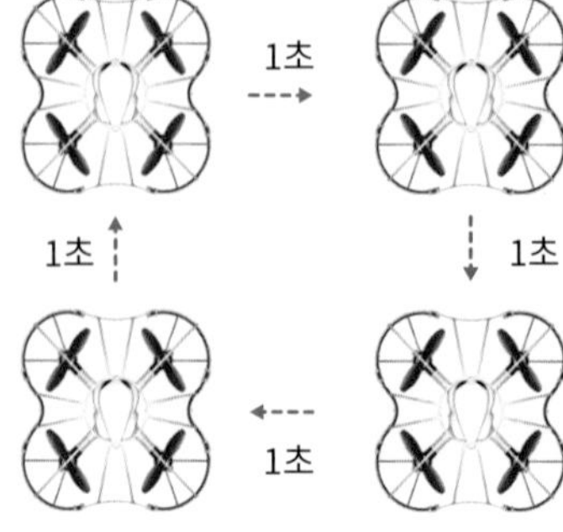
1초
1초
1초
1초

엔트리 인공지능과 함께하는
토리드론

원하는 횟수만큼 반복할 수 있습니다.

시작하기 버튼을 클릭했을 때
2 초 기다리기
드론 이륙
5 초 기다리기
2 번 반복하기
드론 Pitch 50 % 1 초 실행
드론 Roll 50 % 1 초 실행
드론 Pitch -50 % 1 초 실행
드론 Roll -50 % 1 초 실행
드론 착륙

다음과 같이 코딩해도 사각형을 그리면서 비행합니다. 이 코드를 사용하면 방향을 바꿀 때 약간 멈추게 됩니다.

시작하기 버튼을 클릭했을 때
2 초 기다리기
드론 이륙
5 초 기다리기
2 번 반복하기
드론 앞 (으)로 1 m를 1 m/s로 이동
드론 오른쪽 (으)로 1 m를 1 m/s로 이동
드론 뒤 (으)로 1 m를 1 m/s로 이동
드론 왼쪽 (으)로 1 m를 1 m/s로 이동
드론 착륙

지그재그 모양을 만들면서 비행할 수도 있습니다.

오른쪽 대각선 방향과 왼쪽 대각선 방향으로 번갈아 반복하면 됩니다.

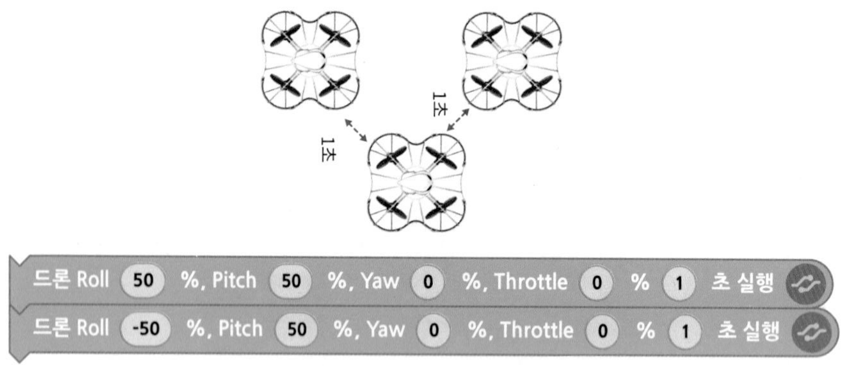

으로 지그재그 움직였다가 뒤로 지그재그 움직이도록 다음과 같이 코딩합니다.

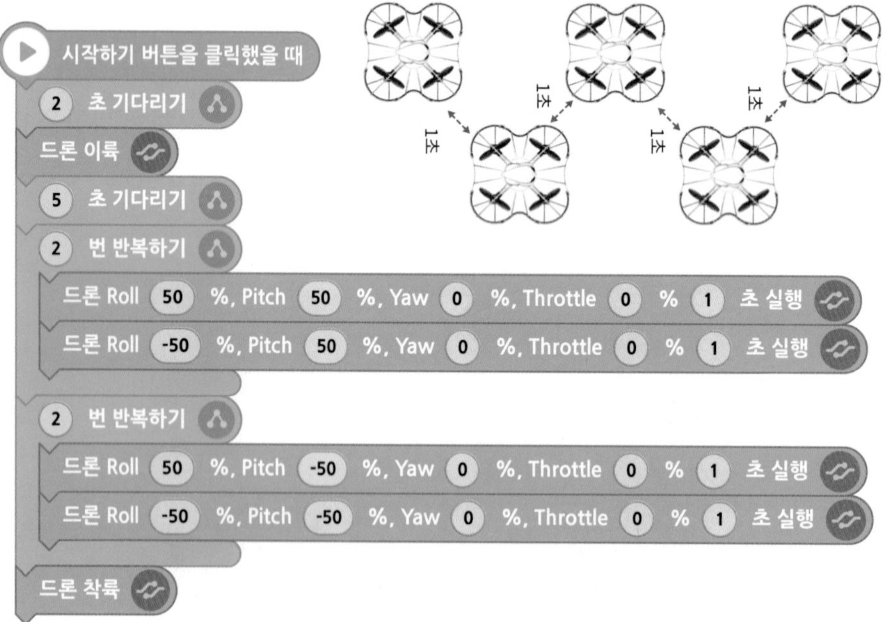

다른 방법으로도 지그재그 움직일 수 있습니다. 여러분이 원하는 블록을 사용해서 코딩합니다.

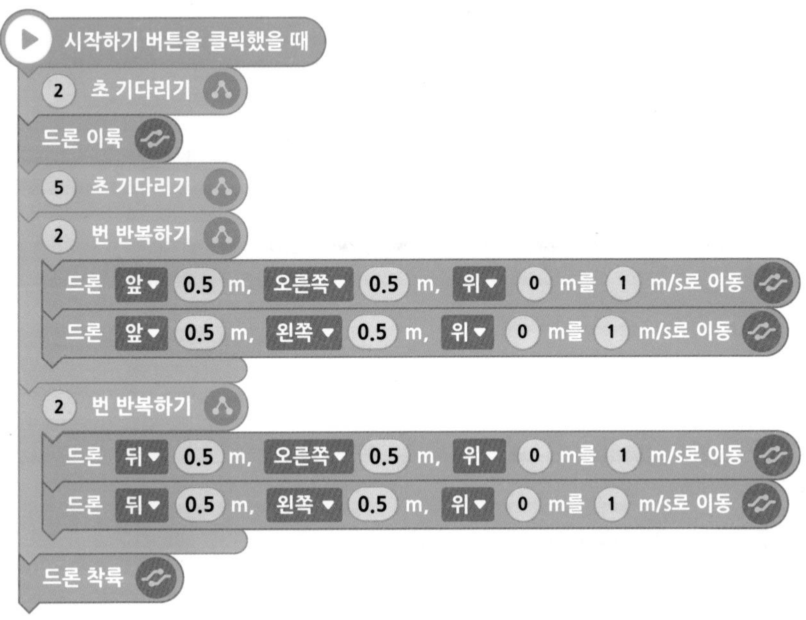

드론으로 원 비행을 해보겠습니다. 어떻게 하면 드론이 원을 그리면서 날 수 있을까요? [요우] 값, [피치] 값 또는 [롤] 값을 동시에 바꾸면 됩니다.

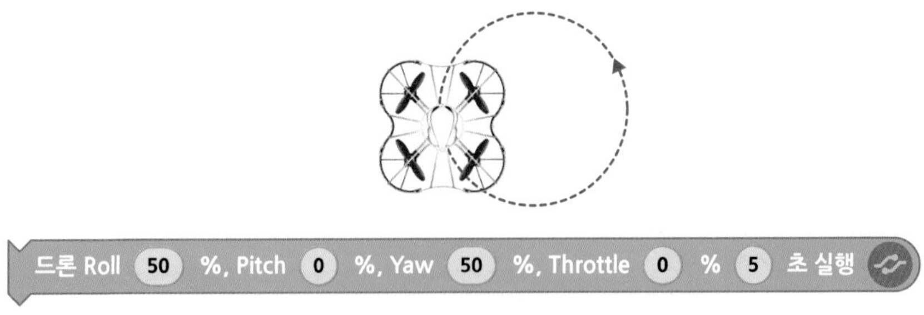

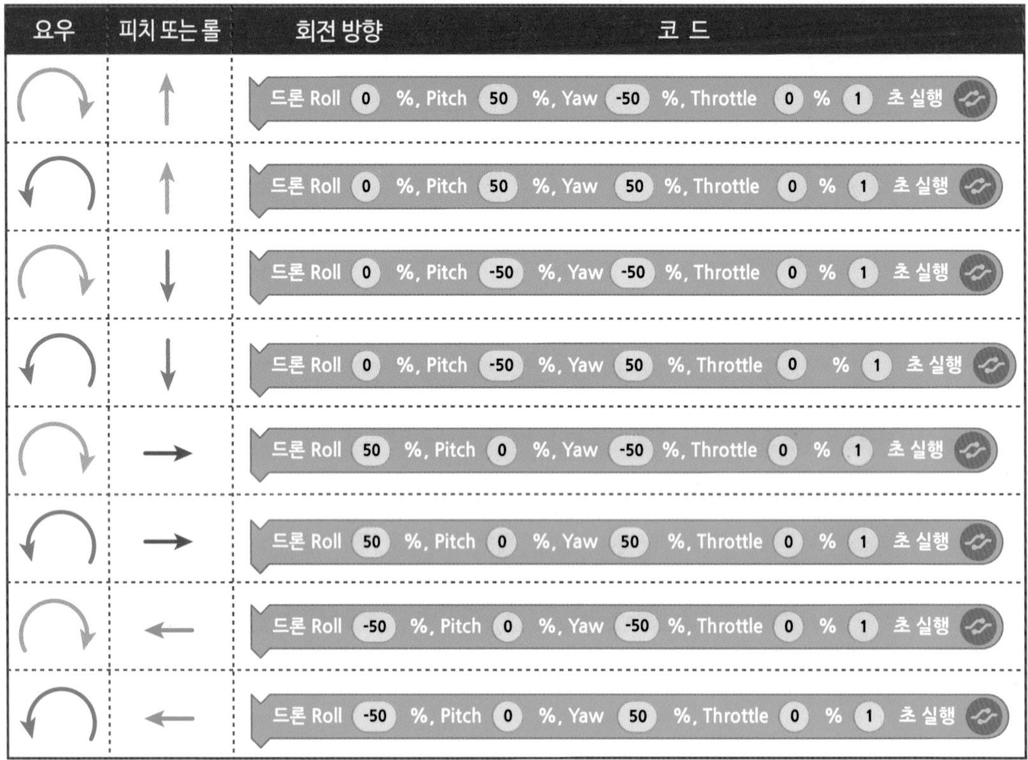

요우	피치 또는 롤	회전 방향 코 드
↻	↑	드론 Roll 0 %, Pitch 50 %, Yaw -50 %, Throttle 0 % 1 초 실행
↺	↑	드론 Roll 0 %, Pitch 50 %, Yaw 50 %, Throttle 0 % 1 초 실행
↻	↓	드론 Roll 0 %, Pitch -50 %, Yaw -50 %, Throttle 0 % 1 초 실행
↺	↓	드론 Roll 0 %, Pitch -50 %, Yaw 50 %, Throttle 0 % 1 초 실행
↻	→	드론 Roll 50 %, Pitch 0 %, Yaw -50 %, Throttle 0 % 1 초 실행
↺	→	드론 Roll 50 %, Pitch 0 %, Yaw 50 %, Throttle 0 % 1 초 실행
↻	←	드론 Roll -50 %, Pitch 0 %, Yaw -50 %, Throttle 0 % 1 초 실행
↺	←	드론 Roll -50 %, Pitch 0 %, Yaw 50 %, Throttle 0 % 1 초 실행

그림과 같이 코딩하면 5초 동안 원 비행을 하고 착륙합니다.

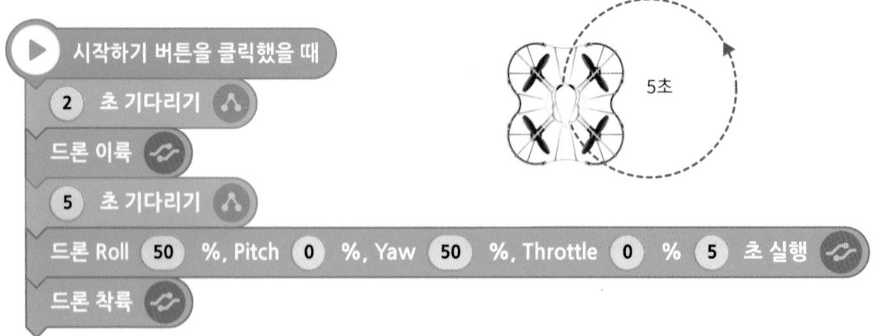

원의 크기는 어떻게 바꿀까요?

[피치]나 [롤] 값이 작고 [요우] 값이 크면 작은 원을 그립니다. [피치]나 [롤] 값이 크고 [요우] 값이 작으면 큰 원을 그립니다.

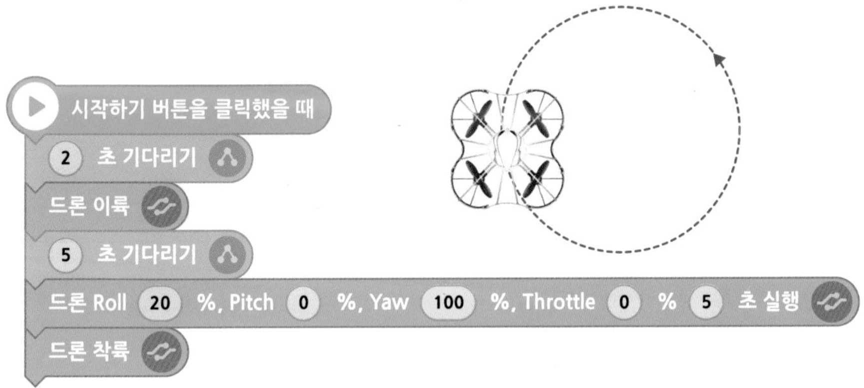

원 비행방법을 배웠습니다. 그러면 점점 더 큰 원을 그리도록 해볼까요?

점점 커지는 원운동을 하겠습니다.

[롤] 값은 점점 커지고 [요우] 값이 점점 작아질수록 회전력이 작아져서 더 큰 원을 그립니다.

그림과 같이 코딩하면 약간 끊기는 경우가 생깁니다.

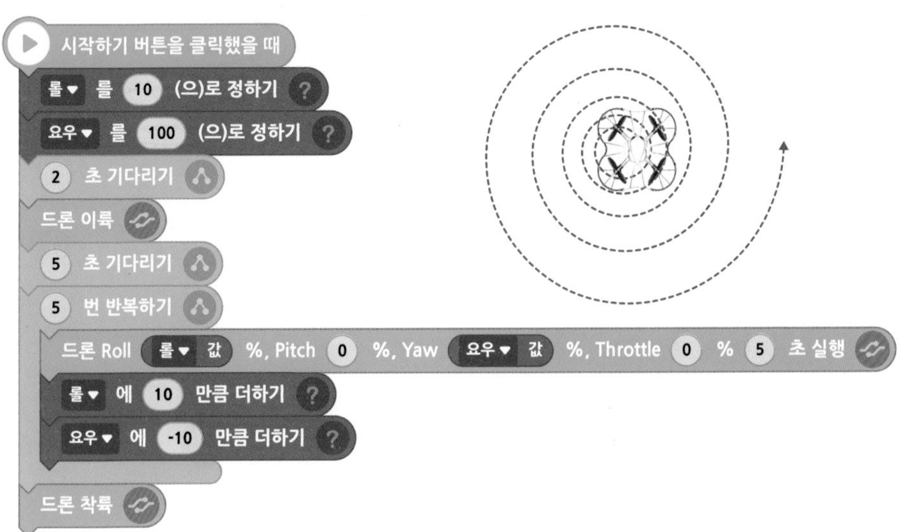

조금 더 부드럽게 움직이려면 다음과 같이 코딩합니다.

```
시작하기 버튼을 클릭했을 때
롤 를 10 (으)로 정하기
요우 를 100 (으)로 정하기
2 초 기다리기
드론 이륙
5 초 기다리기
5 번 반복하기
    드론 Roll 롤 값 %, Pitch 0 %, Yaw 요우 값 %, Throttle 0 % 정하기
    5 초 기다리기
    롤 에 10 만큼 더하기
    요우 에 -10 만큼 더하기
드론 Roll 0 %, Pitch 0 %, Yaw 0 %, Throttle 0 % 정하기
드론 착륙
```

[쓰로틀] 값을 플러스로 정하면 마치 회오리처럼 올라가며 큰 원을 그립니다.

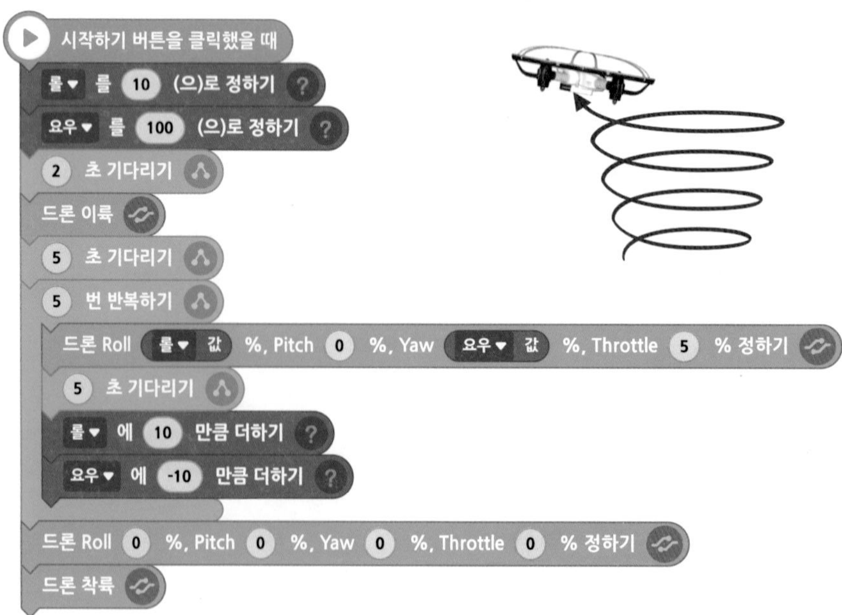

MEMO

대답으로 드론 움직이기

이 장에서는 무엇을 배울까요?

- 대답 블록을 사용할 수 있어요
- 대답 블록으로 드론을 움직일 수 있어요

대답 블록을 사용해서 드론을 조종해보겠습니다.

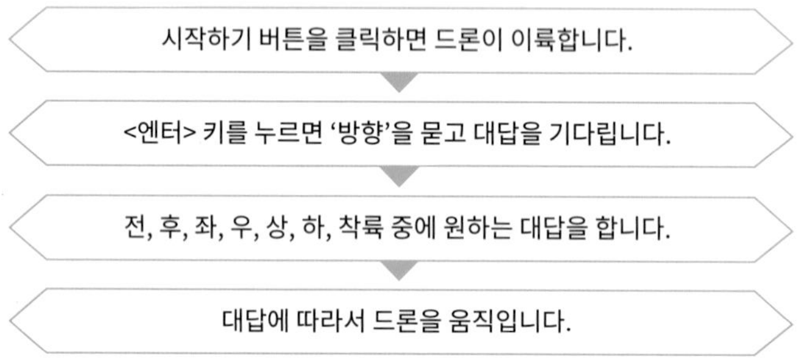

시작하기 버튼을 클릭하면 드론이 이륙합니다.
<엔터> 키를 누르면 '방향'을 묻고 대답을 기다립니다.
전, 후, 좌, 우, 상, 하, 착륙 중에 원하는 대답을 합니다.
대답에 따라서 드론을 움직입니다.

먼저 '드론 착륙', '드론 정지'를 코딩합니다.

대답을 묻고 기다리기를 하면 엔트리봇이 말을 하기 때문에 배터리가 부족할 때만 알려주도록 그림과 같이 코딩합니다.

```
시작하기 버튼을 클릭했을 때
계속 반복하기
  만일 < 배터리 ≤ 20 > (이)라면
    배터리가 부족해요 을(를) 말하기
    진동 1 초 켜기
    0.5 초 기다리기
```

<계속 반복하기> 블록을 사용해서 코딩하겠습니다.

이때 주의해야 하는 점이 있습니다. 엔트리 드론 코딩을 할 때 다음과 같이 코딩하면 <스페이스> 키를 눌러도 착륙하지 않고 계속 앞으로 움직일 수 있습니다.

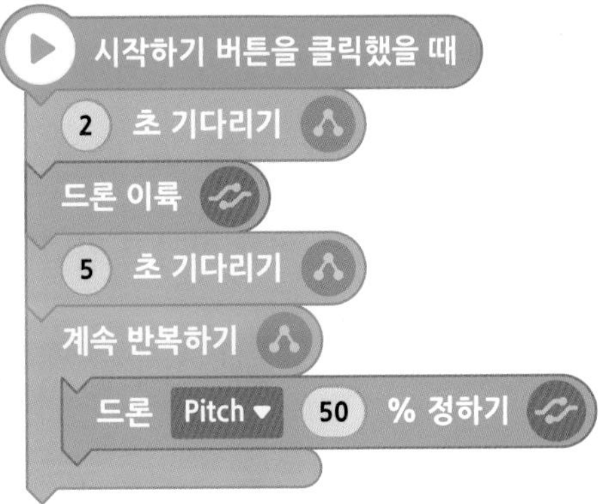

<계속 반복하기> 블록을 사용할 때는 <~이(가) 될 때까지 기다리기>나 <~초 기다리기> 블록을 사용해서 코딩해야 합니다.

그렇지 않으면 명령어가 계속 쌓여서 드론을 원하는 대로 조종할 수 없습니다.

<~이(가) 될 때까지 기다리기> 블록은 어떤 조건이 참이 될 때까지 계속 기다리다가 참이 되면 그 다음 블록을 실행합니다.

'입력하다'를 영어로 'input'이라고 합니다. 그래서 <i> 키를 사용했습니다.

<i> 키를 누르면 '방향'을 묻습니다. 방향을 입력하고 <엔터> 키나 <확인> 아이콘을 클릭하면 입력한 내용이 [대답] 변수에 저장됩니다. 그리고 다시 <i>키를 누를 때까지 기다립니다. 이때 <i>키를 누르면 다시 '방향'을 묻습니다.

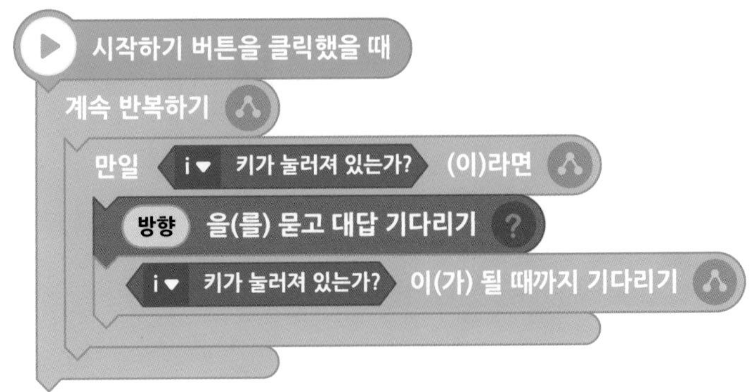

대답한 방향에 따라서 다르게 움직이도록 그림과 같이 <정한 방향으로 움직이기> 함수를 만듭니다.

입력해야 하는 단어를 줄이기 위해서 한자를 사용했습니다.

전(前 앞으로), 후(後 뒤로), 좌(左 왼쪽으로), 우(右 오른쪽으로), 상(上 위로), 하(下 아래로)

착륙하려면 그대로 '착륙'이라고 입력해야 합니다.

다음과 같이 코딩하면 대답으로 드론을 조종할 수 있습니다.

<i> 키를 누르면 대답을 할 때까지 드론이 멈춰야 하기 때문에 초기화 코드를 넣었습니다.

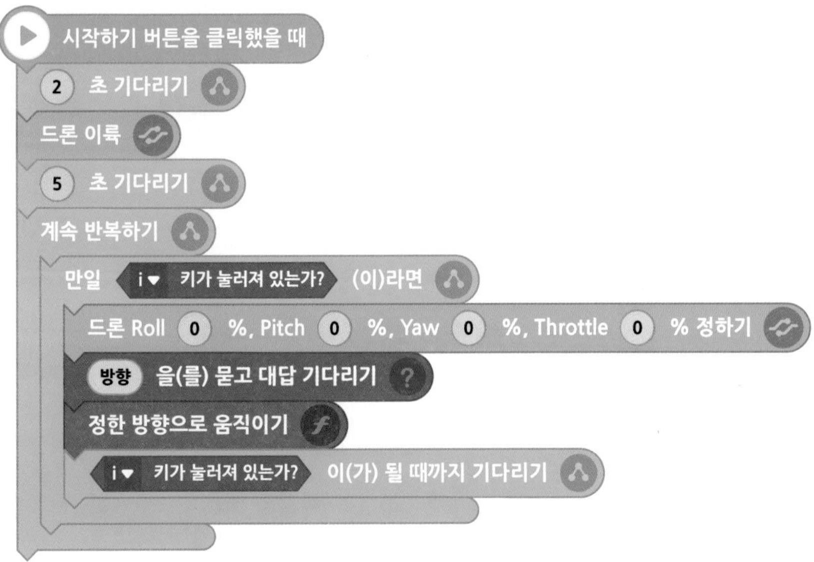

<정한 방향으로 움직이기>는 1초만 움직입니다.

<i> 키를 누를 때까지 계속 움직이게 하려면 어떻게 코딩해야 할까요?

다음과 같이 <정한 방향으로 계속 움직이기> 함수를 만들어서 사용하면 됩니다.

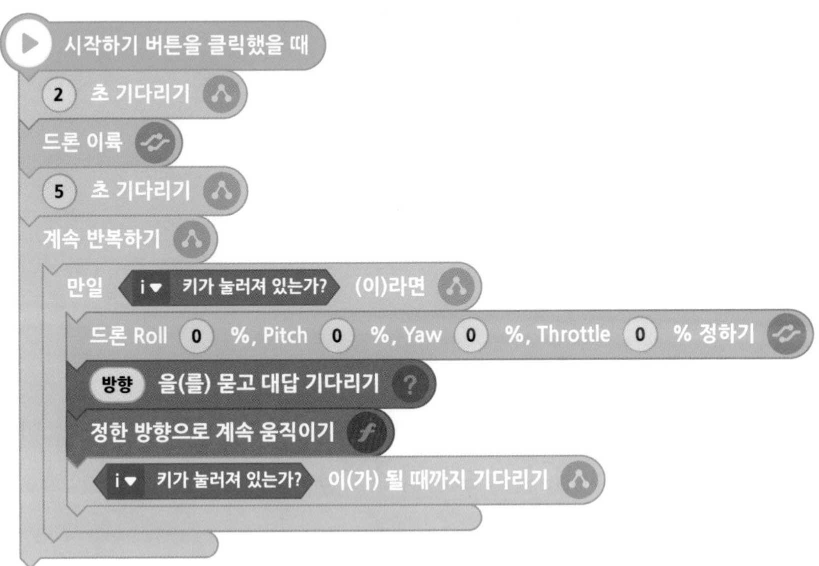
시작하기 버튼을 클릭했을 때
2 초 기다리기
드론 이륙
5 초 기다리기
계속 반복하기
만일 i 키가 눌러져 있는가? (이)라면
드론 Roll 0 %, Pitch 0 %, Yaw 0 %, Throttle 0 % 정하기
방향 을(를) 묻고 대답 기다리기
정한 방향으로 계속 움직이기
i 키가 눌러져 있는가? 이(가) 될 때까지 기다리기

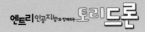

04 키보드로 드론 움직이기

이 장에서는 무엇을 배울까요?

- <~이(가) 아니다> 블록을 사용할 수 있어요
- 키보드로 원하는 방향으로 움직일 수 있어요
- 키보드로 속도를 바꿀 수 있어요

게임에서 키보드로 비행기를 움직이듯이, 드론도 움직일 수 있는 프로그램을 만들어 보겠습니다. 키보드로 쓰로틀, 요우, 피치, 롤과 드론의 속도를 바꿉니다.

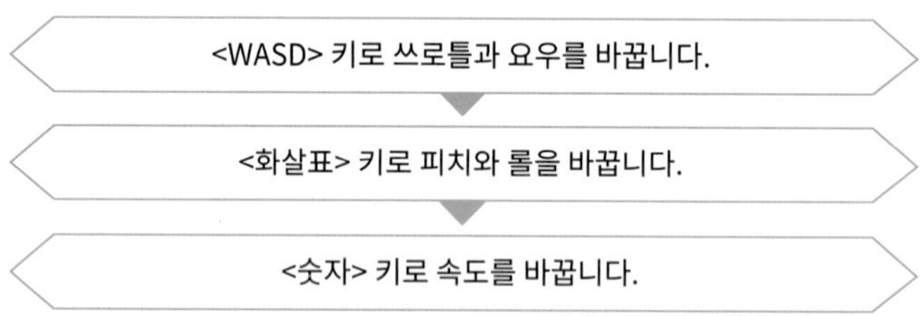

먼저 '드론 착륙', '드론 정지', '배터리 알려주기'를 코딩합니다.

이륙과 착륙을 할 수 있도록 그림과 같이 코딩합니다. [속도] 변수를 만들어서 드론의 속도를 조절합니다.

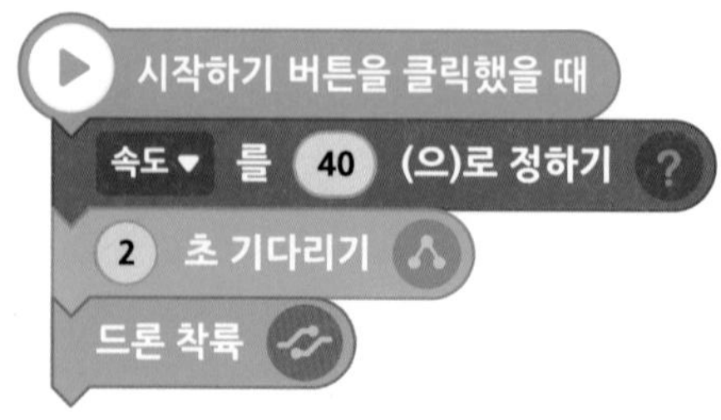

키를 누르고 있으면 계속 움직여야 합니다. 키를 누르고 있지 않으면 멈춰야 합니다.

<위쪽 화살표> 키를 누르면 [속도] 변숫값만큼 앞으로(피치 : Pitch) 움직입니다.

그리고 위쪽 키를 누르지 않을 때까지 기다립니다.

위쪽 키를 누르지 않으면 [피치]를 0으로 정해서 멈춥니다.

```
만일 < 위쪽 화살표 ▼ 키가 눌러져 있는가? > (이)라면
    드론 Pitch ▼ ( 속도 ▼ 값 ) % 정하기
    < 위쪽 화살표 ▼ 키가 눌러져 있는가? (이)가 아니다 > 이(가) 될 때까지 기다리기
    드론 Pitch ▼ ( 0 ) % 정하기
```

<아래쪽 화살표> 키를 누를 때는 [속도] 변수에 -1을 곱해서 뒤로 움직이도록 합니다.

```
만일 < 아래쪽 화살표 ▼ 키가 눌러져 있는가? > (이)라면
    드론 Pitch ▼ ( -1 x ( 속도 ▼ 값 ) ) % 정하기
    < 아래쪽 화살표 ▼ 키가 눌러져 있는가? (이)가 아니다 > 이(가) 될 때까지 기다리기
    드론 Pitch ▼ ( 0 ) % 정하기
```

그림과 같이 코딩하면 앞-뒤로 움직입니다.

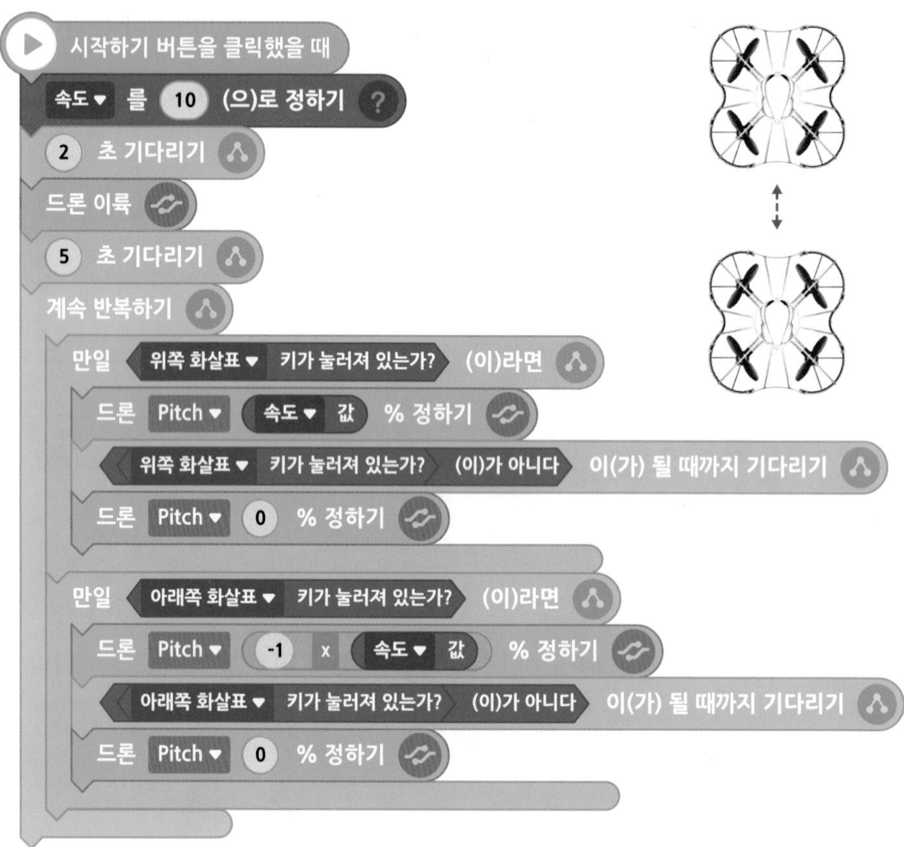

이제 앞-뒤, 왼쪽-오른쪽으로 움직이도록 해볼까요? 그림과 같이 <피치 롤 바꾸기> 함수를 만들어서 코딩하면 좋습니다.

[롤]도 마찬가지로 반대로 움직이려면 -1을 곱합니다. 그리고 키를 누르지 않으면 초기화되도록 값을 0으로 정합니다.

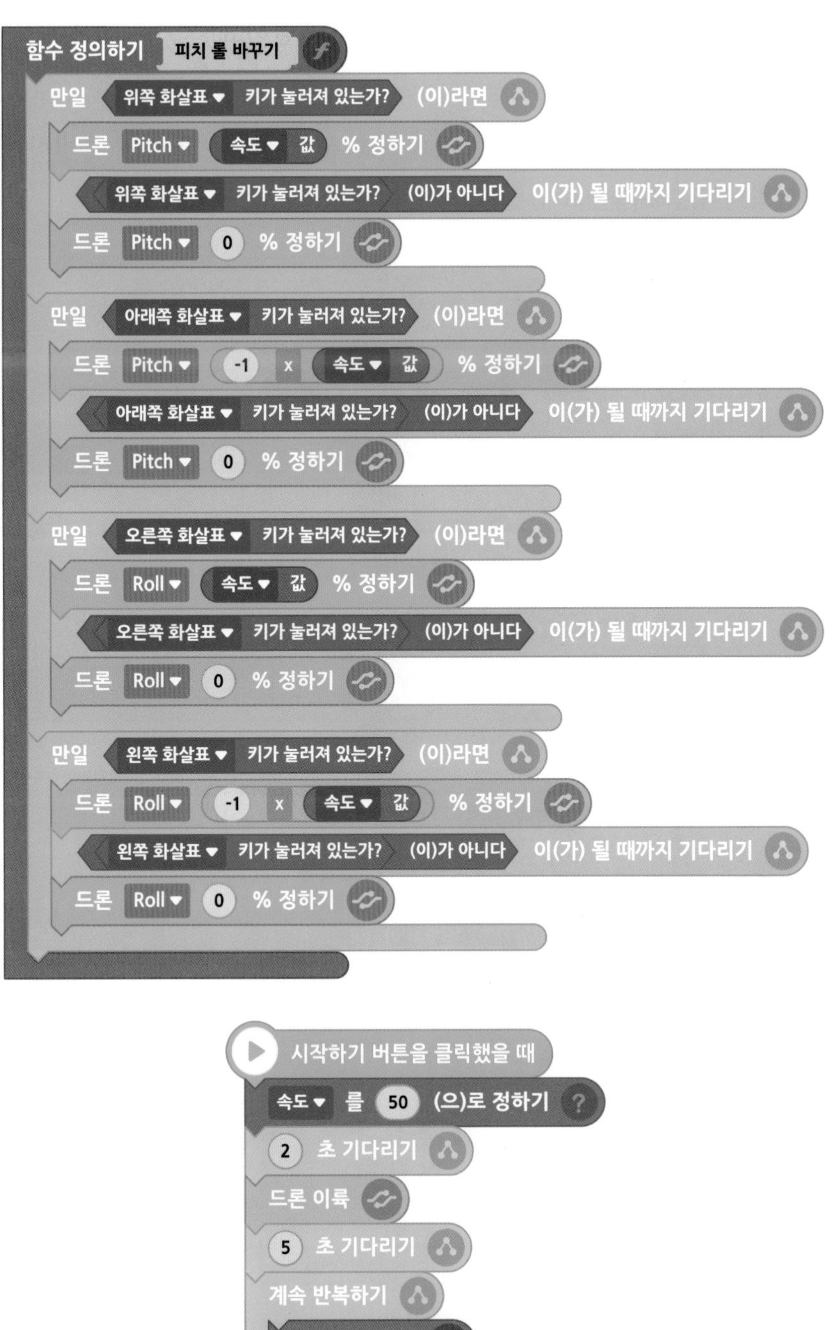
함수 정의하기 피치 롤 바꾸기
만일 위쪽 화살표 키가 눌러져 있는가? (이)라면
드론 Pitch 속도 값 % 정하기
위쪽 화살표 키가 눌러져 있는가? (이)가 아니다 이(가) 될 때까지 기다리기
드론 Pitch 0 % 정하기
만일 아래쪽 화살표 키가 눌러져 있는가? (이)라면
드론 Pitch -1 x 속도 값 % 정하기
아래쪽 화살표 키가 눌러져 있는가? (이)가 아니다 이(가) 될 때까지 기다리기
드론 Pitch 0 % 정하기
만일 오른쪽 화살표 키가 눌러져 있는가? (이)라면
드론 Roll 속도 값 % 정하기
오른쪽 화살표 키가 눌러져 있는가? (이)가 아니다 이(가) 될 때까지 기다리기
드론 Roll 0 % 정하기
만일 왼쪽 화살표 키가 눌러져 있는가? (이)라면
드론 Roll -1 x 속도 값 % 정하기
왼쪽 화살표 키가 눌러져 있는가? (이)가 아니다 이(가) 될 때까지 기다리기
드론 Roll 0 % 정하기
시작하기 버튼을 클릭했을 때
속도 를 50 (으)로 정하기
2 초 기다리기
드론 이륙
5 초 기다리기
계속 반복하기
피치 롤 바꾸기

그러면 <WASD> 키를 누르면 [쓰로틀]과 [요우]를 바꿔볼까요? <쓰로틀 요우 바꾸기> 함수를 만들어서 코딩합니다.

토리드론은 코딩할 때 오른손 좌표계를 사용하기 때문에 플러스가 반시계 방향이고, 마이너스가 시계 방향입니다. [요우]를 코딩할 때 헷갈리지 않도록 합니다.

<피치 롤 바꾸기>와 <쓰로틀 요우 바꾸기> 함수를 만들어서 그림과 같이 코딩하면 키보드로 쓰로틀, 요우, 피치, 롤을 바꿀 수 있습니다.

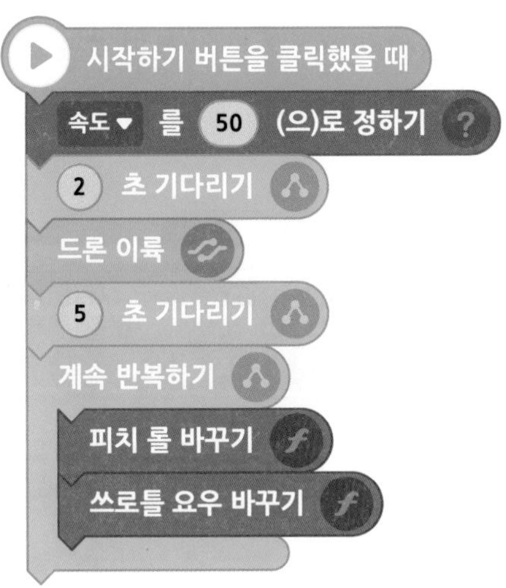

속도도 바꿔보겠습니다. <숫자> 키로 속도를 바꿉니다.

<1>, <2>, <3>키로 속도 단계를 정합니다. 숫자가 커질수록 속도가 빨라집니다.

<9> 키를 누르면 속도가 점점 줄어들고 <0> 키를 누르면 속도가 점점 빨라집니다.

속도를 빼거나 더할 때 범위를 정합니다.

그림과 같이 코딩하면 키보드로 드론을 원하는 방향으로 움직일 수 있고 속도도 바꿀 수 있습니다.

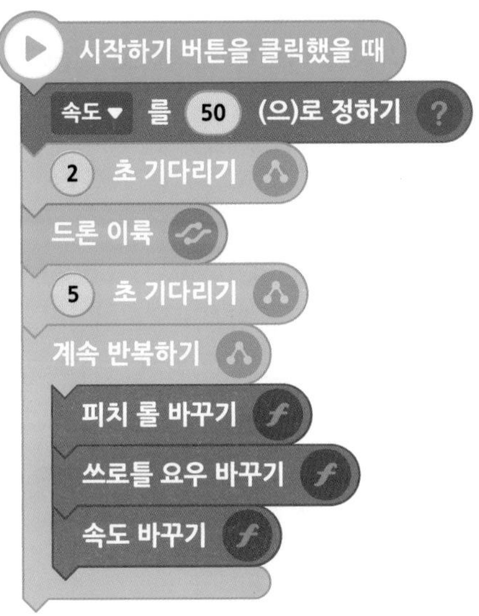

한 단계 더

다음 조건에 맞게 원 비행을 하도록 코딩하고 싶습니다. 아래 코드에서 빈 부분을 완성하세요.

- <c> 키를 누르고 있으면 원 비행을 합니다.
- <c> 키를 누르지 않으면 제자리에 가만히 있습니다.
- <t> 키를 누르고 있으면 회오리 비행을 합니다. 원을 그리면서 점점 위로 올라갑니다.
- <t> 키를 누르지 않으면 제자리에 가만히 있습니다.

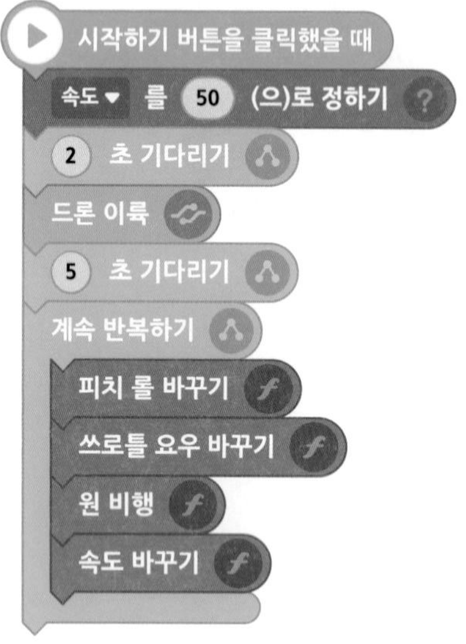

함수 정의하기 원 비행

MEMO

05 마우스로 드론 움직이기

이 장에서는 무엇을 배울까요?

- 마우스 좌표를 사용할 수 있어요
- 마우스 좌표에 따라서 범위를 정할 수 있어요
- 마우스로 드론을 조종할 수 있어요

마우스로 드론을 조종하는 방법을 알아보겠습니다.

먼저 '드론 착륙', '드론 정지', '배터리 알려주기'를 코딩합니다.

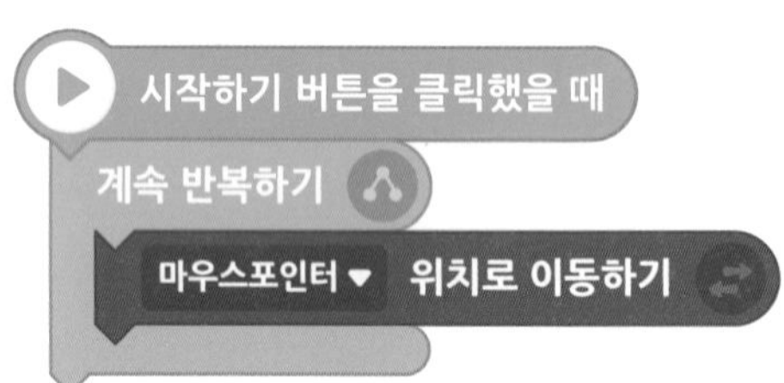

엔트리봇이 마우스를 따라서 움직이도록 다음과 같이 코딩합니다.

마우스로 드론을 조종하려면 다음 블록을 사용하면 됩니다. 마우스 좌표로 드론을 움직이는 것이죠.

2가지 방법을 사용해서 마우스로 드론을 조종할 수 있습니다. 범위를 정하는 방법과 마우스 좌푯값을 나누는 방법이 있습니다.

어떻게 코딩하는지 하나씩 살펴보겠습니다.

■ 범위 정하기

범위를 정해서 드론을 조종하는 방법을 먼저 알아보겠습니다.

마우스 위치로 [범위] 변숫값을 정합니다.

<table>
<tr><td colspan="3">1
(-100,70) (100,70)</td></tr>
<tr><td>4</td><td>5</td><td>2</td></tr>
<tr><td colspan="3">4
(-100,-70) (100,-70)</td></tr>
</table>

실행화면을 5개로 나눕니다. 위쪽은 1, 오른쪽은 2, 아래쪽은 3, 왼쪽은 4, 가운데는 5입니다.

마우스를 움직였을 때 어디에 있는지 확인하고 [범위] 변숫값을 정합니다. 예를 들어 마우스가 '1'에 있으면 [범위] 변수가 1이 됩니다.

<범위 정하기> 함수를 만들어서 코딩합니다. 마우스 좌표에 따라서 [범위] 변수를 정합니다.

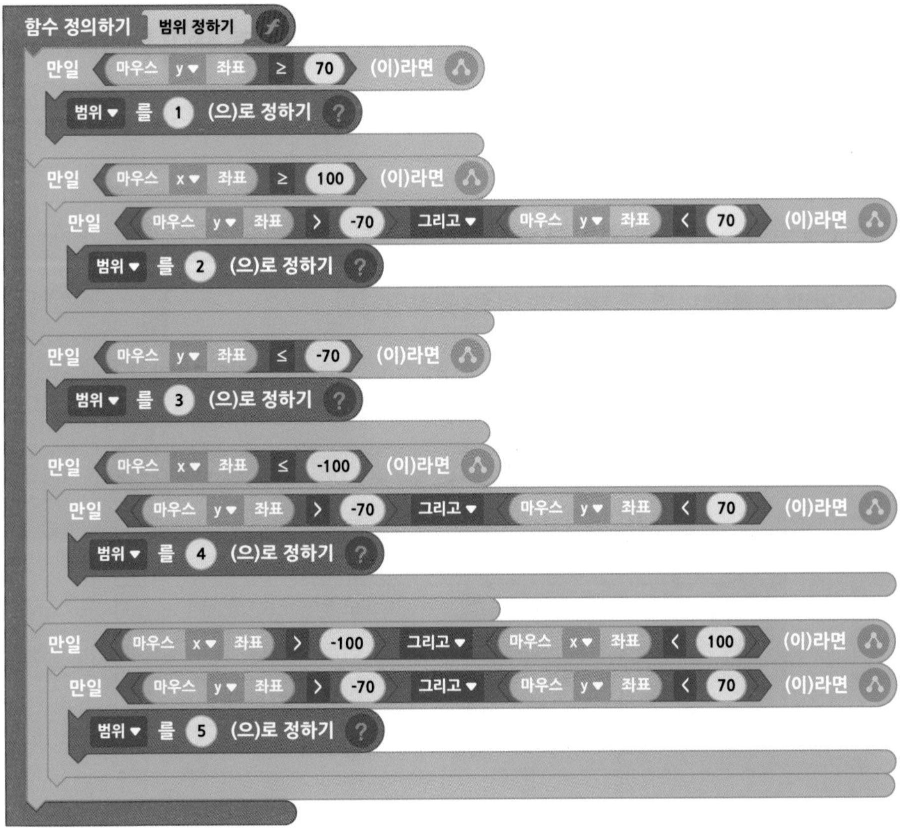

```
함수 정의하기 범위 정하기
  만일 < 마우스 y▼ 좌표 ≥ 70 > (이)라면
    범위▼ 를 1 (으)로 정하기
  만일 < 마우스 x▼ 좌표 ≥ 100 > (이)라면
    만일 < < 마우스 y▼ 좌표 > -70 > 그리고▼ < 마우스 y▼ 좌표 < 70 > > (이)라면
      범위▼ 를 2 (으)로 정하기
  만일 < 마우스 y▼ 좌표 ≤ -70 > (이)라면
    범위▼ 를 3 (으)로 정하기
  만일 < 마우스 x▼ 좌표 ≤ -100 > (이)라면
    만일 < < 마우스 y▼ 좌표 > -70 > 그리고▼ < 마우스 y▼ 좌표 < 70 > > (이)라면
      범위▼ 를 4 (으)로 정하기
  만일 < < 마우스 x▼ 좌표 > -100 > 그리고▼ < 마우스 x▼ 좌표 < 100 > > (이)라면
    만일 < < 마우스 y▼ 좌표 > -70 > 그리고▼ < 마우스 y▼ 좌표 < 70 > > (이)라면
      범위▼ 를 5 (으)로 정하기
```

마우스를 움직여서 [범위] 변수가 잘 바뀌는지 확인합니다.

계속 범위를 확인합니다.

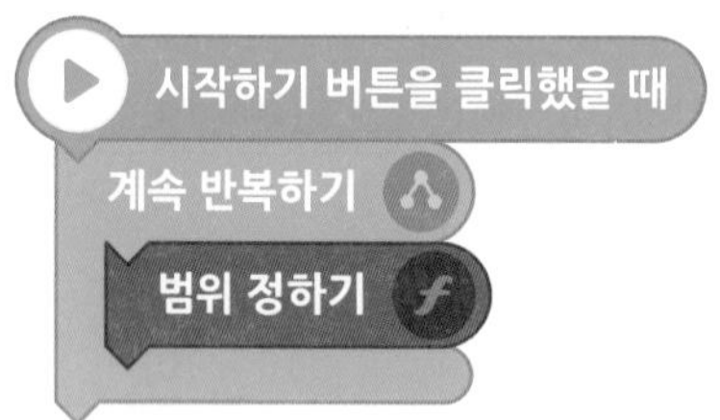

[범위] 변숫값에 따라서 드론을 움직여 보겠습니다.

<범위로 피치 롤 바꾸기> 함수를 만듭니다.

[범위] 변수가 바뀔 때까지 계속 움직이다가 값이 바뀌면 초기화를 합니다.

<계속 반복하기> 블록을 사용해서 드론을 조종할 때 <~이(가) 될 때까지 기다리기> 블록을 사용해야 잘 움직입니다.

[범위] 변숫값에 따라서 드론이 어떻게 움직이는지 표로 정리했습니다.

마우스를 위-아래로 움직이면 드론이 앞-뒤로 움직입니다.

마우스를 왼쪽-오른쪽으로 움직이면 드론이 왼쪽-오른쪽으로 움직입니다.

범위로 피치 롤 바꾸기	
[범위] 변수	드론
1	앞으로(피치 +)
2	오른쪽으로(롤 +)
3	뒤로(피치 -)
4	왼쪽으로(롤 -)
5	멈추기

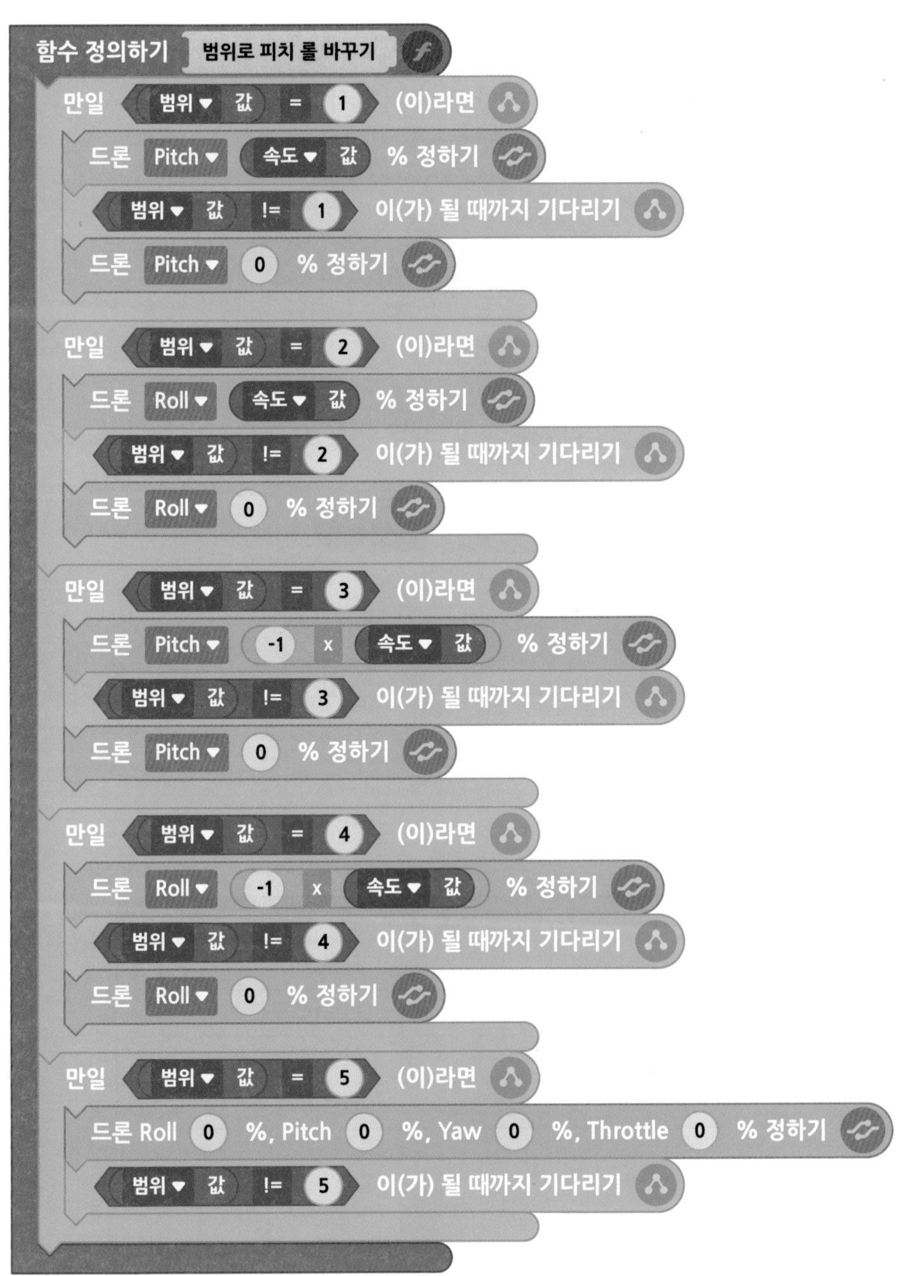
함수 정의하기 범위로 피치 롤 바꾸기
만일 범위 값 = 1 (이)라면
드론 Pitch 속도 값 % 정하기
범위 값 != 1 이(가) 될 때까지 기다리기
드론 Pitch 0 % 정하기
만일 범위 값 = 2 (이)라면
드론 Roll 속도 값 % 정하기
범위 값 != 2 이(가) 될 때까지 기다리기
드론 Roll 0 % 정하기
만일 범위 값 = 3 (이)라면
드론 Pitch -1 x 속도 값 % 정하기
범위 값 != 3 이(가) 될 때까지 기다리기
드론 Pitch 0 % 정하기
만일 범위 값 = 4 (이)라면
드론 Roll -1 x 속도 값 % 정하기
범위 값 != 4 이(가) 될 때까지 기다리기
드론 Roll 0 % 정하기
만일 범위 값 = 5 (이)라면
드론 Roll 0 %, Pitch 0 %, Yaw 0 %, Throttle 0 % 정하기
범위 값 != 5 이(가) 될 때까지 기다리기

마우스로 드론이 잘 움직이는지 확인합니다.

<시작하기 버튼을 클릭했을 때> 블록을 하나 더 추가해서 코딩합니다.

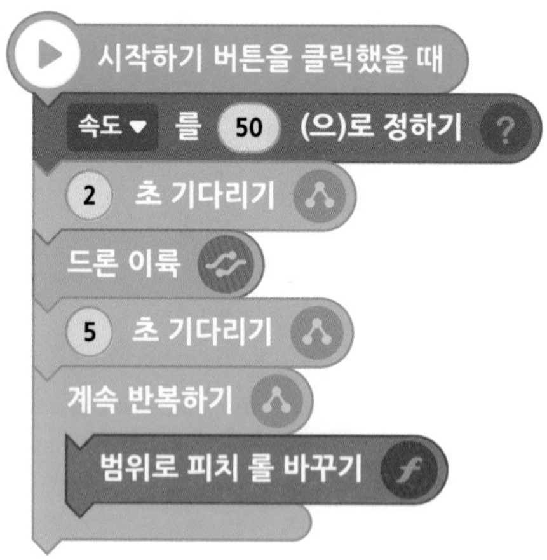

마우스로 [쓰로틀]도 바꿔볼까요? [요우]를 바꾸면 드론이 회전해서 조종하기가 어렵기 때문에 [쓰로틀]만 바꾸겠습니다.

<범위로 쓰로틀 바꾸기> 함수를 만듭니다.

범위로 피치 롤 바꾸기	
[범위] 변수	드론
1	위로(쓰로틀 +)
3	아래로(쓰로틀 -)
5	멈추기

마우스를 위-아래로 움직이면 드론이 위-아래로 움직입니다.

```
함수 정의하기 범위로 쓰로틀 바꾸기
  만일 범위 값 = 1 (이)라면
    드론 Throttle 속도 값 % 정하기
    범위 값 != 1 이(가) 될 때까지 기다리기
    드론 Throttle 0 % 정하기
  만일 범위 값 = 3 (이)라면
    드론 Throttle -1 x 속도 값 % 정하기
    범위 값 != 3 이(가) 될 때까지 기다리기
    드론 Throttle 0 % 정하기
  만일 범위 값 = 5 (이)라면
    드론 Roll 0 %, Pitch 0 %, Yaw 0 %, Throttle 0 % 정하기
    범위 값 != 5 이(가) 될 때까지 기다리기
```

마우스로 드론이 잘 움직이는지 확인합니다.

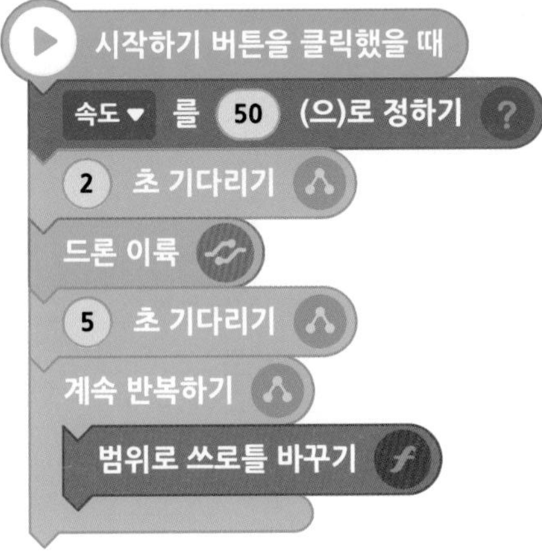

Chapter 05

마우스로 쓰로틀, 피치, 롤은 모두 바꿔서 드론을 조종하고 싶습니다. 어떻게 하면 될까요?

마우스를 클릭할 때마다 실행하는 함수를 다르게 하면 됩니다.

이때 변수를 사용합니다.

[조종] 변수를 만들고 기본값을 1로 정합니다.

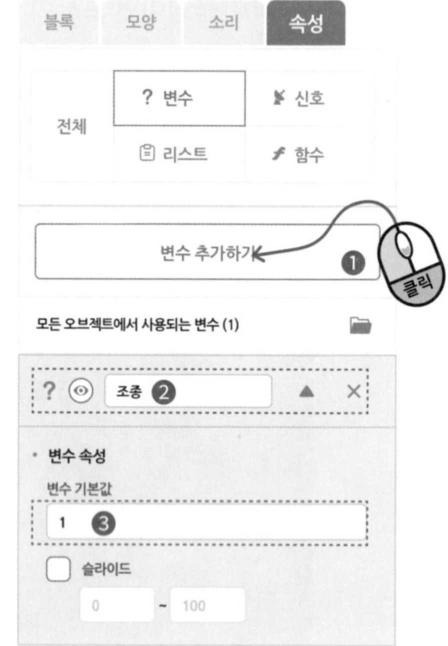

마우스를 클릭하면 [조종] 변숫값이 바뀝니다.

1이면 2로, 2이면 1로 바뀝니다.

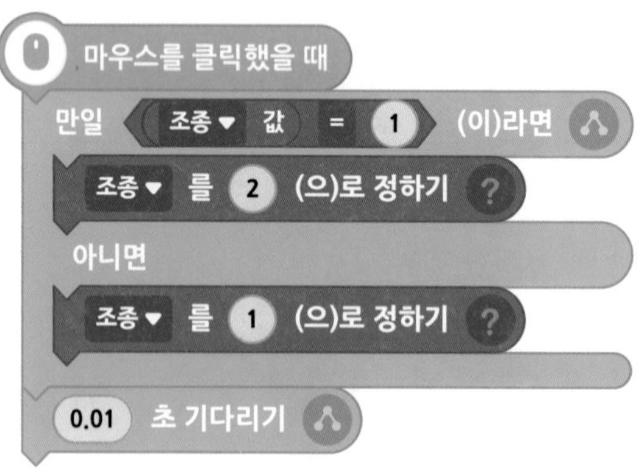

이 [조종] 변숫값에 따라서 실행하는 함수를 다르게 합니다. 그러면 마우스로 쓰로틀, 피치, 롤을 모두 바꿔서 드론을 조종할 수 있습니다.

범위로 피치 롤 바꾸기	
[조종] 변수	함수
1	범위로 피치 롤 바꾸기
2	범위로 쓰로틀 바꾸기

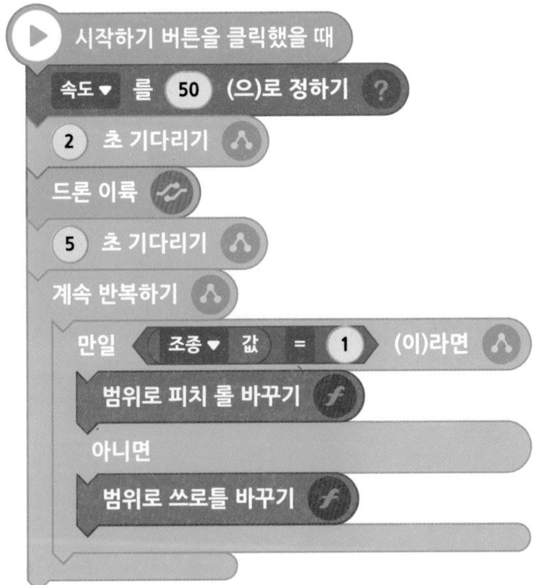

■ 마우스 좌푯값 나누기

마우스 좌푯값을 나눠서 드론을 조종해보겠습니다.

드론 코딩할 때 입력하는 값의 범위는 -100부터 100사이입니다.

드론이 너무 빨리 움직이지 않도록 -50부터 50사이의 값이 되도록 하겠습니다.

마우스가 움직일 수 있는 범위에서 적당한 값으로 나눠서 -50과 50사이의 값이 되도록 합니다.

실행화면의 가로 크기는 480으로, <마우스 x 좌표> 범위는 -240과 240사이가 됩니다. -50과 50사이의 값이 되려면 <마우스 x 좌표>에서 4.8을 나누면 됩니다.

실행화면의 세로 크기는 270으로, <마우스 y 좌표> 범위는 -135와 135사이가 됩니다. <마우스 y 좌표>에서 2.7로 나누면 되겠죠?

이렇게 마우스의 좌푯값을 나눠서 피치와 롤을 바꾸면 됩니다.

<계속 반복하기> 블록을 사용할 때는 명령어가 계속 쌓이기 않도록 <~이(가) 될 때까지 기다리기> 블록이나 <~초 기다리기> 블록을 사용해야 합니다.

이번에는 <~초 기다리기> 블록을 사용하겠습니다.

기다리는 시간이 너무 짧으면 안됩니다. 그렇다고 너무 길면 드론이 반응속도가 느려집니다. 0.5초 정도 기다립니다.

마우스를 움직여서 피치와 롤이 잘 바뀌는지 확인합니다.

```
시작하기 버튼을 클릭했을 때
2 초 기다리기
드론 이륙
5 초 기다리기
계속 반복하기
    드론 Roll (마우스 x▾ 좌표 / 4.8) %, Pitch (마우스 y▾ 좌표 / 2.7) %, Yaw 0 %, Throttle 0 % 정하기
    0.5 초 기다리기
```

[조종] 변수가 1이면 피치와 롤을 바꾸고 [조종] 변수가 2이면 쓰로틀을 바꾸도록 코딩합니다.

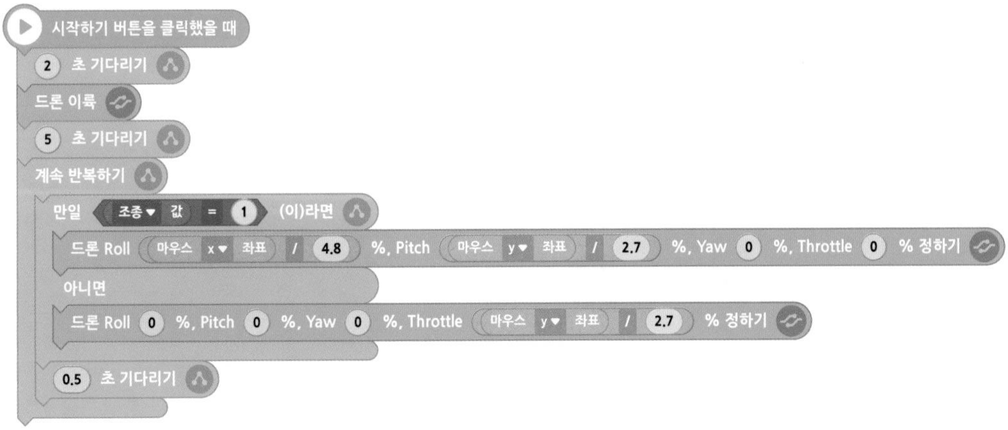

```
시작하기 버튼을 클릭했을 때
2 초 기다리기
드론 이륙
5 초 기다리기
계속 반복하기
    만일 <조종▾ 값 = 1> (이)라면
        드론 Roll (마우스 x▾ 좌표 / 4.8) %, Pitch (마우스 y▾ 좌표 / 2.7) %, Yaw 0 %, Throttle 0 % 정하기
    아니면
        드론 Roll 0 %, Pitch 0 %, Yaw 0 %, Throttle (마우스 y▾ 좌표 / 2.7) % 정하기
    0.5 초 기다리기
```

마우스 좌푯값을 나누는 방법은 0.5초 정도를 기다리기 때문에 반응속도가 약간 느립니다. 하지만 범위를 정하는 방법과 비교했을 때 코드가 간단합니다. 좌표를 사용해서 드론을 조종할 때 두 가지 방법 중에서 마음에 드는 것을 골라서 코딩하면 되겠습니다.

■ 전체 코드 모음

범위를 정해서 드론 조종하기

```
함수 정의하기 범위로 피치 를 바꾸기
만일 범위 값 = 1 (이)라면
  드론 Pitch 속도 값 % 정하기
  범위 값 != 1 이(가) 될 때까지 기다리기
  드론 Pitch 0 % 정하기
만일 범위 값 = 2 (이)라면
  드론 Roll 속도 값 % 정하기
  범위 값 != 2 이(가) 될 때까지 기다리기
  드론 Roll 0 % 정하기
만일 범위 값 = 3 (이)라면
  드론 Pitch -1 x 속도 값 % 정하기
  범위 값 != 3 이(가) 될 때까지 기다리기
  드론 Pitch 0 % 정하기
만일 범위 값 = 4 (이)라면
  드론 Roll -1 x 속도 값 % 정하기
  범위 값 != 4 이(가) 될 때까지 기다리기
  드론 Roll 0 % 정하기
만일 범위 값 = 5 (이)라면
  드론 Roll 0 %, Pitch 0 %, Yaw 0 %, Throttle 0 % 정하기
  범위 값 != 5 이(가) 될 때까지 기다리기
```

```
함수 정의하기 범위로 쓰로틀 바꾸기
만일 범위 값 = 1 (이)라면
  드론 Throttle 속도 값 % 정하기
  범위 값 != 1 이(가) 될 때까지 기다리기
  드론 Throttle 0 % 정하기
  만일 범위 값 = 3 (이)라면
    드론 Throttle -1 x 속도 값 % 정하기
    범위 값 != 3 이(가) 될 때까지 기다리기
    드론 Throttle 0 % 정하기
  만일 범위 값 = 5 (이)라면
    드론 Roll 0 %, Pitch 0 %, Yaw 0 %, Throttle 0 % 정하기
    범위 값 != 5 이(가) 될 때까지 기다리기
```

■ 전체 코드 모음

마우스 좌표로 드론 조종하기

```
시작하기 버튼을 클릭했을 때
계속 반복하기
  만일 스페이스▼ 키가 눌러져 있는가? (이)라면
    드론 착륙
  만일 q▼ 키가 눌러져 있는가? (이)라면
    드론 정지
```

```
시작하기 버튼을 클릭했을 때
계속 반복하기
  만일 배터리▼ > 20 (이)라면
    배터리▼ 을(를) 말하기▼
  아니면
    배터리가 부족해요 을(를) 말하기▼
    진동 1 초 켜기
    드론 착륙
```

```
마우스를 클릭했을 때
만일 조종▼ 값 = 1 (이)라면
  조종▼ 를 2 (으)로 정하기
아니면
  조종▼ 를 1 (으)로 정하기
0.01 초 기다리기
```

```
시작하기 버튼을 클릭했을 때
계속 반복하기
  마우스포인터▼ 위치로 이동하기
```

```
시작하기 버튼을 클릭했을 때
2 초 기다리기
드론 이륙
5 초 기다리기
계속 반복하기
  만일 조종▼ 값 = 1 (이)라면
    드론 Roll (마우스 x▼ 좌표 / 4.8) %, Pitch (마우스 y▼ 좌표 / 2.7) %, Yaw 0 %, Throttle 0 % 정하기
  아니면
    드론 Roll 0 %, Pitch 0 %, Yaw 0 %, Throttle (마우스 y▼ 좌표 / 2.7) % 정하기
  0.5 초 기다리기
```

한 단계 더

마우스로 원 비행을 하려고 합니다. 아래 코드에서 빈 부분을 완성하세요.

- 원 오브젝트를 추가합니다.
- 원 오브젝트에 마우스가 닿으면 원 비행을 하고 그렇지 않으면 쓰로틀, 피치, 롤을 바꿔서 드론을 조종합니다.

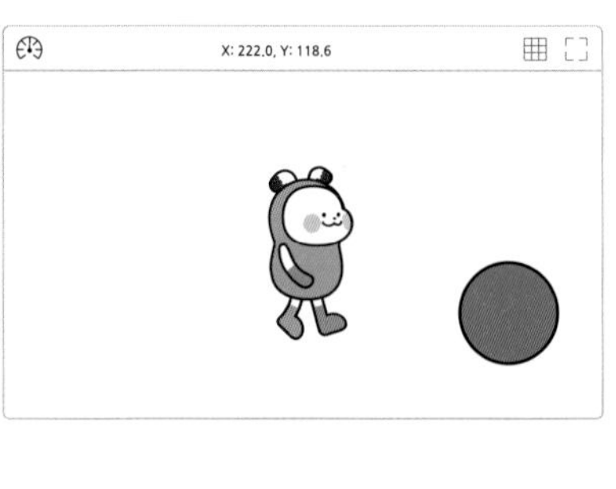

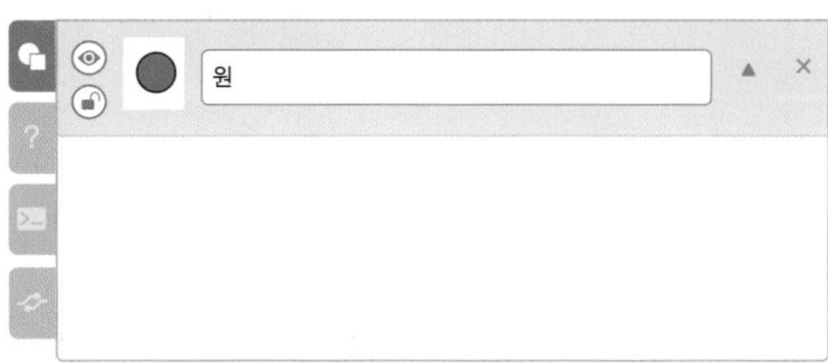

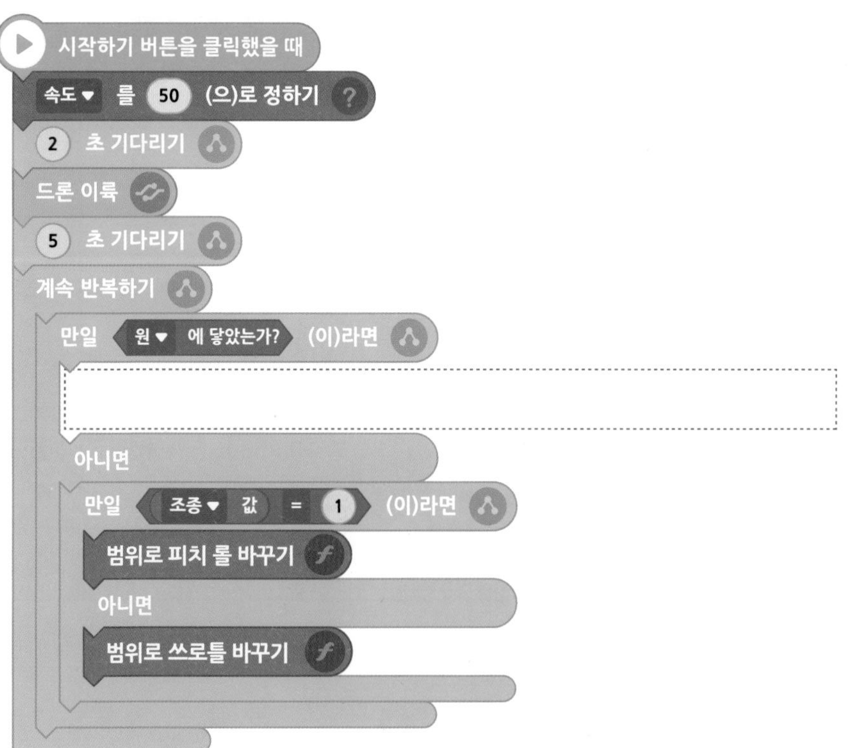

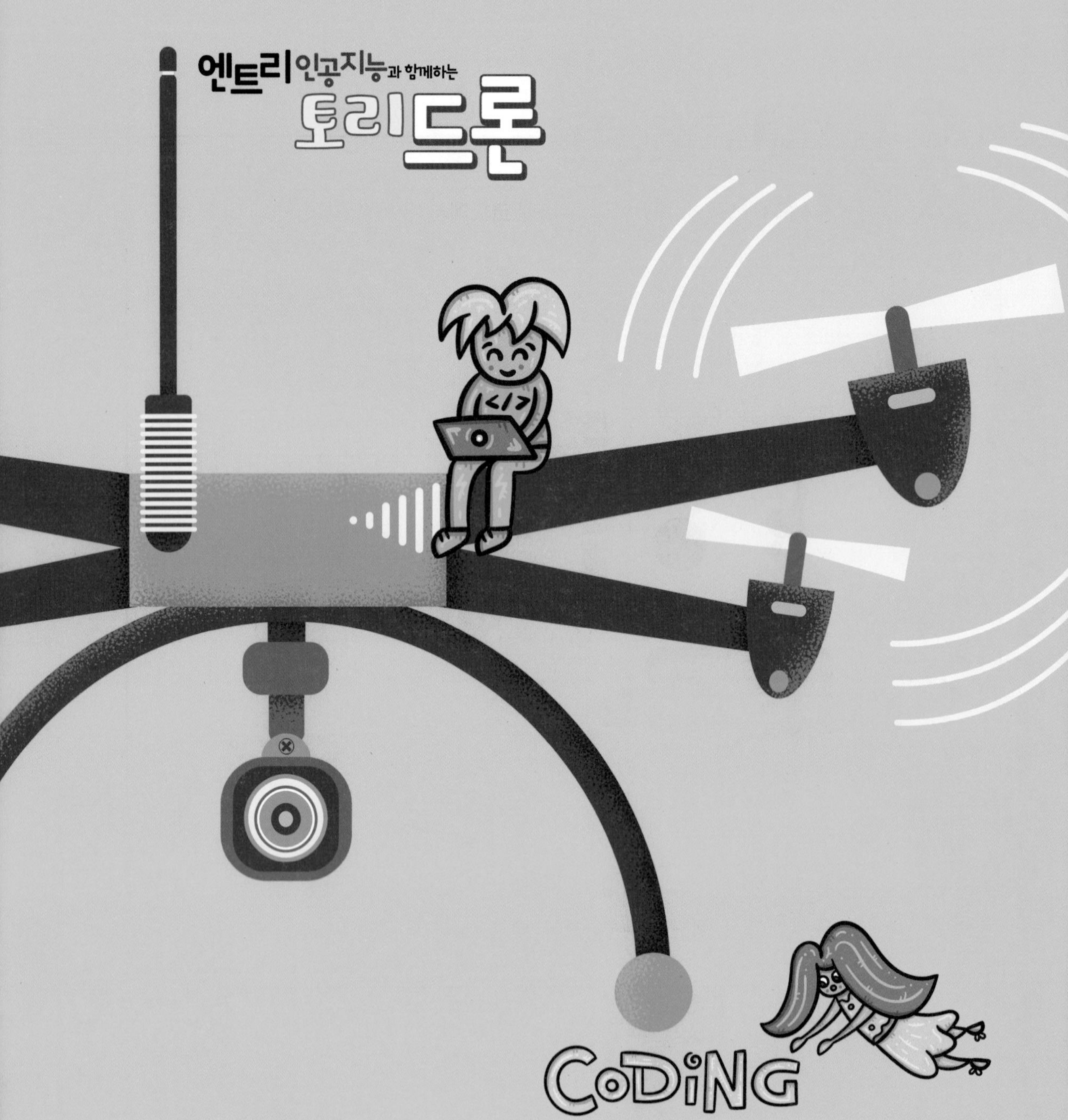
엔트리 인공지능과 함께하는
토리드론
CODING

CHAPTER 06

인공지능 코딩하기

인공지능 이해하기

이 장에서는 무엇을 배울까요?

- 인공지능의 뜻을 알 수 있어요
- 인공지능 학습 방법을 이해할 수 있어요
- 엔트리에 어떤 인공지능이 있는지 알 수 있어요

인공지능(AI, Artificial Intelligence)은 인간의 학습능력, 판단력, 문제 해결 능력을 모방해서 컴퓨터가 스스로 생각하고 결정을 내릴 수 있게 하는 기술입니다.

수많은 데이터(빅데이터)와 함께 컴퓨터 성능이 좋아지면서 인공지능 기술은 빠르게 발전하고 있습니다.

인공지능은 우리의 삶 속에서 매우 다양하게 활용되고 있습니다. 넷플릭스나 유튜브의 추천 시스템부터 테슬라의 자율주행 자동차까지 정말 많은 분야에서 사용되고 있습니다.

인간이 지식을 습득하는 방법처럼 컴퓨터가 많은 데이터로부터 지식이나 패턴을 찾아 학습하고 예측을 수행하는 것을 기계학습(머신러닝)이라고 합니다.

인공지능을 학습시키는 방법을 크게 3가지로 나눌 수 있습니다.

'지도학습', '비지도학습', '강화학습'이 대표적인 기계학습 방법입니다.

지도학습 : 문제와 정답을 알려주면 정답에서 특징과 패턴을 찾고 새로운 데이터를 분류하거나 예측하는 방식입니다. 고양이와 강아지 사진을 주고 사진의 정답을 알려줍니다. 그러면 인공지능은 고양이와 강아지 사진에서 특징과 패턴을 찾습니다. 그리고 새로운 사진을 주면 이 사진이 고양이인지 강아지인지 구분하게 됩니다. 앞으로 배울 '가위 바위 보 게임', '머신러닝 인공지능 드론'에서 지도학습 방법을 사용합니다.

비지도학습 : 정답을 알려주지 않고 데이터에서 유의미한 특징이나 패턴을 발견하는 방법입니다. 고양이와 강아지 사진을 여러 장 주지만 어떤 동물인지 알려주지는 않습니다. 인공지능은 여러 사진에서 특징과 패턴을 찾아서 사진을 분류합니다.

강화학습 : 어떤 행동을 해야 하는지 알지 못하는 상태에서 학습합니다. 결과가 좋으면 '보상'을 주고 나쁘면 '벌'을 줘서 점점 좋은 결과가 나오도록 강화하는 방식입니다. 그 유명한 알파고와 ChatGPT가 강화학습으로 개발되었습니다.

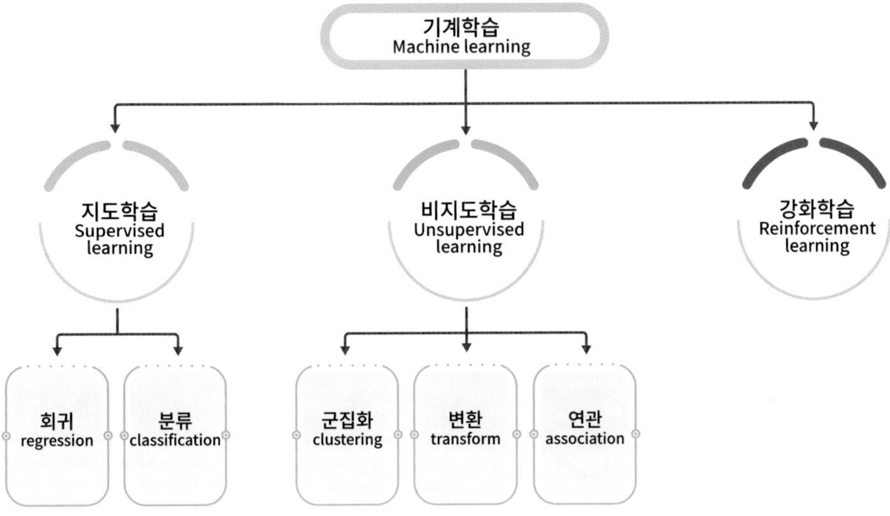

엔트리에서 다양한 인공지능을 사용할 수 있습니다. <번역>, <읽어주기>, <사람 인식>, <사물 인식>, <손 인식>, <얼굴 인식>, <음성 인식> 인공지능을 사용할 수 있습니다.

그뿐만 아니라 여러분이 직접 데이터를 입력해서 인공지능 모델을 만들 수 있습니다.

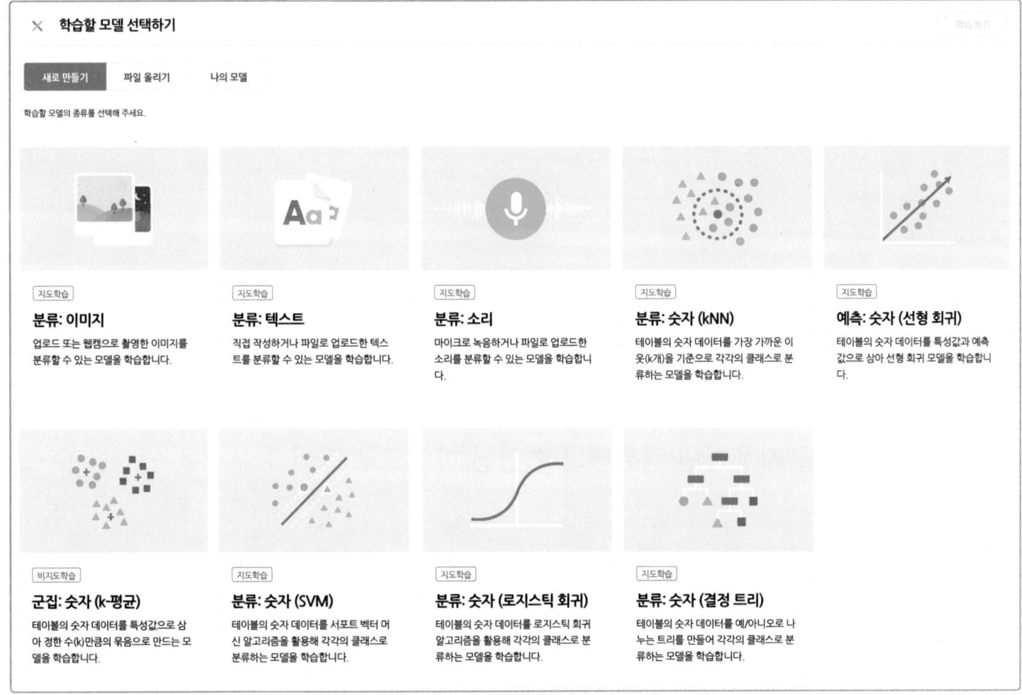

이 책에는 엔트리의 다양한 인공지능 사용방법이 설명되었습니다. 엔트리 인공지능으로 다양한 프로그램을 만들면서 인공지능의 원리를 이해하고 여러분의 인공지능 코딩 실력도 키우기 바랍니다.

여기서 배운 내용으로 다음 챕터에서는 인공지능 드론도 만들어 보겠습니다.

이 책에 있는 코드는 잇플코딩 사이트의 자료실에 정리했습니다.

잇플 사이트(itpleinfo.com)에서 <커뮤니티>-<자료실>을 순서대로 클릭해서 확인하세요.

스마트홈 만들기

이 장에서는 무엇을 배울까요?

- 음성 인식 인공지능을 사용할 수 있어요
- 스마트홈에 필요한 오브젝트를 추가할 수 있어요
- 음성 인식 스마트홈을 만들 수 있어요

이번 시간에는 음성으로 작동하는 스마트홈을 만들어 보겠습니다. 스마트홈을 만들 때 <음성 인식> 인공지능을 사용하겠습니다.

음성 인식 인공지능을 사용하면 컴퓨터와 연결된 마이크로 단어나 문장을 인식할 수 있습니다.

엔트리에게 소리로 명령을 내리면 인공지능이 음성을 인식하고 명령에 따라서 여러 가지 일을 합니다. 날씨 정보를 확인하거나 전등과 TV를 켜고 끕니다.

<인공지능>-<인공지능 블록 불러오기>를 클릭합니다.

<읽어주기>와 <음성 인식> 인공지능 블록을 불러옵니다.

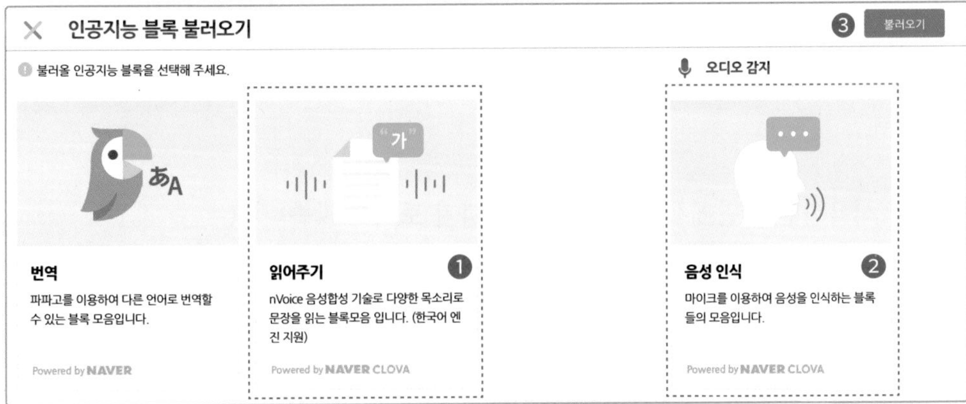

<스페이스> 키를 누르면 음성을 인식하고 음성을 문자로 바꾼 값을 말하도록 그림과 같이 코딩합니다.

<스페이스> 키를 누르면 '듣고 있어요'라는 메시지와 음성 인식 아이콘이 나옵니다.

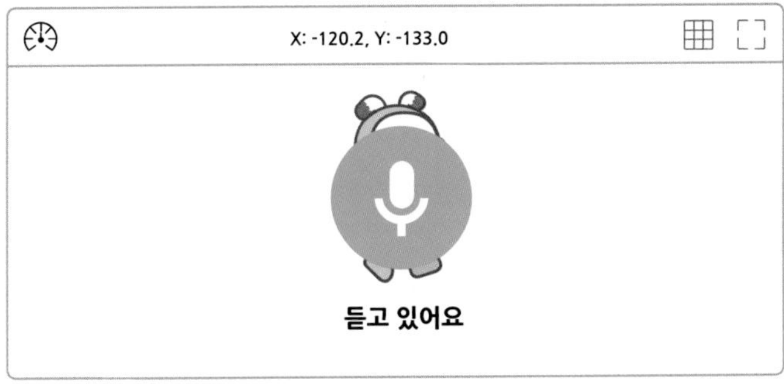

음성 인식이 끝나면 그 결과를 확인할 수 있습니다.

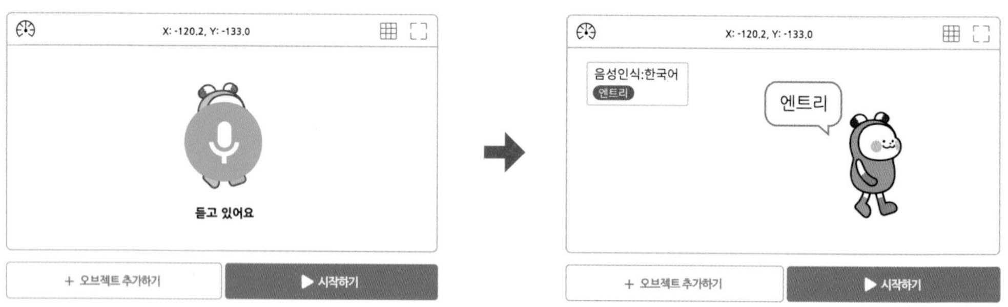

다음 블록을 사용하면 화면에서 음성 인식한 결과가 보이지 않습니다.

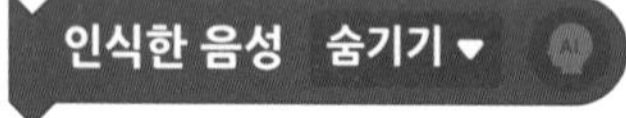

'거실(3)' 배경, '소놀 AI 로봇', '전등(1)', 'TV'를 추가하고 그림과 같이 오브젝트를 놓습니다. TV는 대문자로 검색해야 합니다.

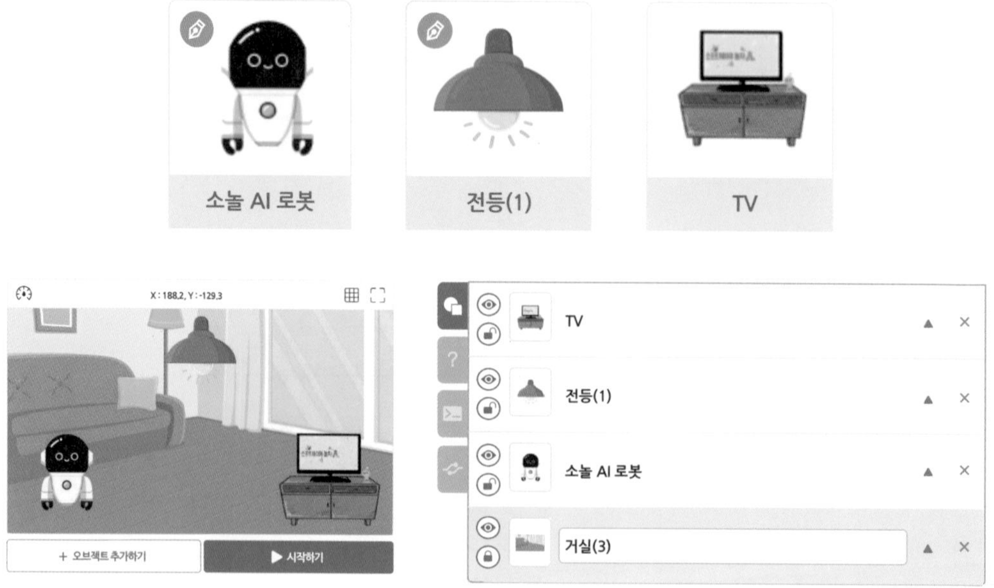

'전등(1)'을 선택합니다.

<모양>을 클릭하면 2가지 모양이 있습니다. 이름을 간단하게 '켜짐', '꺼짐'으로 바꿉니다.

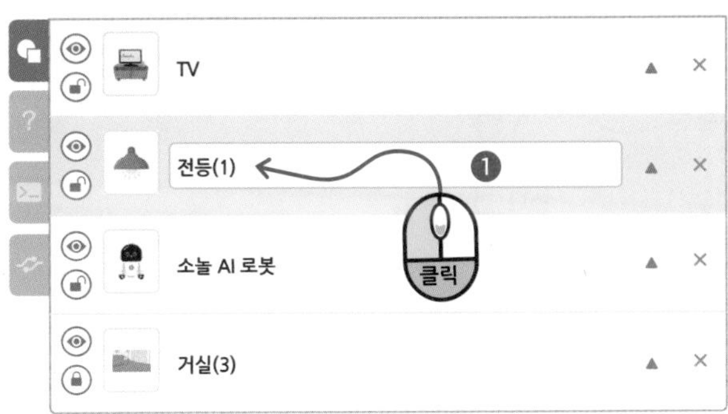

'TV'의 모양 이름도 간단하게 바꿉니다.

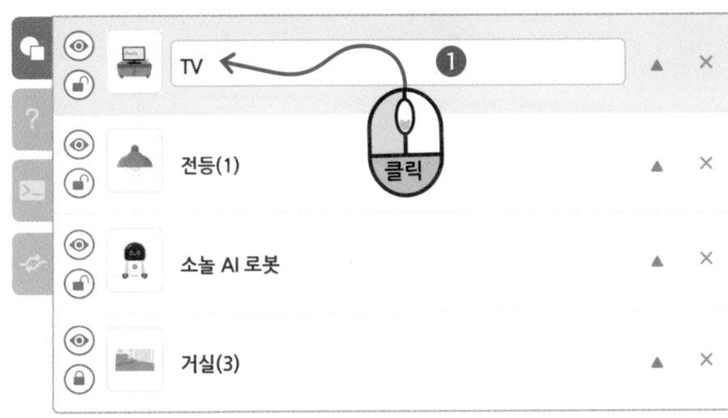

엔트리에서 날씨 정보를 가져올 수 있습니다.

<확장>-<확장 블록 불러오기>를을 클릭합니다.

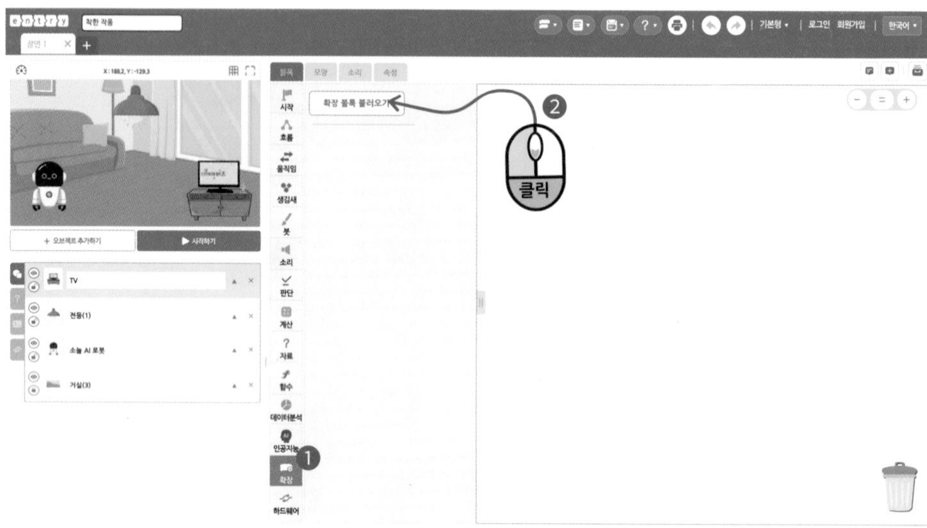

<날씨> 블록을 선택합니다. <날씨> 블록을 사용하면 기온, 강수량, 미세먼지 농도 등 한국의 날씨와 관련된 정보를 확인할 수 있습니다.

오른쪽 위에 있는 <불러오기>를 클릭합니다.

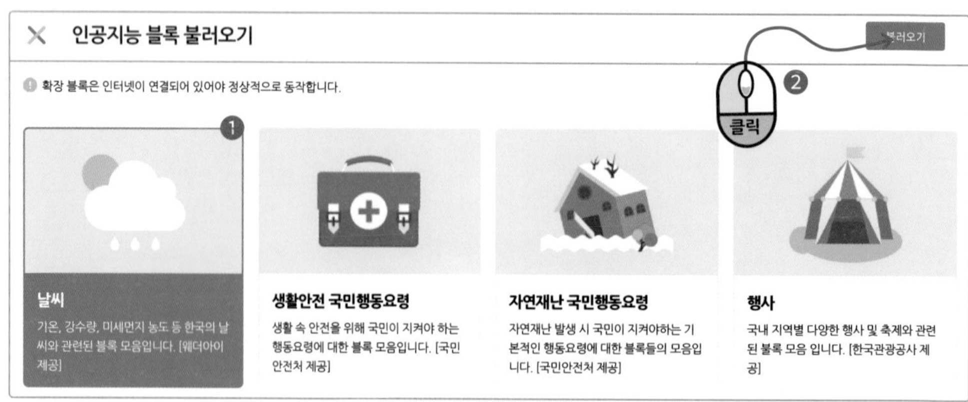

'소놀 AI 로봇'이 우리에게 명령을 받아서 여러 가지 일을 합니다.

[음성인식] 변수를 만들어서 음성 인식한 결과를 저장합니다.

[음성인식] 변수에 따라서 [명령] 변숫값을 정합니다.

그리고 <스마트홈 명령> 신호를 보냅니다.

여러 오브젝트는 <스마트홈 명령> 신호를 받고 [명령] 변숫값에 따라서 다른 일을 하게 됩니다.

[음성인식] 변수	[명령] 변수
날씨	1
미세먼지	2
tv 켜줘	3
tv 꺼줘	4
불 켜줘	5
불 꺼줘	6

음성인식이 잘 되는지 확인하고 이상이 없으면 인식한 음성을 숨겨도 됩니다.

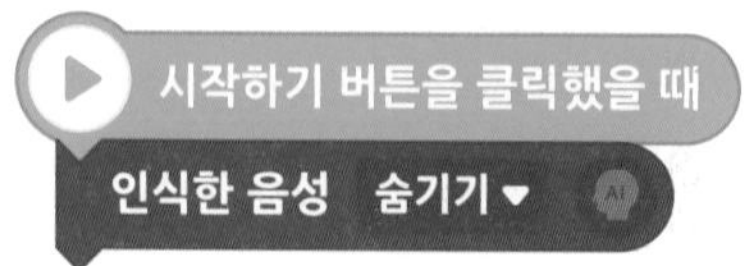

'소놀 AI 로봇'은 [명령] 변수가 1일 때 날씨를 말해줍니다.

<날씨 말하기> 함수를 만듭니다.

날씨에 따라서 다르게 말하도록 그림과 같이 코딩합니다. 서울 말고 다른 지역을 선택해도 됩니다.

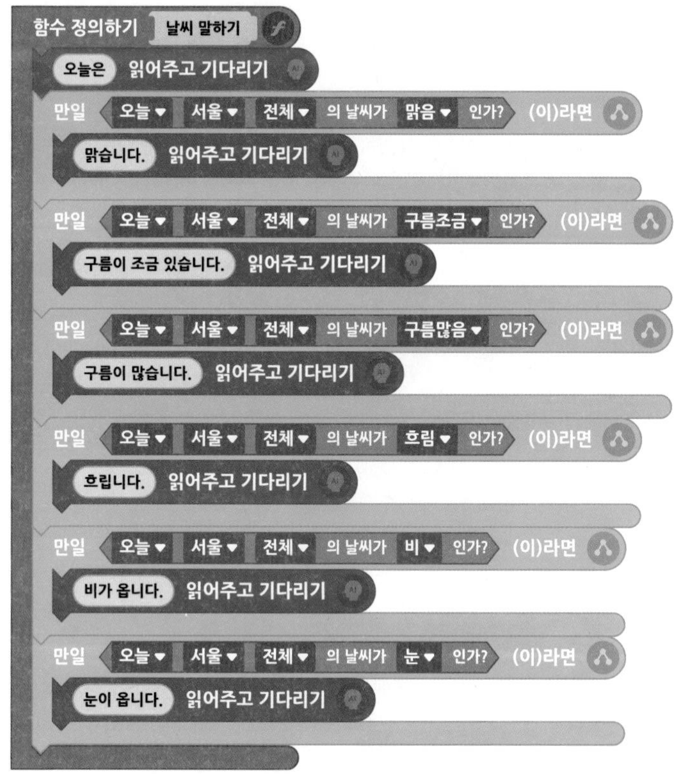

날씨를 잘 말하는지 확인해봅니다.

스마트홈 명령 신호를 받았을 때
만일 명령 값 = 1 (이)라면
날씨 말하기

'소놀 AI 로봇'은 [명령] 변수가 2일 때 미세먼지 등급을 말해줍니다.

그림과 같이 <미세먼지 말하기> 함수를 만들어서 미세먼지 등급을 확인해봅니다.

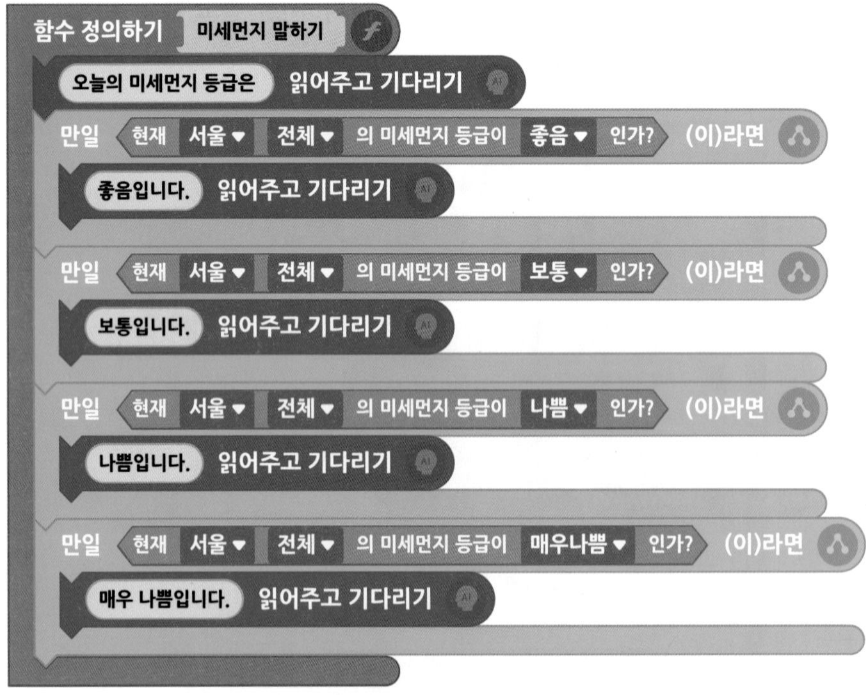

'TV'가 <스마트홈 명령>을 받으면 켜지거나 커지도록 코딩하겠습니다.

[명령] 변수가 3일 때 모양이 '밝음'으로 바뀌면서 켜집니다.

[명령] 변수가 4일 때 모양이 '꺼짐'으로 바뀌면서 꺼집니다.

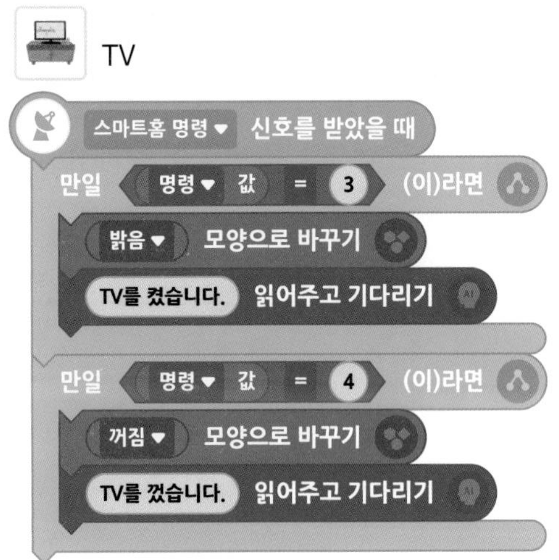

'전등(1)'도 'TV'와 같은 방법으로 코딩합니다.

[명령] 변수가 5일 때 모양이 '켜짐'으로 바뀌면서 켜집니다.

[명령] 변수가 6일 때 모양이 '꺼짐'으로 바뀌면서 꺼집니다.

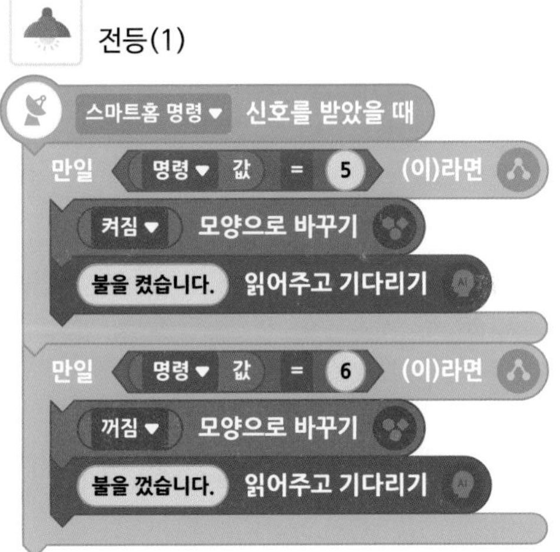

여러분이 직접 명령을 내려서 스마트홈이 잘 작동하는지 확인합니다.

스마트홈에 어떤 기능을 더 추가하면 좋을까요? 여러분의 아이디어로 다양한 기능을 추가해서 더 멋진 스마트홈을 만들어 보세요.

MEMO

귀여운 얼굴 필터

이 장에서는 무엇을 배울까요?

- 얼굴 인식 인공지능을 사용할 수 있어요
- 눈을 따라가는 필터를 만들 수 있어요
- 자신만의 아이디어로 다양한 얼굴 필터를 만들 수 있어요

엔트리의 <얼굴 인식> 인공지능을 사용해서 얼굴 필터를 만들어 보겠습니다.

얼굴 인식 인공지능 블록은 카메라를 이용해서 얼굴을 인식하는 블록들의 모음입니다.

오브젝트 2개를 추가해서 두 눈을 따라서 움직이도록 코딩하겠습니다.

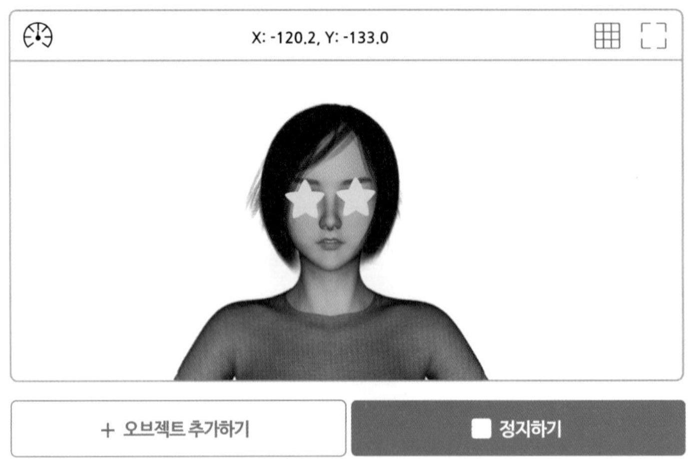

엔트리봇이 보이지 않도록 합니다.

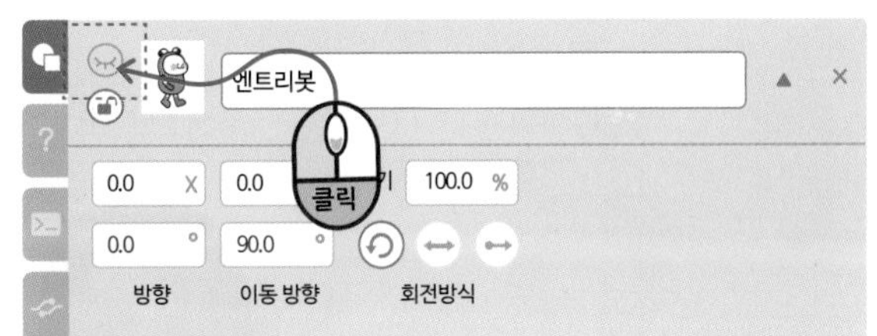

<인공지능>-<인공지능 블록 불러오기>를 클릭합니다.

<얼굴 인식> 인공지능 블록을 불러옵니다.

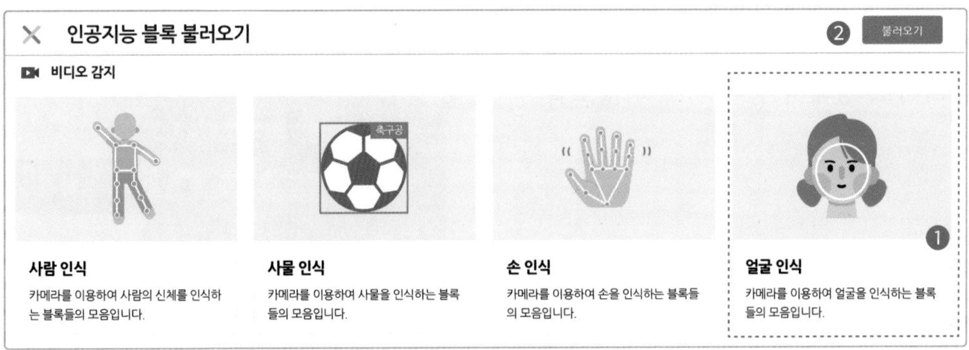

다음과 같이 코딩해서 얼굴을 잘 인식하는지 확인합니다.

<비디오 화면 보이기> 블록을 사용하면 컴퓨터와 연결된 카메라로 촬영을 하고 실행화면에 보여줍니다.

투명도 효과를 0으로 정해서 선명하게 보이게 합니다.

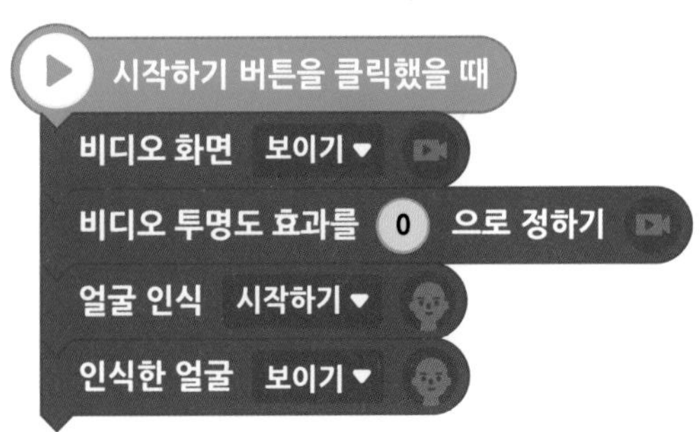

<얼굴 인식 시작하기> 블록을 실행하면 얼굴을 인식합니다.

그리고 <인식한 얼굴 보이기> 블록은 인식한 얼굴을 점으로 표시해줍니다.

프로그램을 실행하면 얼굴을 점으로 연결해서 표시해줍니다.

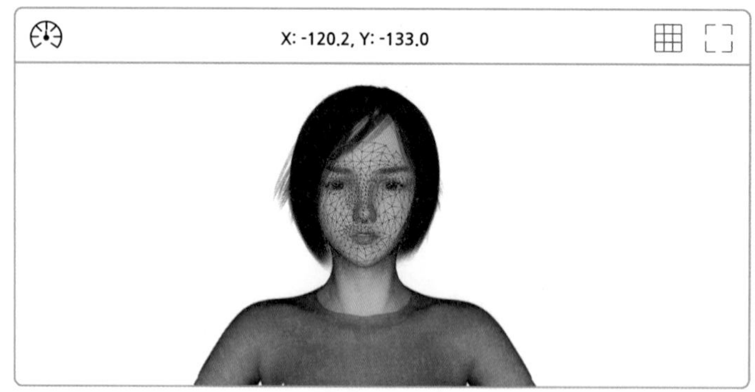

<인식한 얼굴 보이기> 블록을 사용하지 않거나 숨기기로 정해서 점이 나오지 않도록 합니다.

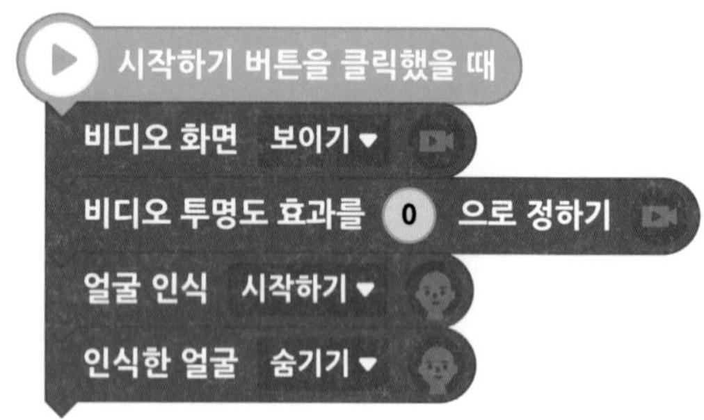

그림과 같이 원하는 오브젝트를 추가하고 이름을 '왼쪽 눈', '오른쪽 눈'으로 정합니다.

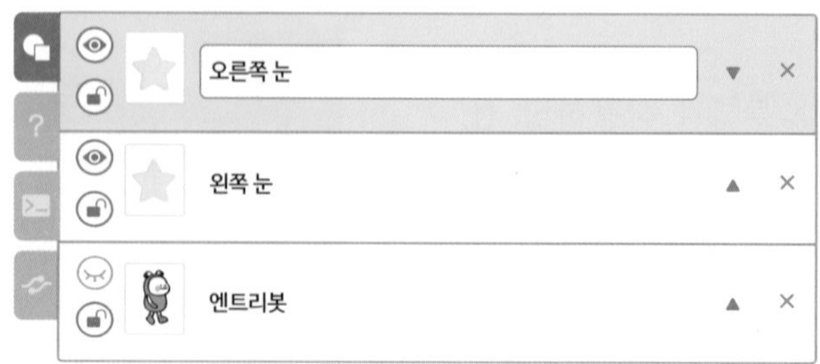

인식한 얼굴에서 왼쪽 눈과 오른쪽 눈의 좌표를 사용할 수 있습니다.

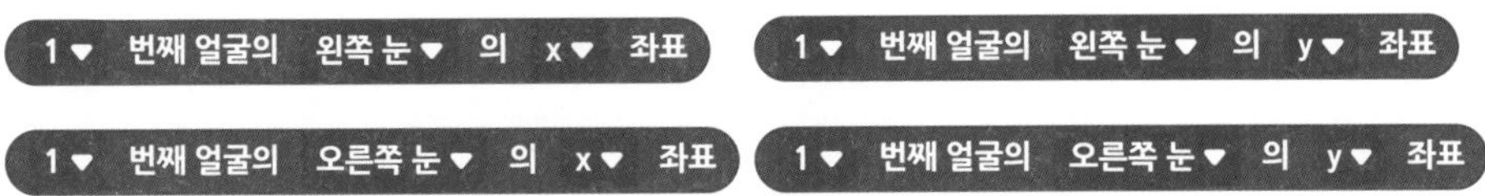

왼쪽 눈, 오른쪽 눈뿐만 아니라 코, 왼쪽 입꼬리, 오른쪽 입꼬리, 윗 입술, 아랫 입술 좌표도 사용할 수 있습니다.

'왼쪽 눈'이 왼쪽 눈을 따라가도록 코딩합니다.

얼굴을 인식했다면 왼쪽 눈 좌표를 따라서 움직이도록 다음과 같이 코딩합니다.

왼쪽 눈

```
시작하기 버튼을 클릭했을 때
계속 반복하기
  만일 얼굴을 인식했는가? (이)라면
    모양 보이기
    x: 1 번째 얼굴의 왼쪽 눈 의 x 좌표 y: 1 번째 얼굴의 왼쪽 눈 의 y 좌표 위치로 이동하기
  아니면
    모양 숨기기
```

'오른쪽 눈'도 코딩합니다.

코드를 복사해서 붙여넣기 하면 더 쉽게 코딩할 수 있습니다.

오른쪽 눈

```
시작하기 버튼을 클릭했을 때
계속 반복하기
  만일 얼굴을 인식했는가? (이)라면
    모양 보이기
    x: 1 번째 얼굴의 오른쪽 눈 의 x 좌표 y: 1 번째 얼굴의 오른쪽 눈 의 y 좌표 위치로 이동하기
  아니면
    모양 숨기기
```

프로그램을 실행하면 오브젝트가 그림과 같이 눈을 따라서 움직입니다.

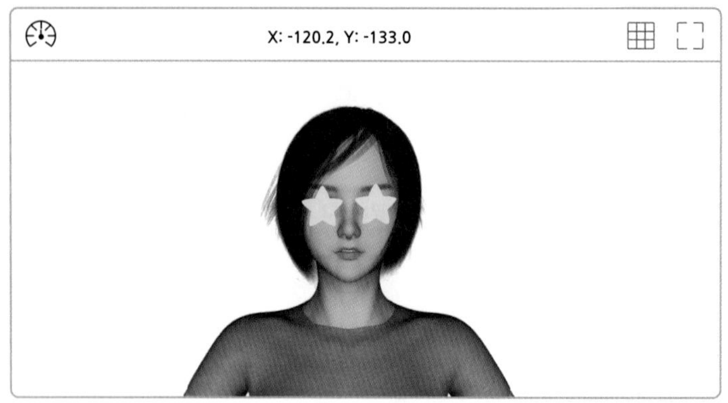

다음 블록을 사용해서 코딩해도 됩니다.

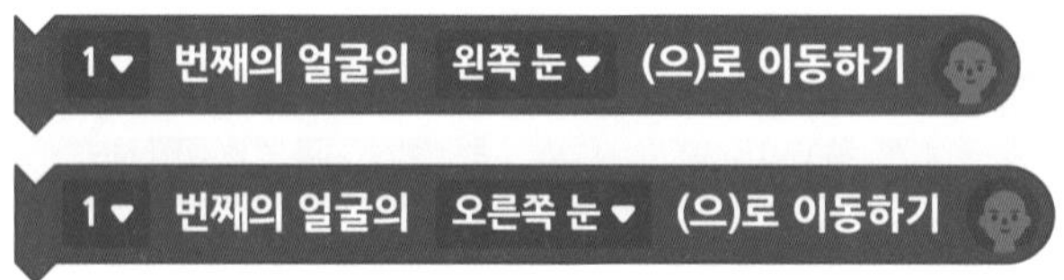

눈 뿐만 아니라 코와 입도 꾸밀 수도 있습니다.

[사람] 메뉴에서 코와 입을 추가합니다.

'코' 모양을 보면 다양한 모양이 있습니다. 여러분이 원하는 코 모양을 골라서 사용하면 됩니다.

'입' 모양도 그림과 같이 다양합니다.

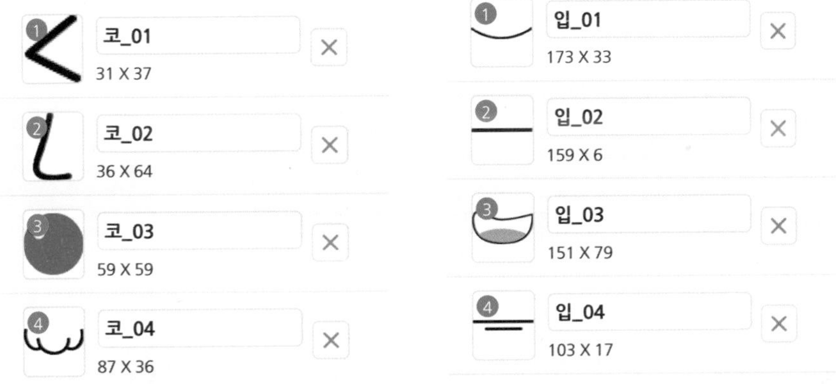

여러분들의 아이디어로 재미있는 얼굴 필터를 만들어 보세요.

04 얼굴 표정 인식하기

이 장에서는 무엇을 배울까요?

- 얼굴의 성별을 확인할 수 있어요
- 얼굴의 감정을 읽을 수 있어요
- 얼굴 표정 인식 프로그램을 만들 수 있어요

얼굴 인식 인공지능을 사용해서 얼굴 표정을 인식하는 프로그램을 만들어 보겠습니다. 인식한 표정에 따라서 엔트리봇 표정이 바뀌는 프로그램입니다.

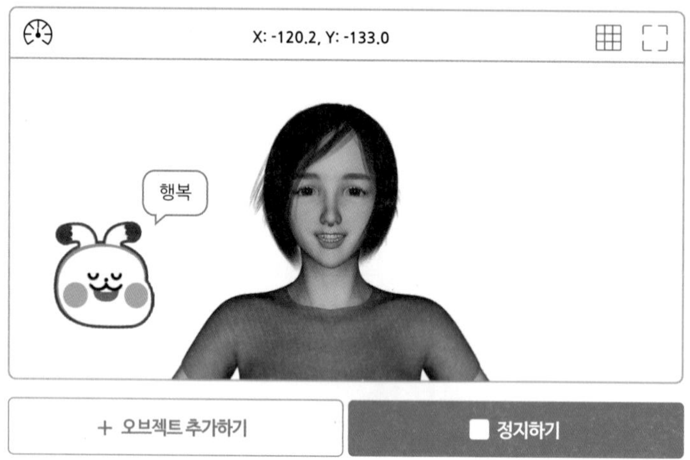

<인공지능>-<인공지능 블록 불러오기>를 클릭합니다.

<얼굴 인식> 인공지능 블록을 불러옵니다.

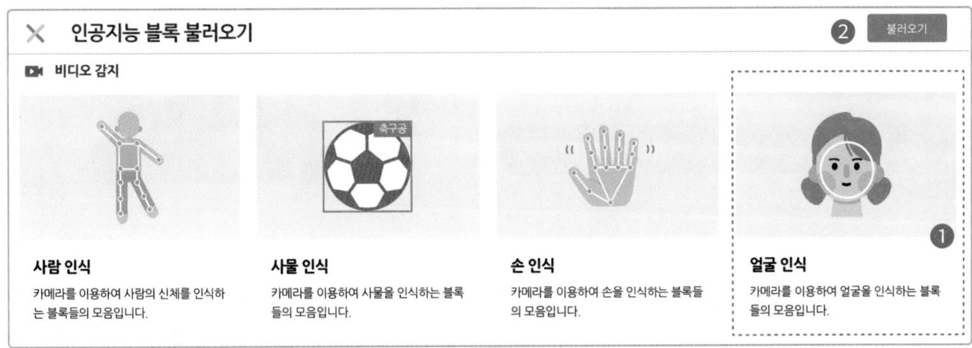

인식한 얼굴의 성별, 나이, 감정을 확인할 수 있습니다.

성별을 확인해볼까요? 그림과 같이 코딩합니다.

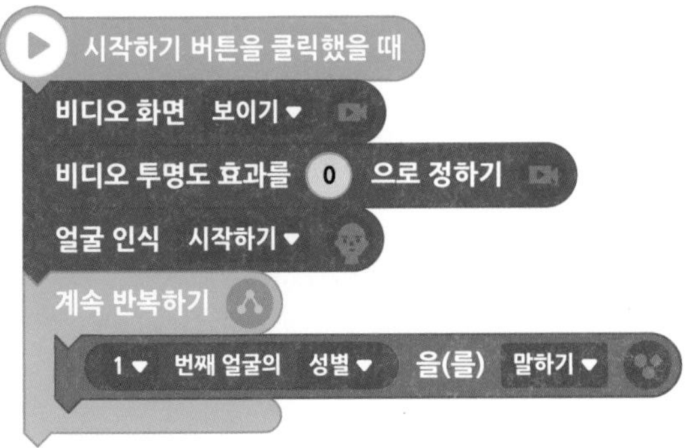

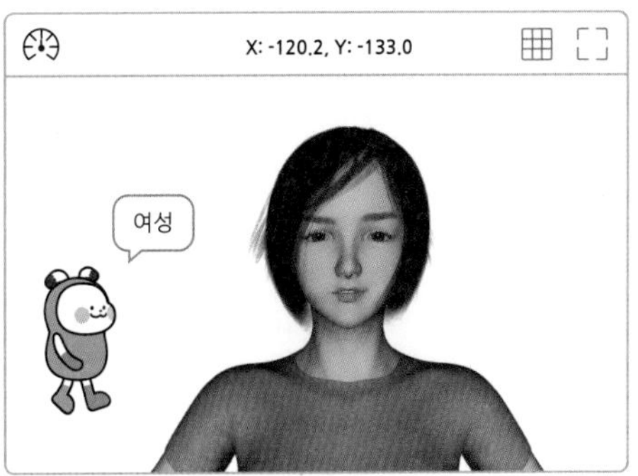

표정을 확인해보겠습니다. '감정'을 선택합니다.

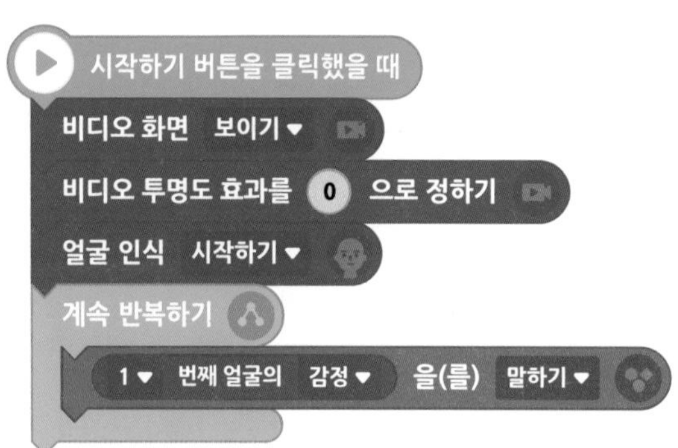

이 블록을 클릭하면 감정의 종류를 알 수 있습니다.

1 ▾ 번째 얼굴의 감정이 분노 ▾ 인가?

감정의 종류는 7개로 '분노', '혐오', '두려움', '행복', '무표정', '슬픔', '놀람'이 있습니다. '엔트리봇'을 지우고 '엔트리봇 표정'을 추가합니다.

<모양>을 클릭하고 필요 없는 모양은 삭제하고 이름을 감정의 종류 중 하나로 바꿉니다.

'엔트리봇 표정'에서 놀람, 슬픔, 행복, 분노 모양을 사용했습니다.

<모양 추가하기>를 클릭해서 무표정, 혐오, 두려움을 추가합니다.

얼굴을 인식했다면 인식한 감정을 말하고 '엔트리봇 표정' 모양을 바꿉니다.

그림과 같이 코드를 나눠서 코딩합니다.

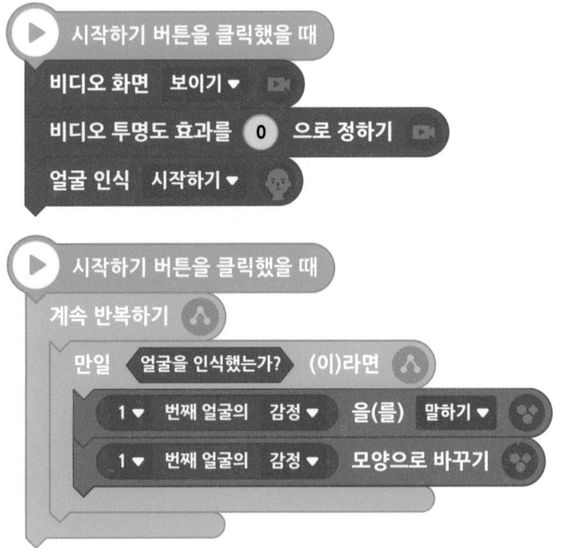

프로그램을 실행하면 그림과 같이 얼굴 표정을 인식하고 '엔트리봇 표정' 모양이 바뀝니다.

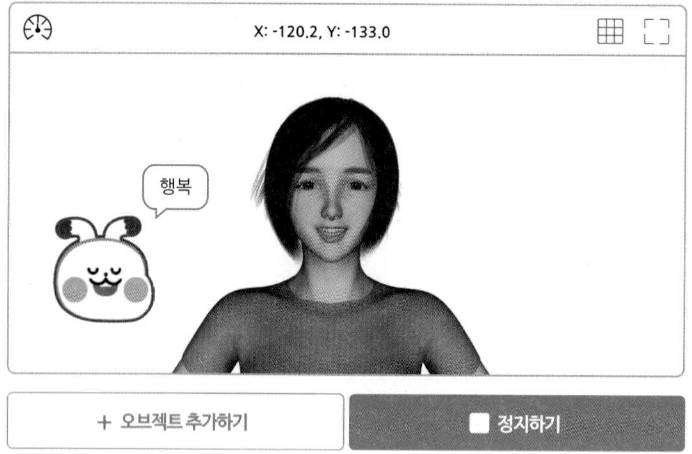

MEMO

05 손가락 불꽃 효과

이 장에서는 무엇을 배울까요?

- 손 인식 인공지능을 사용할 수 있어요
- 불꽃 효과를 만들 수 있어요
- 손가락을 따라다니는 불꽃을 만들 수 있어요

엔트리의 <손 인식> 인공지능을 사용해서 손가락을 따라다니는 불꽃을 만들어 보겠습니다.

손 인식 인공지능 블록은 카메라를 이용하여 손을 인식하는 블록들의 모음입니다.

이 인공지능을 사용하면 손가락을 인식할 수 있고, 손가락 모양을 구분해서 다양한 프로그램을 만들 수 있습니다.

<인공지능>-<인공지능 블록 블러오기>를 클릭합니다.

<손 인식> 인공지능 블록을 불러옵니다.

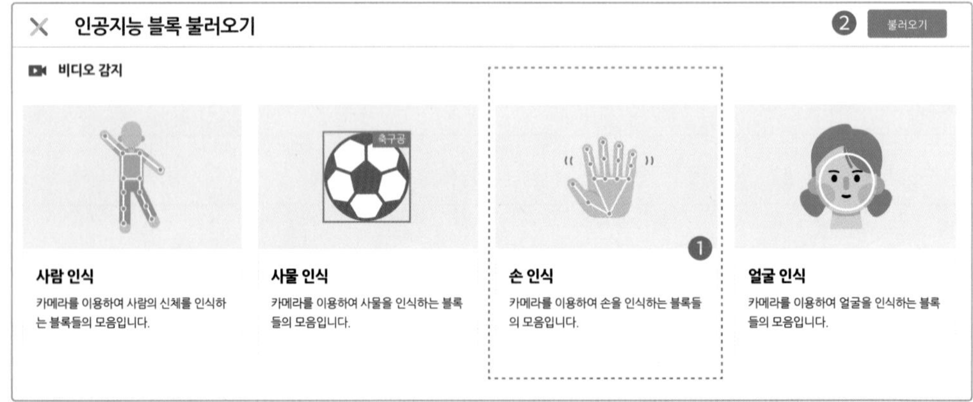

다음과 같이 코딩해서 손을 잘 인식하는지 확인합니다.

<손 인식 시작하기> 블록을 실행하면 손을 인식합니다.

그리고 <인식한 손 보이기> 블록은 인식한 손을 점으로 표시해줍니다.

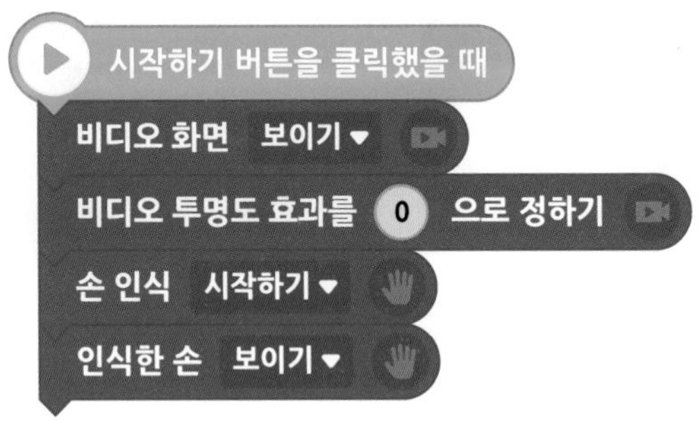

프로그램을 실행하면 그림과 같이 손가락 마디를 점으로 표시해줍니다. 신기하죠?

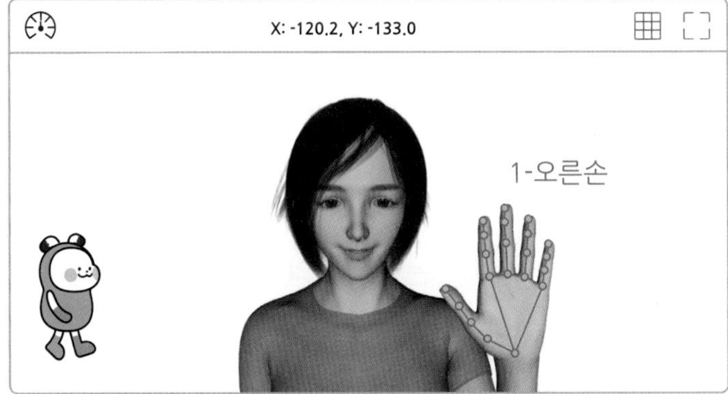

손이 어떤 모양인지 알 수 있습니다.

1▼ 번째 손의 모양이 쥔 손▼ 인가?

손 모양은 7개로 '쥔 손', '편 손', '가리키는 손', '엄지 아래로', '엄지 위로', '브이 사인', '사랑해'가 있습니다.

<1 번째 손의 모양> 블록을 사용하면 손이 어떤 모양인지 확인할 수 있습니다.

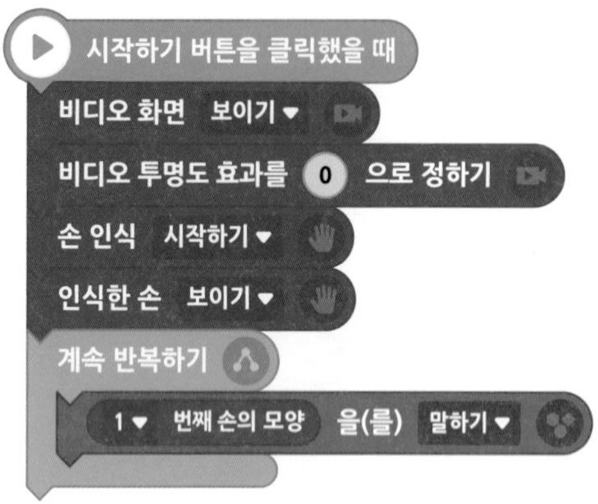

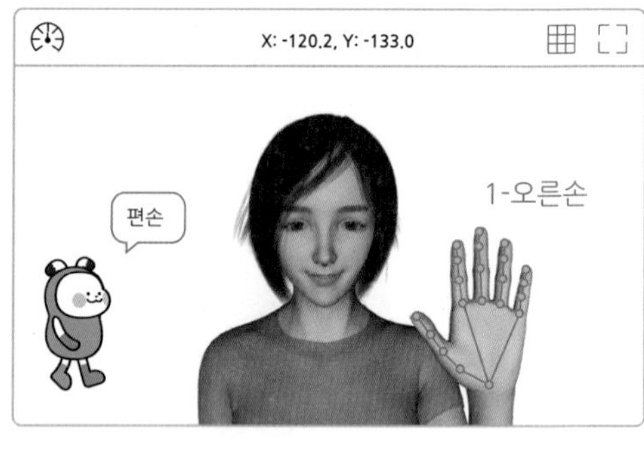

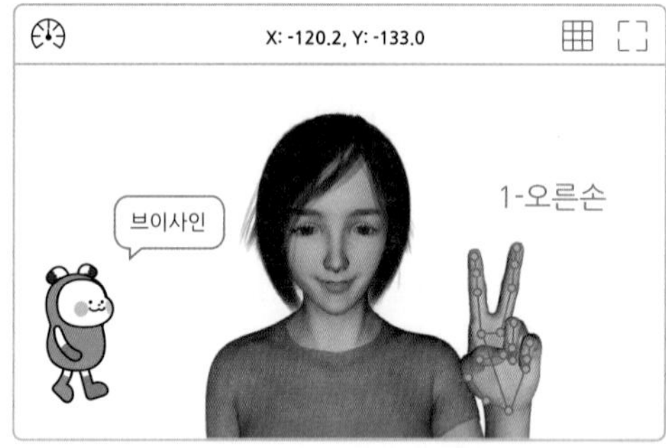

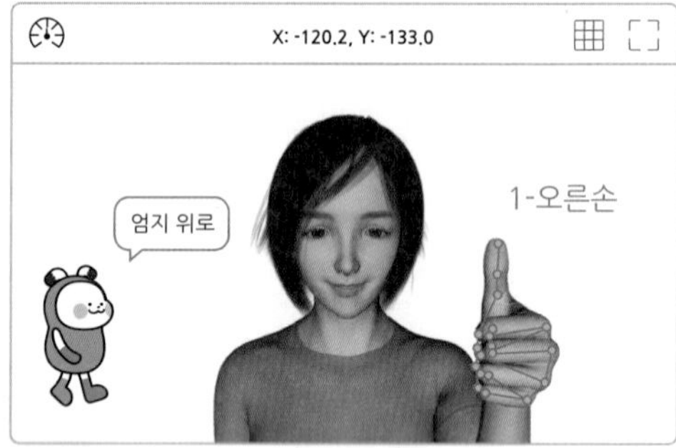

불꽃이 손가락을 따라서 움직이기 위해서는 손가락의 좌표를 알아야 합니다.

'엄지', '검지', '중지', '약지', '소지', '손목'의 좌표를 사용할 수 있습니다.

검지 손가락의 x 좌표와 y 좌표를 잘 인식하는지 확인해봅니다.

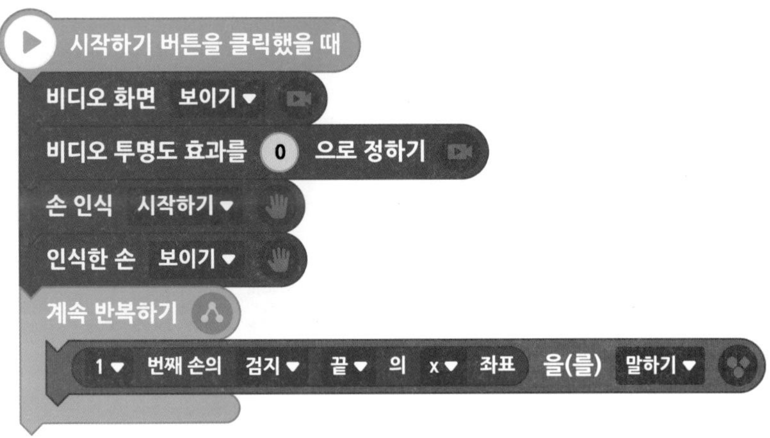

불꽃 효과를 만들어 보겠습니다. 먼저 엔트리봇을 삭제합니다.

빨간색 원 모양을 그려서 불꽃 효과를 만들겠습니다.

<오브젝트 추가하기>-<새로 그리기>-<이동하기>를 순서대로 클릭합니다.

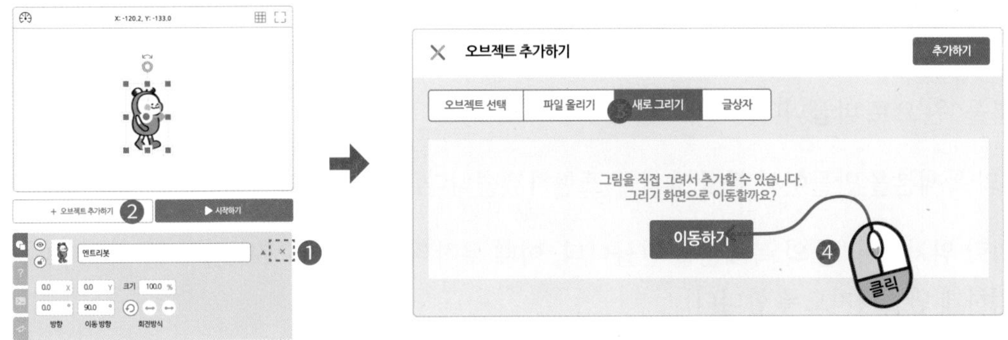

<벡터>를 선택합니다.

왼쪽 메뉴에서 원을 선택합니다.

색깔을 빨간색으로 정합니다.

<Shift> 키를 누르고 드래그해서 원을 그립니다.

오른쪽 위에 있는 <저장하기>를 클릭합니다.

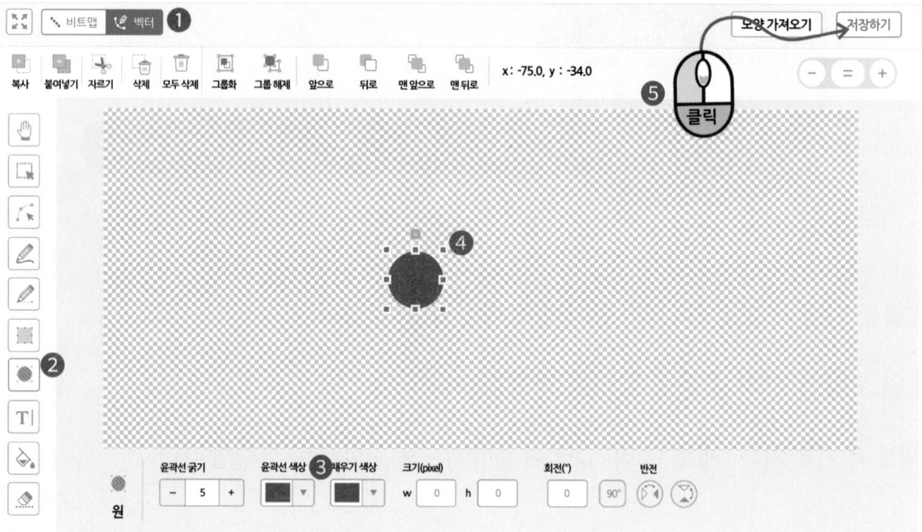

이름을 '원'으로 바꿉니다.

'원'의 복제본을 만들어서 불꽃 효과를 표현하겠습니다.

손가락 위치에서 '원'의 복제본을 만듭니다. 이때 무작위 수를 사용해서 범위 안에서 복제본이 랜덤하게 만들어지도록 합니다.

복제본이 만들어지면 위로 올라가다가 1초 있으면 복제본이 삭제됩니다.

계속 자신의 복제본을 만듭니다.

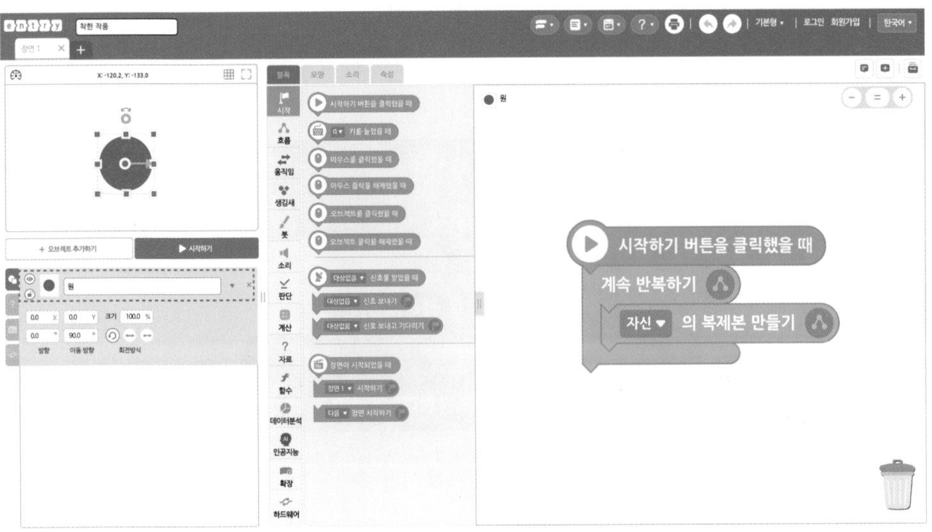

'원' 주위에 복제본이 랜덤하게 생기도록 좌푯값을 랜덤하게 정합니다.

크기도 다양하게 정하고 색깔 효과도 줍니다.

이동 방향도 랜덤하게 정합니다. -15에서 15사이로 정합니다.

이동 방향이 정해지면 이동 방향으로 1만큼 계속 움직입니다.

1초 있다가 복제본을 삭제합니다.

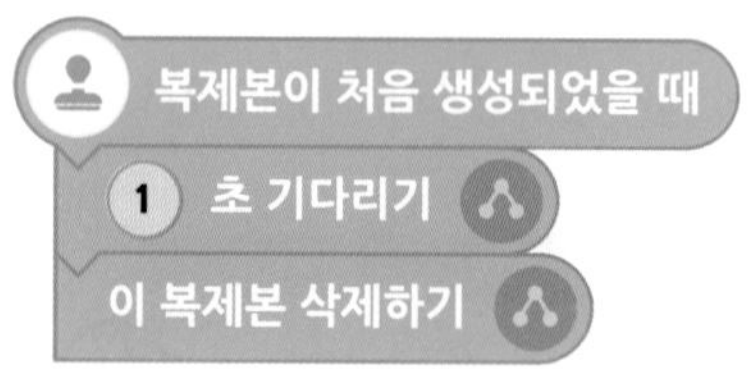

그러면 그림과 같이 불꽃 모양이 만들어집니다.

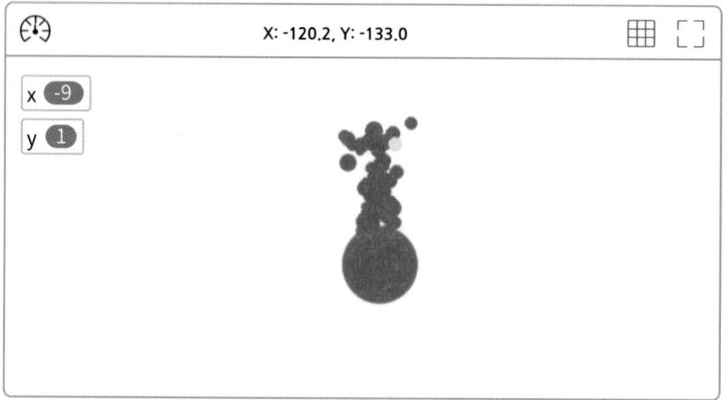

이 불꽃이 손가락을 따라서 움직이도록 하겠습니다.

'원'은 보이지 않고 복제본만 보여야 합니다.

<모양 숨기기> 블록을 사용해서 보이지 않도록 합니다.

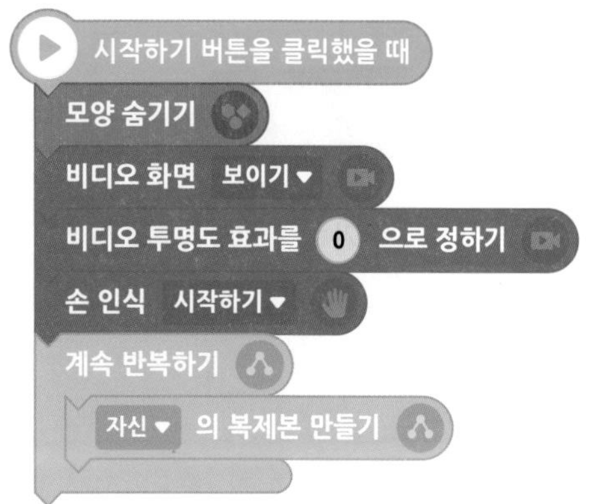

복제본이 만들어지면 <모양 보이기> 블록으로 화면에서 보이도록 합니다.

복제본은 검지 손가락 주위에 생기고 검지 손가락을 따라서 움직입니다.

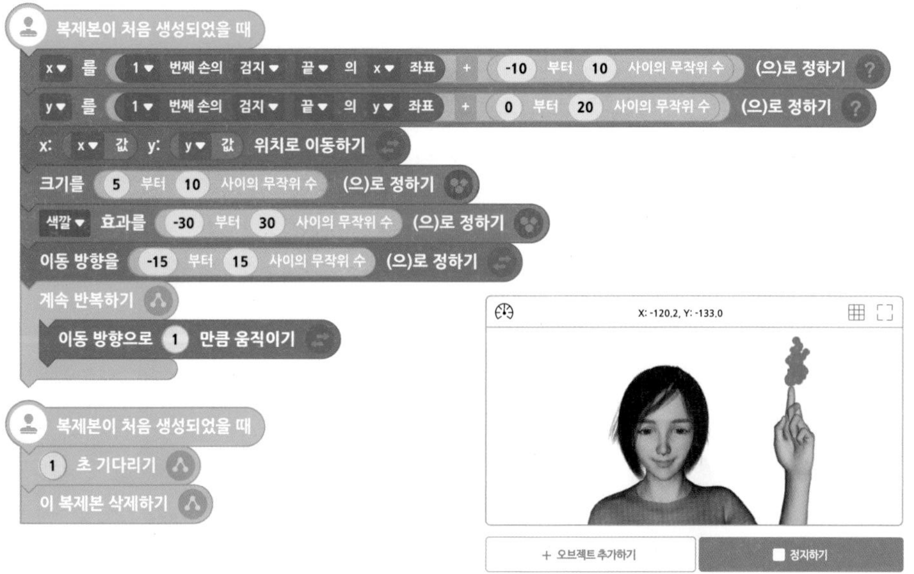

다른 손가락을 사용해서 더 멋진 프로그램을 만들어 보세요.

한 단계 더

손가락 모양에 따라서 전등을 켜고 끄는 프로그램을 만들어 보세요.

- <전등(1)>을 추가합니다.
- <엔터>키를 누르면 손 모양을 확인해서 전등을 켜거나 끕니다.
- 주먹을 쥐면 불이 꺼집니다.
- 손을 펴면 불이 켜집니다.

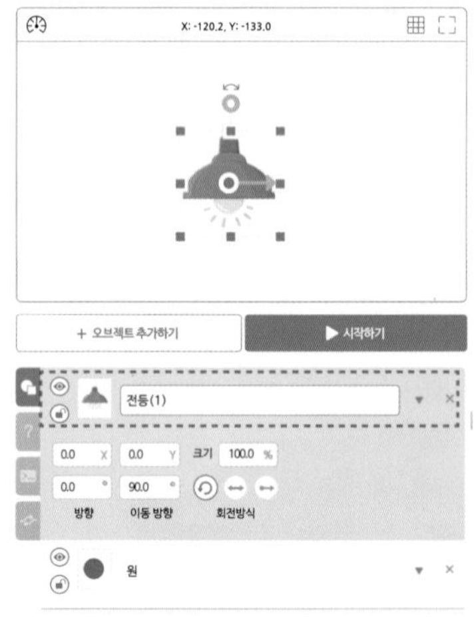

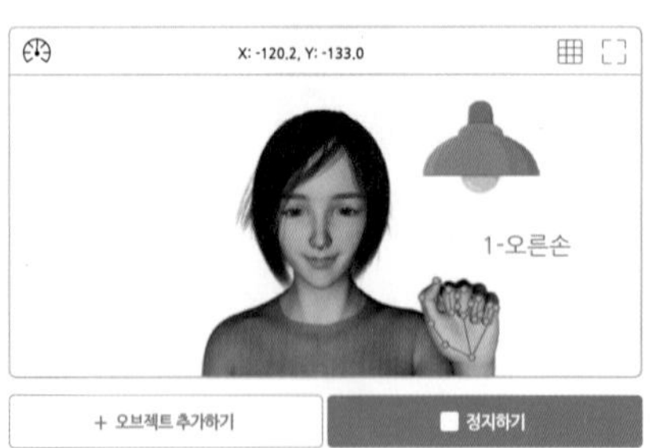

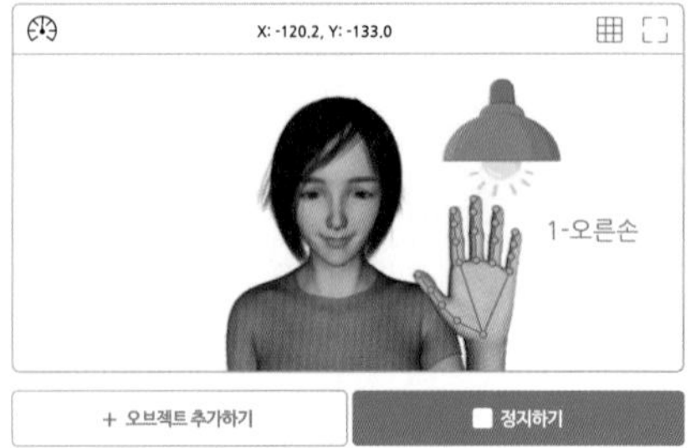

MEMO

청기 백기 게임

ooo

이 장에서는 무엇을 배울까요?

- 사람 인식 인공지능을 사용할 수 있어요
- 좌표를 사용해서 오브젝트를 움직일 수 있어요
- 청기 백기 게임을 만들 수 있어요

엔트리의 <사람 인식> 인공지능을 사용해서 청기 백기 게임을 만들어 보겠습니다.

청기와 백기는 오른쪽 손목과 왼쪽 손목을 따라서 움직입니다.

랜덤하게 명령을 내리면 시간 안에 손을 올립니다.

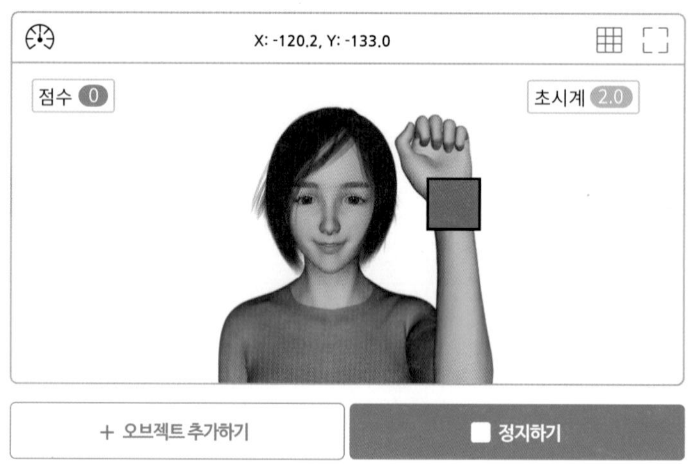

<인공지능>-<인공지능 블록 불러오기>를 클릭합니다.

<읽어주기>와 <사람 인식> 인공지능 블록을 가져옵니다.

<사람 인식 시작하기> 블록을 실행하면 사람을 인식합니다.

그리고 <인식한 사람 보이기> 블록은 인식한 사람을 점으로 표시해줍니다.

다음과 같이 코딩하고 사람을 잘 인식하는지 확인합니다.

그림과 같이 신체의 주요 부위를 점으로 표시해줍니다.

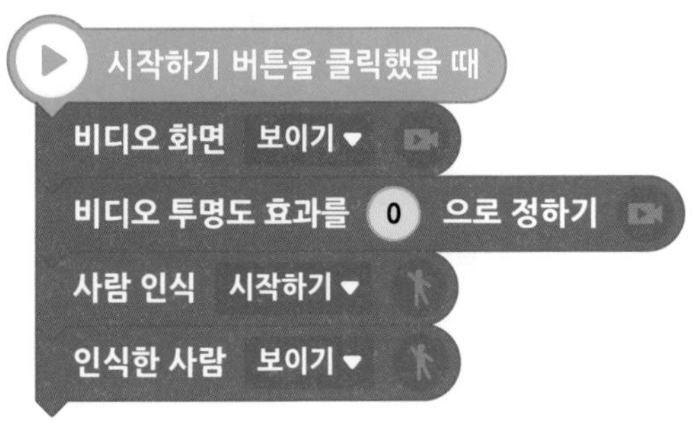

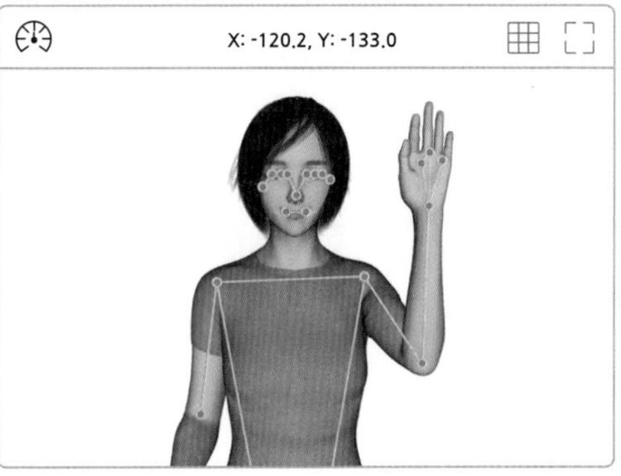

다음 블록을 사용하면 얼굴과 몸의 주요 부위의 좌표를 확인할 수 있습니다.

1▾ 번째 사람의 코▾ 의 x▾ 좌표

얼굴					
코	왼쪽 눈 안쪽	왼쪽 눈	왼쪽 눈 바깥쪽	오른쪽 눈 안쪽	오른쪽
오른쪽 눈 바깥쪽	왼쪽 귀	오른쪽 귀	왼쪽 입꼬리	오른쪽 입꼬리	
몸					
왼쪽 어깨	오른쪽 어깨	왼쪽 팔꿈치	오른쪽 팔꿈치	왼쪽 손목	코오른쪽 손목
왼쪽 소지	오른쪽 소지	왼쪽 엄지	오른쪽 엄지	왼쪽 검지	오른쪽 검지
왼쪽 엉덩이	오른쪽 엉덩이	왼쪽 무릎	오른쪽 무릎	왼쪽 발목	오른쪽 발목
왼쪽 발꿈치	오른쪽 발꿈치	왼쪽 발끝	오른쪽 발끝		

왼쪽 손목과 오른쪽 손목의 좌표를 사용해서 청기 백기 게임을 만들겠습니다. 손을 위-아래로 움직여서 게임을 합니다. 왼쪽 손목과 오른쪽 손목의 y 좌표를 사용해서 코딩하면 되겠죠?

왼쪽 손을 위-아래로 움직여서 왼쪽 손목의 y 좌표가 어떻게 바뀌는지 확인해봅니다.

엔트리봇이 보이지 않도록 합니다.

'청기'와 '백기'를 그리겠습니다.

<오브젝트 추가하기>-<새로 그리기>-<이동하기>를 순서대로 클릭합니다.

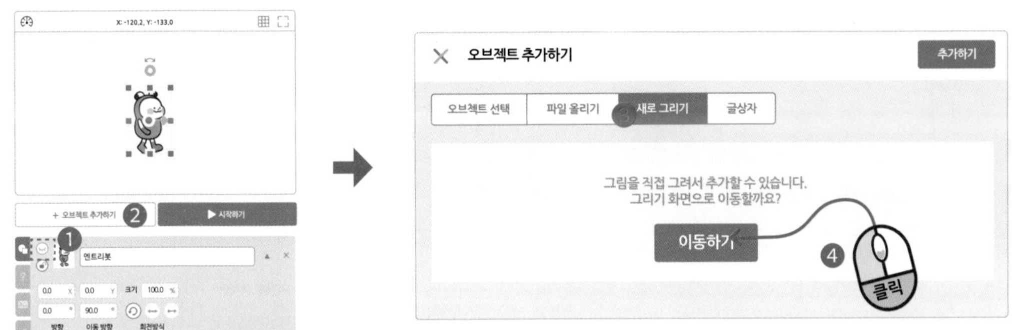

<벡터>를 선택합니다.

왼쪽 메뉴에서 사각형을 클릭하고 하얀색 사각형을 그립니다.

크기를 너비(w)와 높이(h)를 120으로 정합니다.

<저장하기>를 클릭합니다.

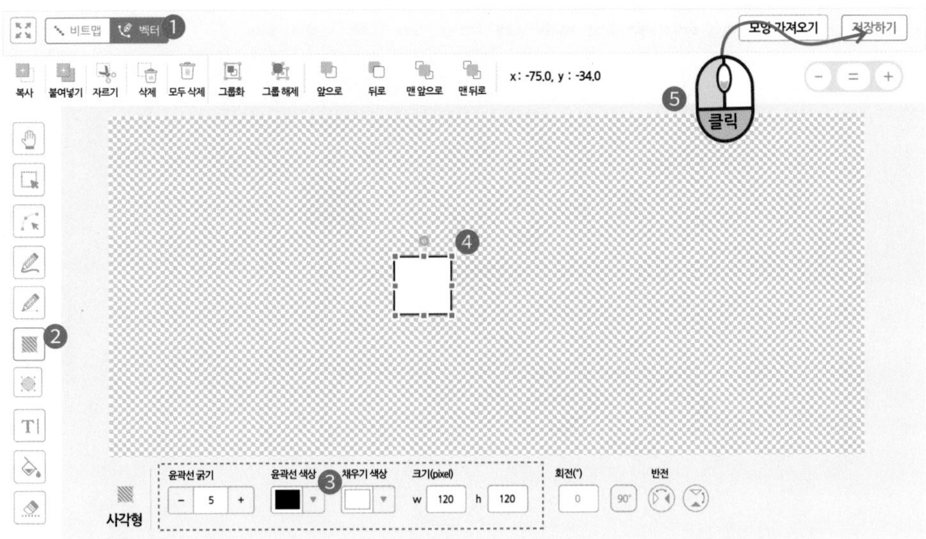

이름을 '백기'로 정합니다.

마우스 오른쪽 버튼을 클릭해서 모양을 복제합니다.

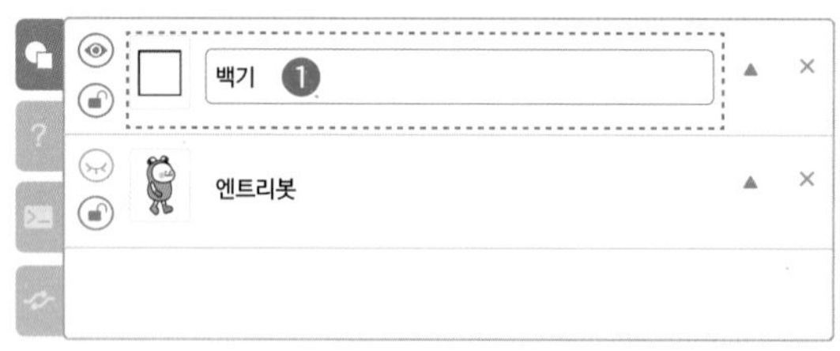

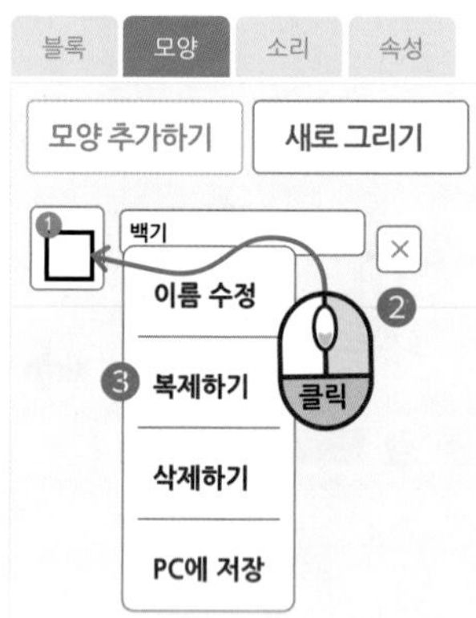

<비트맵>을 선택합니다.

왼쪽 메뉴에서 <채우기>를 클릭합니다.

파란색을 선택하고 사각형을 클릭하면 색깔이 바뀝니다.

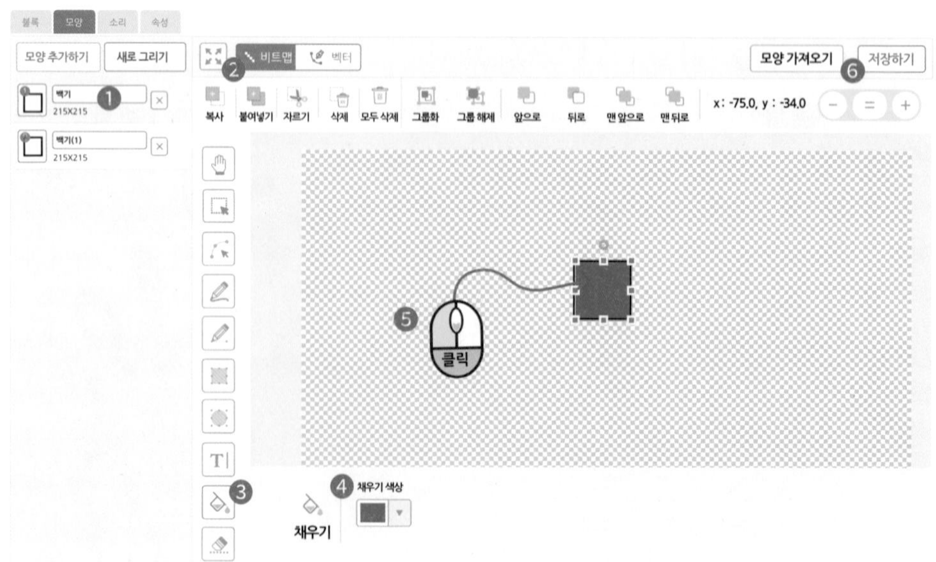

저장하고 이름을 '청기'로 바꿉니다.

오브젝트를 위에 마우스 오른쪽 버튼을 클릭하고 <복제하기>를 선택합니다.

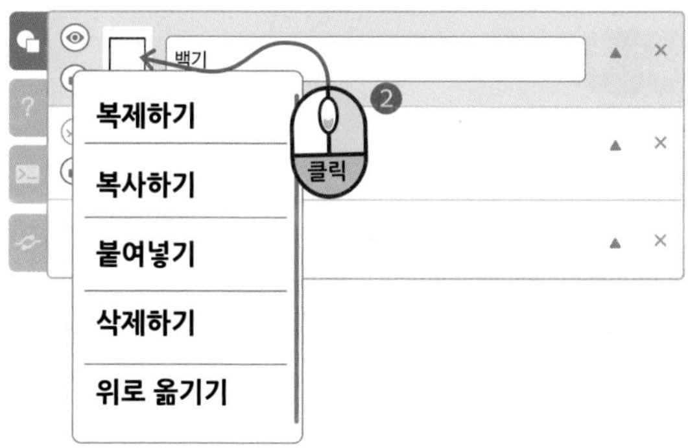

오브젝트 이름을 '백기'와 '청기'로 정합니다.

'백기'를 선택합니다.

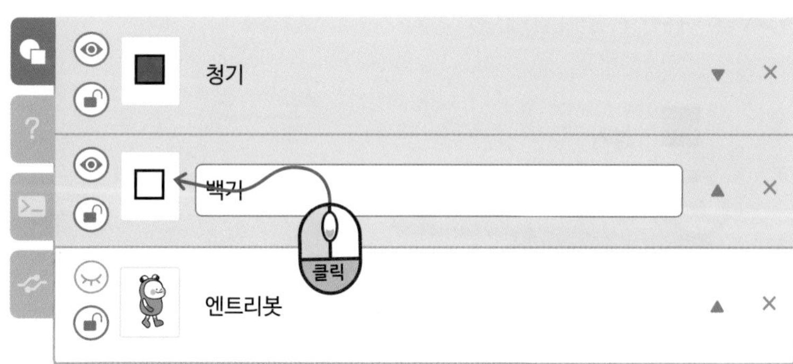

백기는 왼쪽 손목을 따라서 움직입니다.

왼쪽 손목의 좌표를 사용해서 코딩할 수 있지만, 이번에는 다음 블록을 사용해서 코딩해보겠습니다. 그러면 조금 더 간단하게 코딩할 수 있습니다.

1▾ 번째의 사람의 오른쪽 손목▾ (으)로 이동하기

다음과 같이 코딩하면 백기는 왼쪽 손목을 따라서 움직입니다.

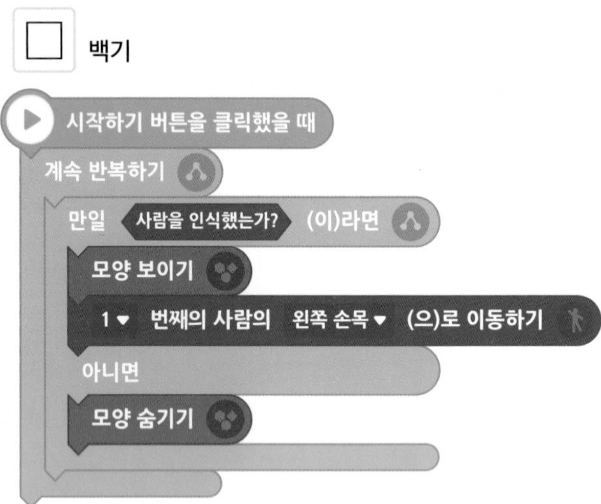

'청기'도 같은 방법으로 코딩하면 됩니다. 코드를 복사하고 붙여넣기 해서 사용하면 되겠죠?

청기는 오른쪽 손목을 따라서 움직입니다.

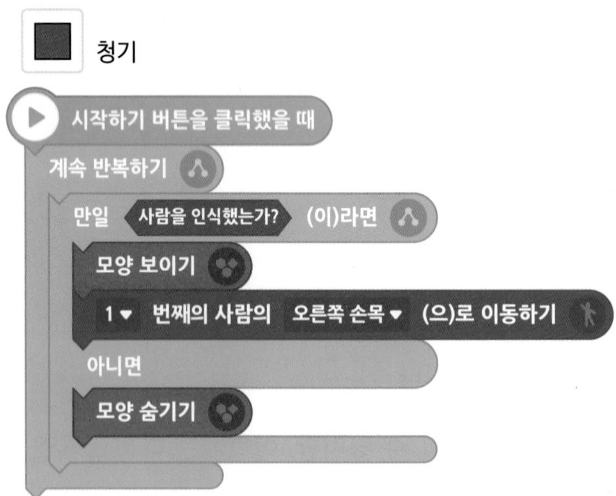

프로그램을 실행해서 청기와 백기가 손목을 따라서 잘 움직이는지 확인해봅니다.

청기 백기 게임을 성공하거나 실패했을 때 소리가 나면 더 재미있겠죠?

엔트리에서 소리를 추가해서 사용할 수 있습니다.

<소리>-<소리 추가하기>를 순서대로 클릭합니다.

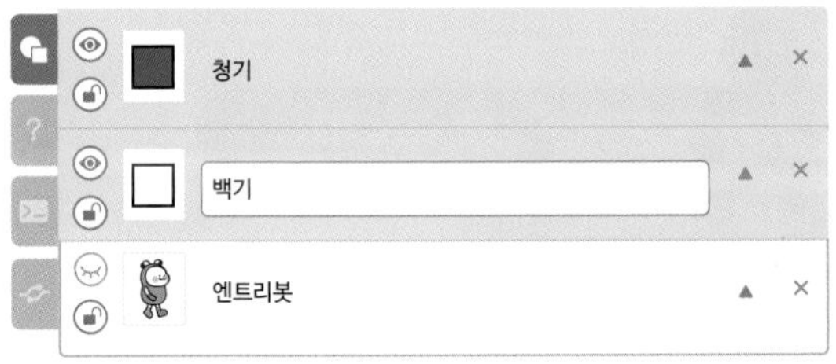

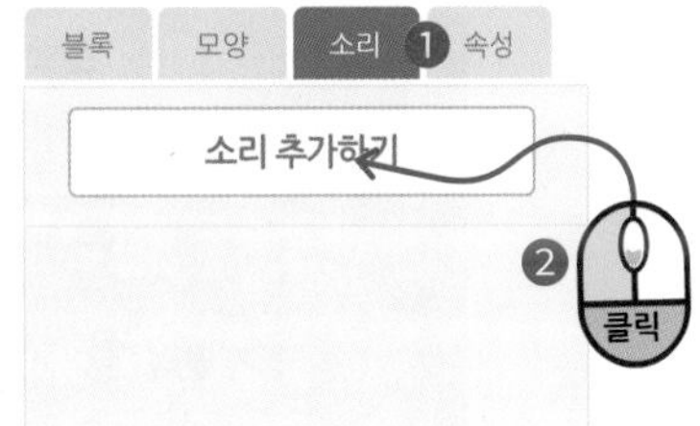

원하는 소리를 추가합니다. 플레이 버튼을 클릭하면 소리가 나옵니다. 잘 듣고 마음에 드는 소리를 골라서 추가합니다.

여기서는 '박수'와 '방귀 소리2'를 추가했습니다. 성공하면 '박수' 소리가 나고, 실패하면 '방귀 소리2' 소리가 납니다.

소리 추가하기
추가하기
소리 선택
파일 올리기
2
클릭
사람
자연
사물
악기
배경음악
레트로
연출
전체
일상생활
음성
음식
축하/박수
1
박수
방귀 소리2

<깃발 정하기> 함수를 만듭니다.

[깃발] 변수를 1과 4 사이에서 랜덤하게 정합니다.

이 [깃발] 변수에 따라서 명령을 내립니다.

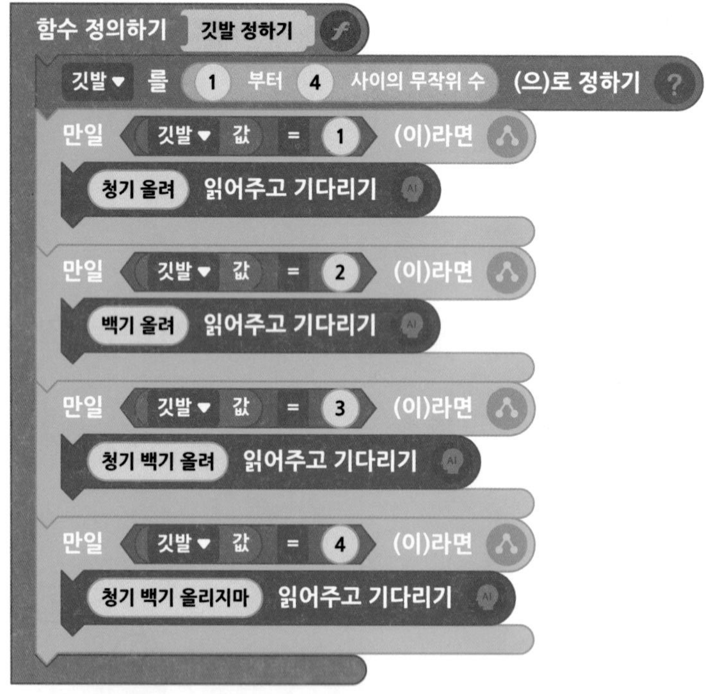

[깃발] 변수	명령
1	청기 올려
2	백기 올려
3	청기 백기 올려
4	청기 백기 올리지마

빠르게 말하도록 속도를 '매우 빠른'으로 정합니다.

<깃발 정하기> 함수가 잘 실행되는지 확인합니다.

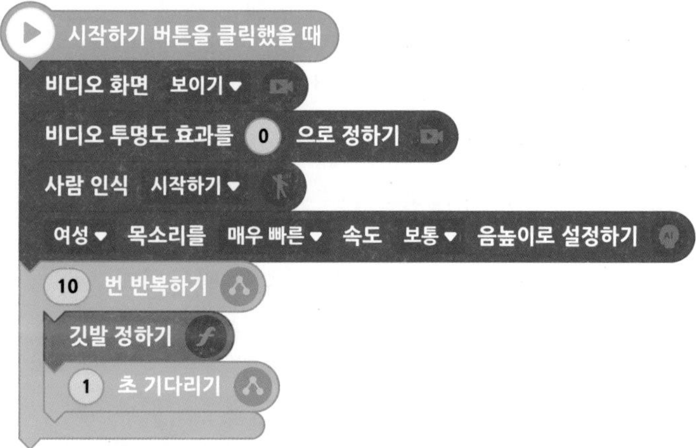

초시계를 사용해서 코딩합니다.

명령을 내리면 2초 안에 손을 올려야 합니다.

손을 어디까지 올려야 하는지 기준을 정합니다. 여기서는 60으로 정했습니다.

손을 올렸을 때 손목의 y 좌표가 60보다 커야 합니다.

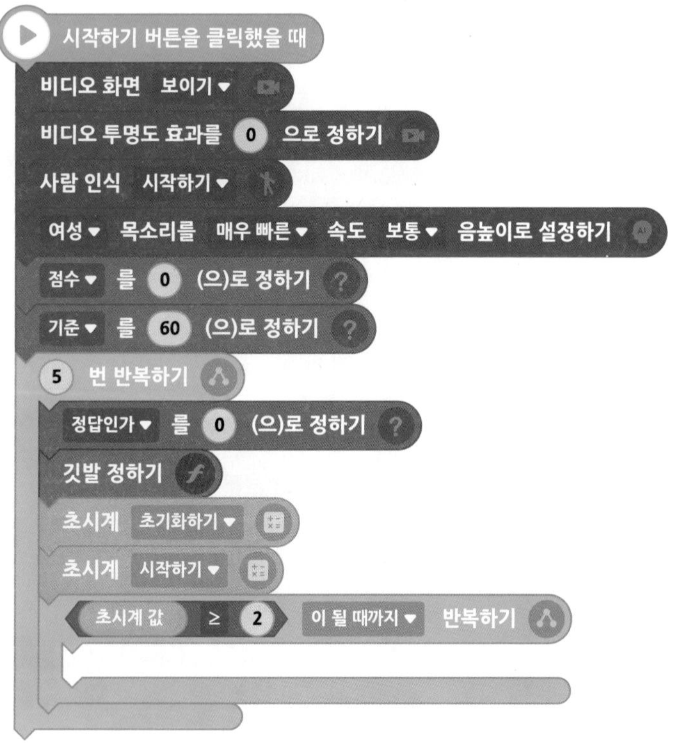

[깃발] 변수에 따라서 정답이 되는 범위를 다르게 정해야 합니다.

[깃발] 변수가 1이면 청기를 올려야 합니다. 오른쪽 손목의 y 좌표가 [기준] 변수보다 커야 하고 왼쪽 손목은 작아야 합니다.

정답이면 [정답인가] 변수를 1로 정합니다.

다음 표를 보고 <깃발 확인하기> 함수를 만듭니다.

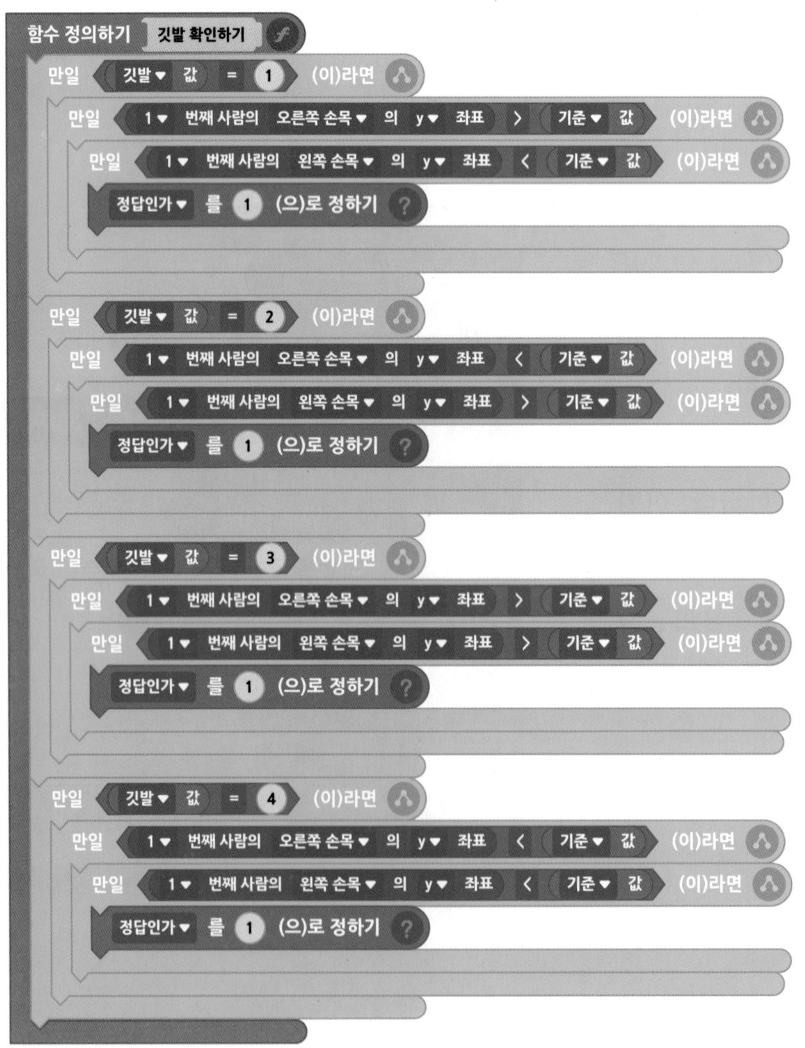

[깃발] 변수	오른쪽 손목(청기) y 좌표	왼쪽 손목(백기) y 좌표
1	[기준] 변수보다 크다	[기준] 변수보다 작다
2	[기준] 변수보다 작다	[기준] 변수보다 크다
3	[기준] 변수보다 크다	[기준] 변수보다 크다
4	[기준] 변수보다 작다	[기준] 변수보다 작다

<정답 확인하기> 함수를 만듭니다.

2초 안에 정답을 확인합니다.

정답이면([정답인가] 변수가 1이라면) 반복을 중단합니다. 그리고 점수를 1점 올리고 '박수' 소리를 재생합니다.

정답이 아니라면 '방귀 소리2'를 재생합니다.

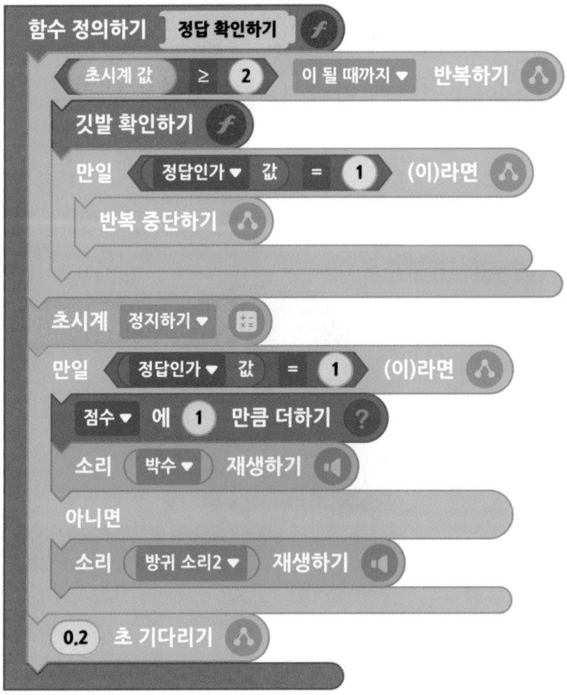

```
함수 정의하기 정답 확인하기
    초시계 값 ≥ 2 이 될 때까지 반복하기
        깃발 확인하기
        만일 정답인가 값 = 1 (이)라면
            반복 중단하기
    초시계 정지하기
    만일 정답인가 값 = 1 (이)라면
        점수 에 1 만큼 더하기
        소리 박수 재생하기
    아니면
        소리 방귀 소리2 재생하기
    0.2 초 기다리기
```

다음과 같이 코드를 완성합니다.

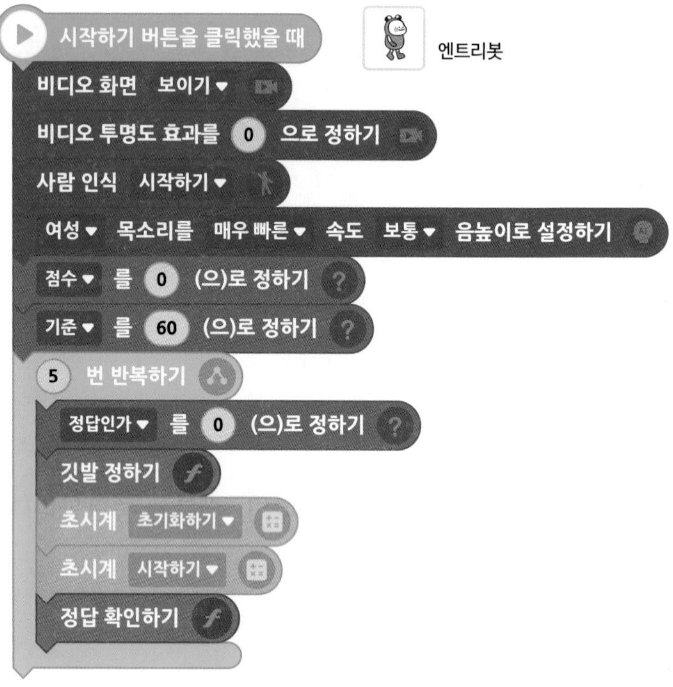

잘 되는지 확인해볼까요? [깃발] 변수에 따라서 다른 명령을 내리고 2초 안에 손을 올려서 정답을 맞춰야 합니다.

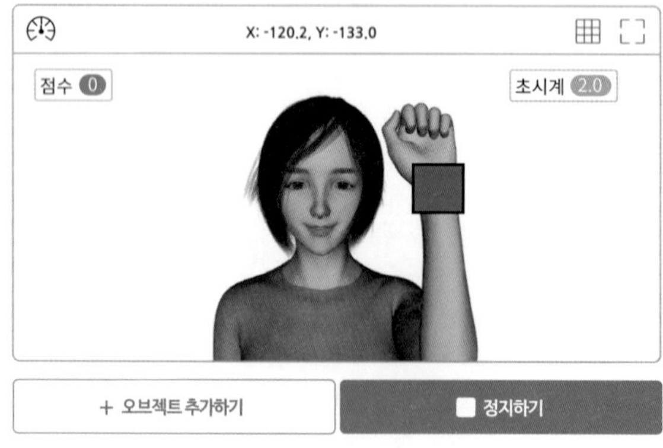

이렇게 사물 인식 인공지능을 사용해서 청기 백기 게임을 만들었습니다. 사물 인식 인공지능을 사용해서 더 멋진 프로그램을 만들어 보면 어떨까요?

MEMO

가위 바위 보 게임

이 장에서는 무엇을 배울까요?

- 이미지를 분류하는 인공지능을 사용할 수 있어요
- 직접 인공지능 모델을 만들 수 있어요
- 인공지능 모델로 가위 바위 보게임을 만들 수 있어요

이번 시간에는 직접 인공지능 모델을 만들어서 '가위 바위 보 게임' 프로그램을 코딩하겠습니다.

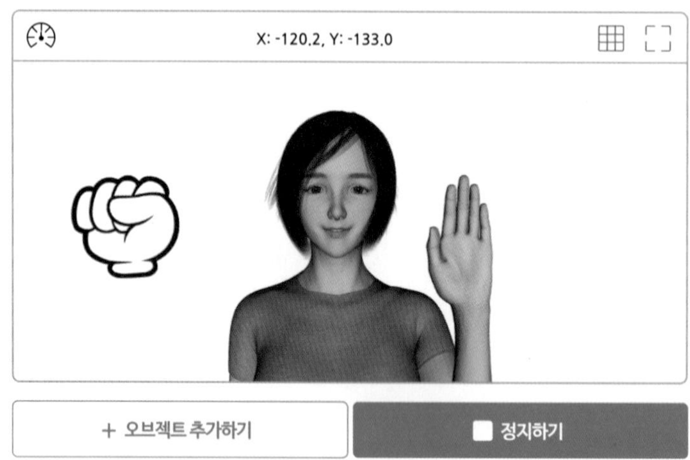

엔트리에서 제공하는 AI 모델학습 중에서 [분류:이미지]를 사용하면 이미지(사진)를 분류하는 인공지능 모델을 만들 수 있습니다.

인공지능 모델은 4단계로 만듭니다.

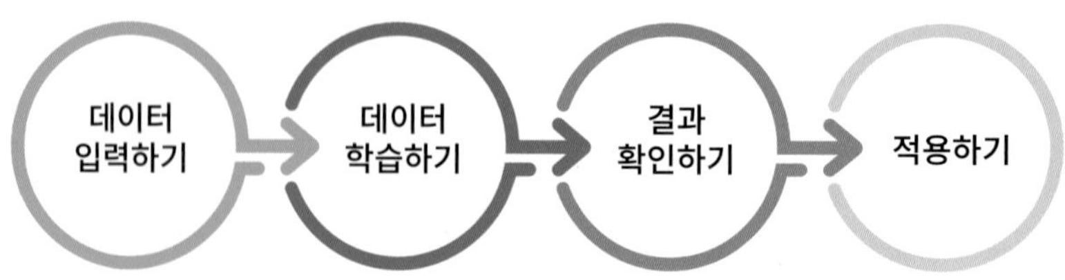

사진을 업로드하거나 카메라로 사진을 촬영해서 이미지 데이터를 입력합니다.

이미지 데이터를 입력할 때 비슷한 것끼리 묶어서 이름을 정합니다. 이것을 '클래스'라고 합니다.

이렇게 입력된 이미지 데이터로 인공지능 학습을 합니다. 여러 가지 알고리즘을 사용해서 분류된 이미지에서 특정과 패턴을 찾습니다.

학습이 끝나면 모델이 실제로 이미지를 잘 분류하는지 결과를 확인합니다.

이미지를 잘 분류한다면 이 인공지능 모델을 사용해서 코딩합니다.

우리는 '가위', '바위', '보' 손모양을 찍어서 인공지능 모델을 만들어 보겠습니다.

먼저 데이터를 입력해보겠습니다.

인공지능 모델을 만들려면 엔트리 아이디로 로그인해야 합니다.

<인공지능>-<인공지능 모델 학습하기>을 순서대로 클릭합니다.

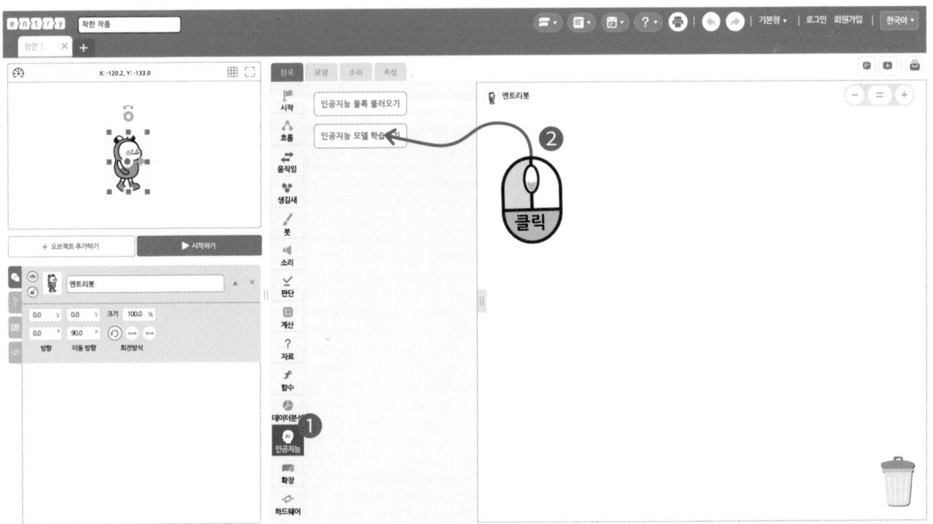

<분류:이미지>- <학습하기>를 클릭합니다.

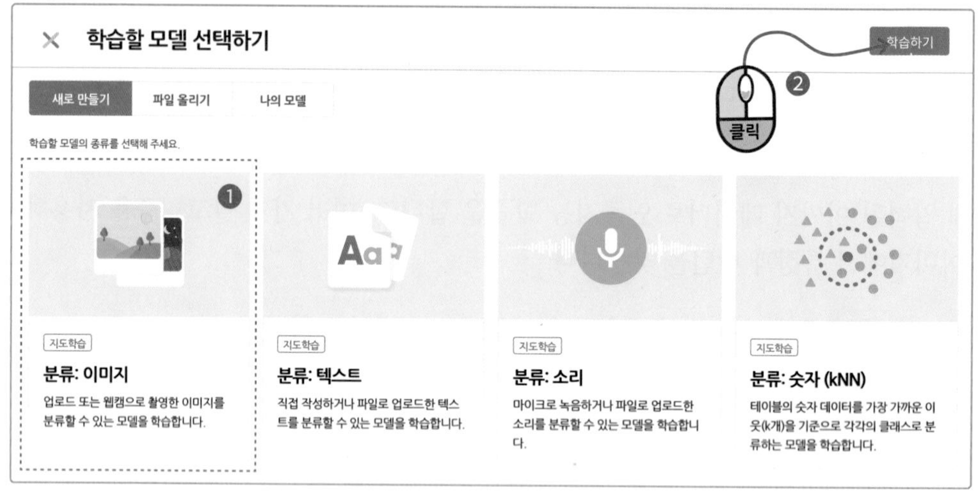

모델 이름을 정합니다. 여기서는 '가위 바위 보'라고 정했습니다.

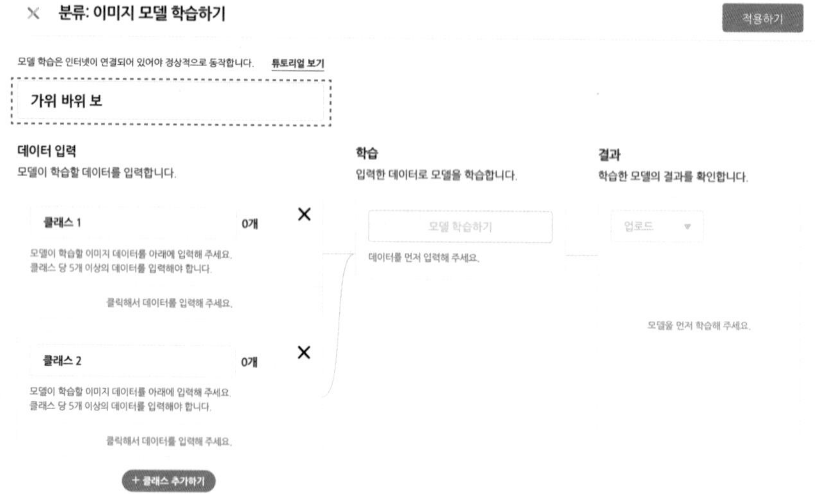

클래스는 학습 데이터를 묶어서 이름을 정한 것입니다. 여기에 입력한 이름으로 이미지 데이터를 분류해줍니다.

클래스에 '가위'라고 입력합니다.

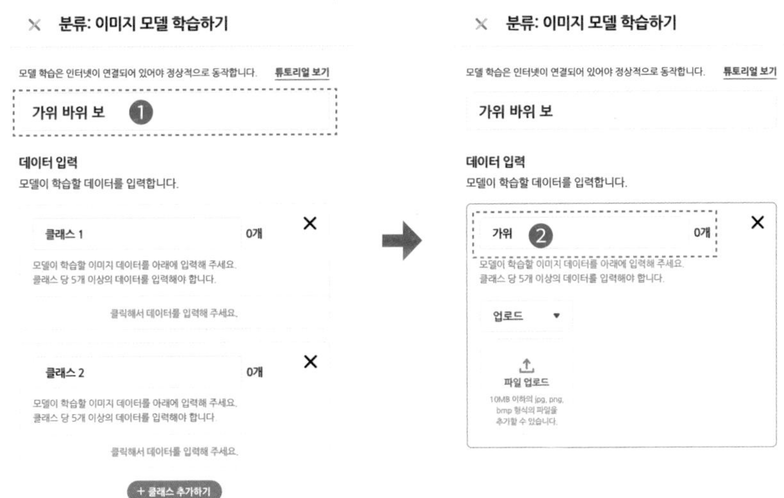

<촬영>을 클릭합니다.

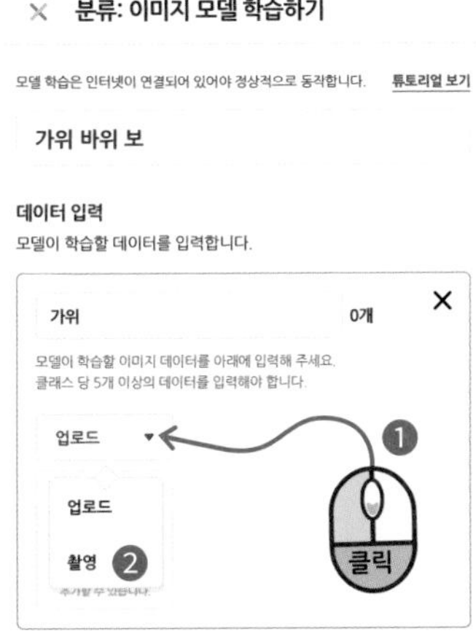

<카메라> 아이콘을 클릭해서 '가위' 모양을 30개 정도 찍습니다. 인공지능 모델을 만들 때 데이터가 정말 중요합니다. 인공지능은 입력한 데이터에서 규칙과 패턴을 찾으면서 학습합니다. 만약 이상한 데이터가 있다면 제대로 학습하지 못합니다.

그래서 사진을 찍을 때 손이 잘 보이도록 해야 하고, 여러 각도에서 찍는 것이 좋습니다. 그리

고 손가락 뒤에 다른 물체가 보이지 않도록 합니다.

배경도 너무 화려하지 않은 것이 좋습니다.

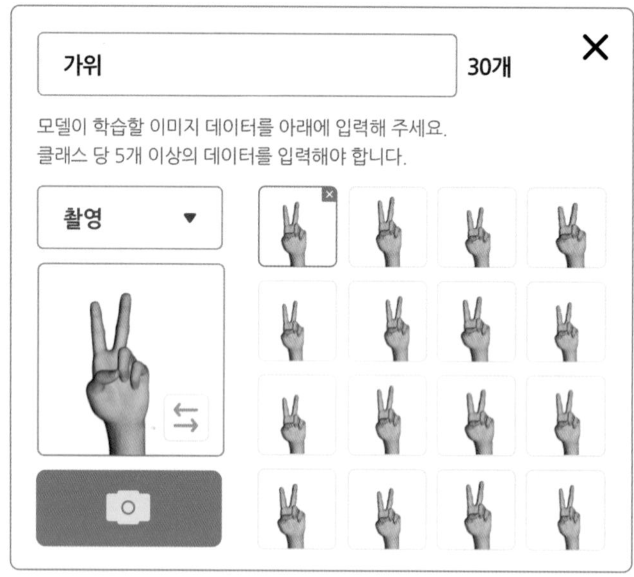

'바위' 클래스를 만들고 같은 방법으로 '바위' 모양을 찍습니다.

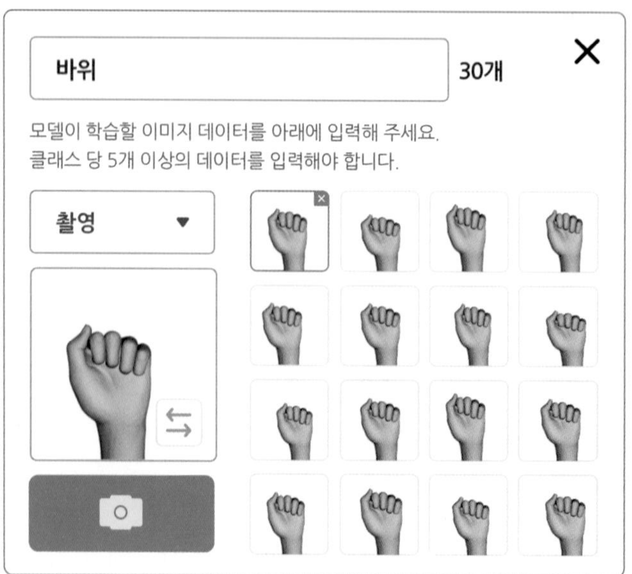

<클래스 추가하기>를 클릭하면 클래스를 더 추가할 수 있습니다.

+ 클래스 추가하기

'보' 클래스를 만들어서 사진을 찍습니다.

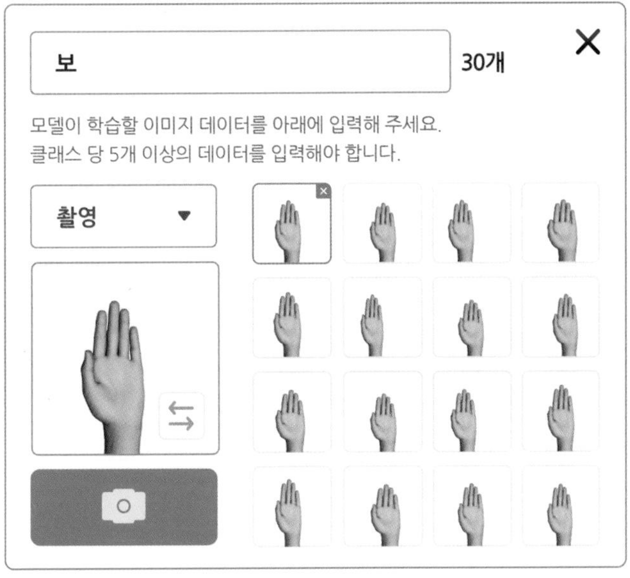

손가락만 나오게 찍는 경우 가끔 '이용 정책 위반 메시지'가 나오는 경우가 있습니다.

이때는 옷이 약간 보이게 찍으면 됩니다.

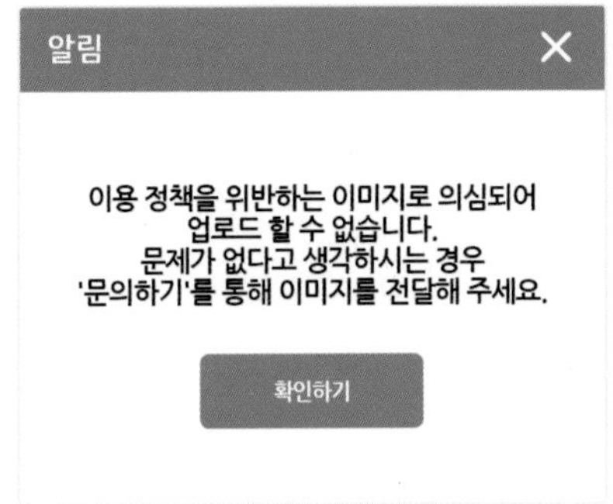

<모델 학습하기>를 클릭해서 촬영한 사진으로 모델을 학습합니다.

모델을 학습할 때 시간이 조금 걸립니다.

학습이 잘 되었는지 확인해볼까요?

<촬영>을 클릭합니다.

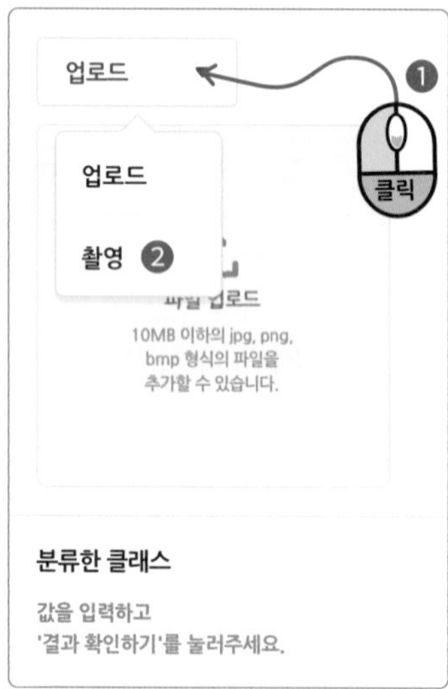

손을 바꿔서 인공지능 모델이 손을 잘 분류하는지 확인합니다.

인공지능은 촬영한 이미지를 분류해서 어떤 클래스에 속하는지 확률로 나타냅니다.

가위일 확률이 85.31%로 가장 높죠?

학습이 잘 된 것 같습니다.

만약 손모양을 잘 분류하지 못한다면 다시 사진을 찍고 모델을 학습합니다.

<적용하기>를 클릭해서 인공지능 모델을 사용해보겠습니다.

<인공지능>-<인공지능 블록 불러오기>를 클릭합니다.

<읽어주기>와 <사람 인식> 인공지능 블록을 불러옵니다.

사진을 찍어서 손모양을 잘 분류하는지 확인해보겠습니다.

'엔트리봇'을 선택합니다.

<학습한 모델로 분류하기> 블록을 사용하면 <데이터 입력> 창이 뜹니다. 여기에 사진을 입력하면 인공지능 모델이 사진을 분류합니다. 이때 가장 높은 확률의 클래스가 [분류 결과]에 저장됩니다.

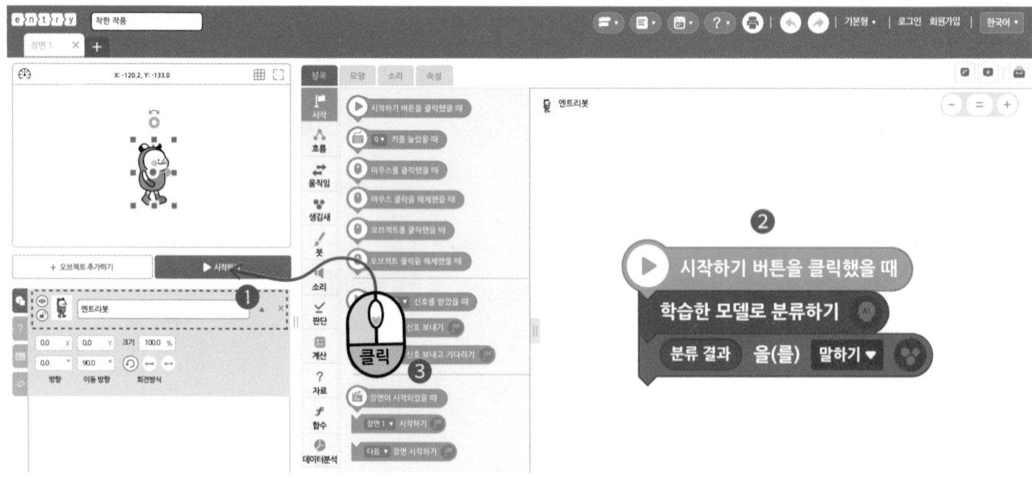

<촬영>을 클릭합니다.

<사진> 아이콘을 클릭해서 사진을 찍고 적용하기를 선택합니다.

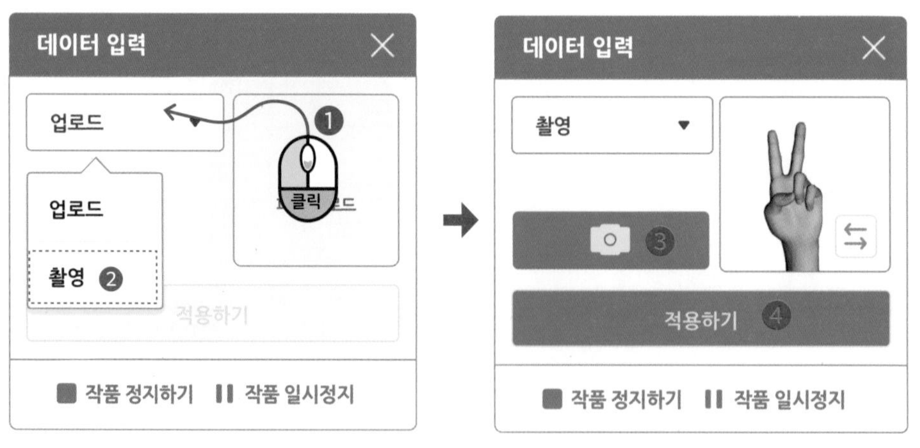

그러면 [분류 결과]를 엔트리봇이 말해줍니다.

'가위', '바위', '보'로 분류하는데 그 확률을 말해보겠습니다.

<신뢰도> 블록으로 확률을 알 수 있습니다.

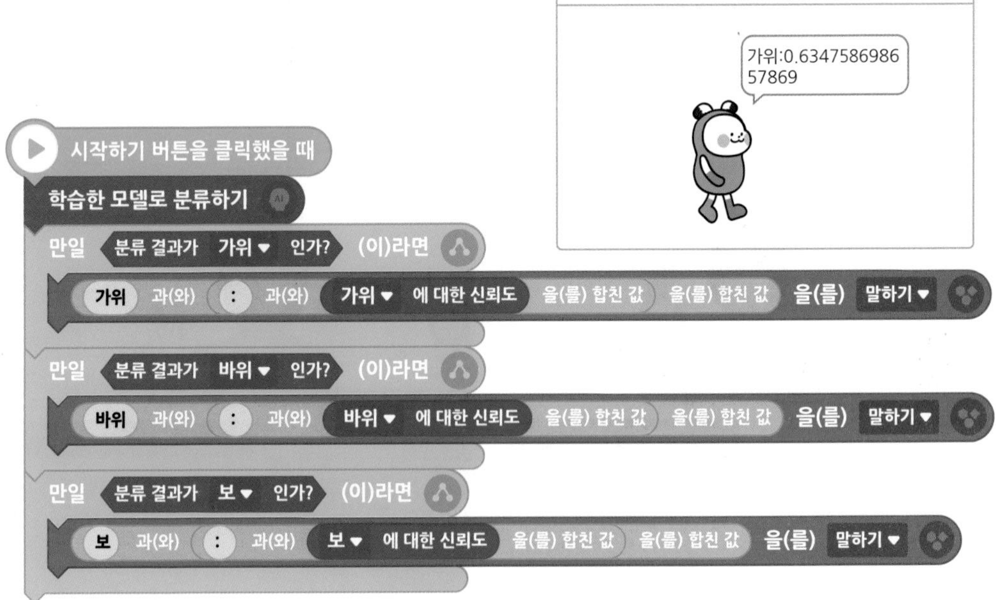

<엔터> 키를 누르면 카메라로 찍은 영상으로 손모양을 분류해보겠습니다.

시작하기 버튼을 클릭하면 비디오 화면이 나옵니다.

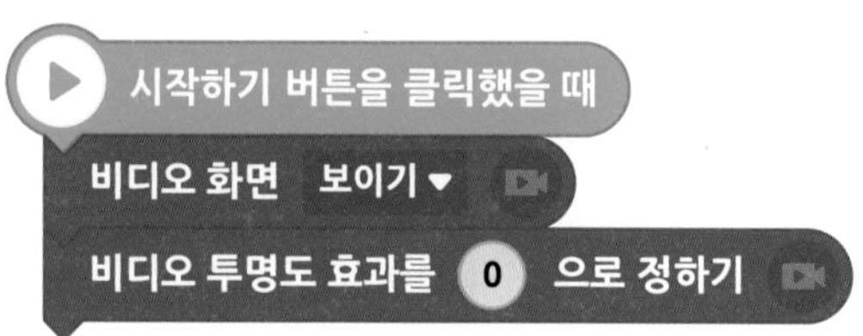

<엔터> 키를 누르면 비디오 화면을 분류해서 그 결과를 말해줍니다.

실시간으로 빠르게 분류해주지는 못하기 때문에 분류 결과를 말하고 비디오 화면으로 분류하는 것을 멈춥니다.

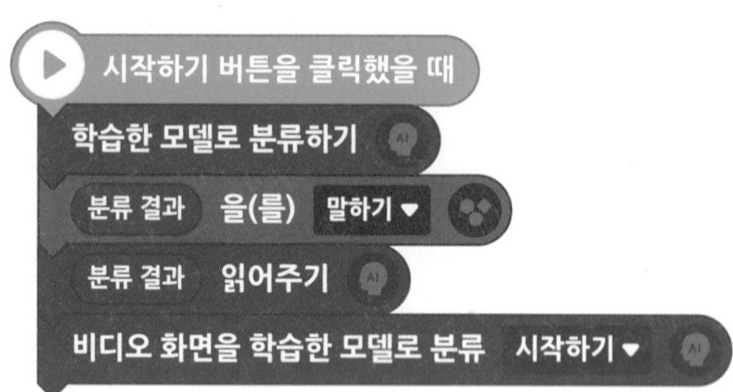

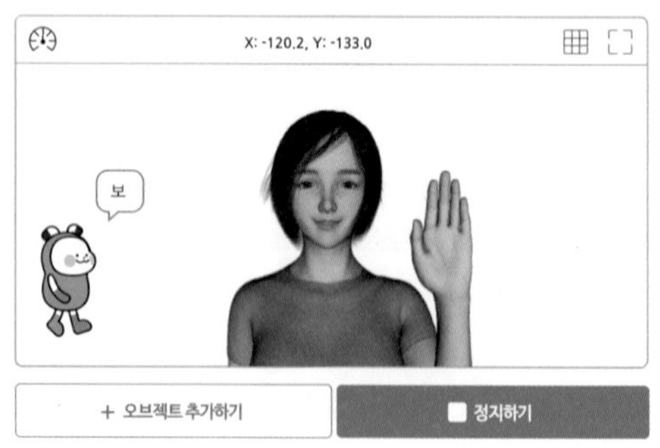

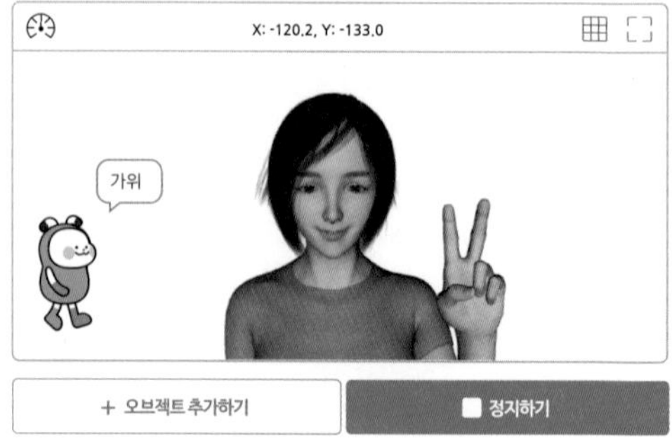

'엔트리봇'이 보이지 않도록 합니다.

<엔터> 키를 누르면 비디오 화면으로 분류를 합니다.

[가위바위보] 변수를 만들어서 분류 결과를 저장합니다. 그리고 <게임 시작하기> 신호를 보냅니다.

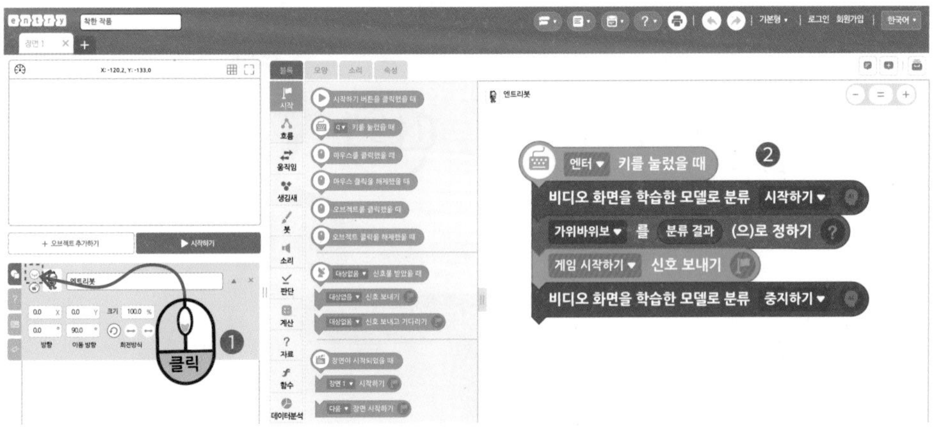

'가위바위보'를 추가합니다.

모양을 보면 '가위', '바위', '보' 모양이 있습니다. 크기를 키우고 화면 왼쪽에 놓습니다.

'가위바위보'는 <게임 시작하기> 신호를 받으면 모양을 랜덤하게 바꿉니다.

신호를 받으면 모양이 50번 바뀌고 [모양] 변수를 1과 3 사이의 수로 랜덤하게 정합니다.

[모양] 변수에 따라서 '가위바위보' 모양을 바꿉니다.

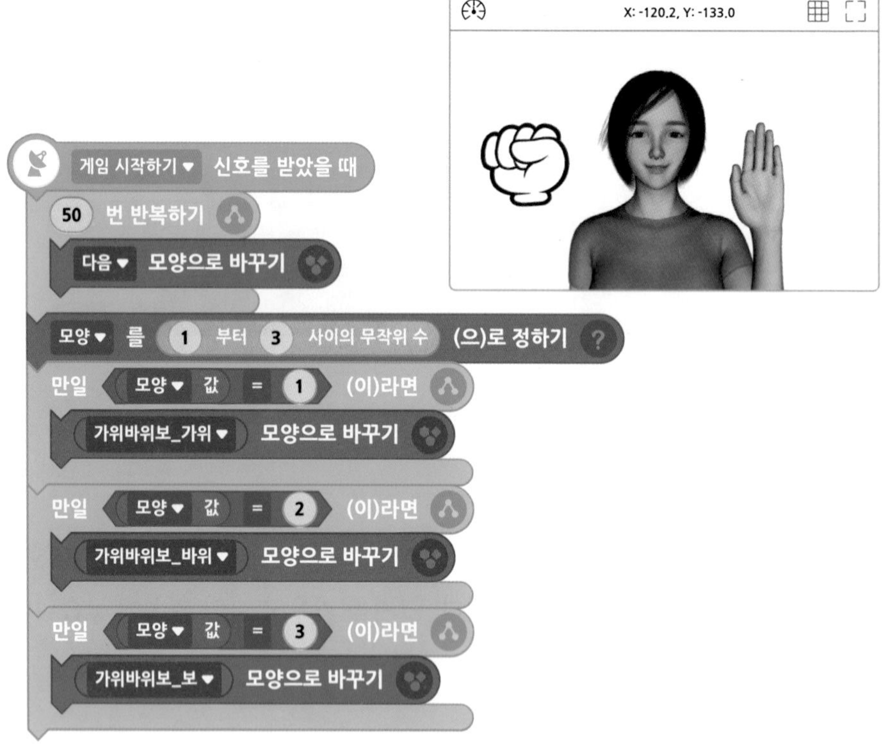

그리고 여러분의 손모양을 비교해서 게임 결과를 확인합니다.

<게임 결과 확인하기> 함수를 만들어서 코딩하겠습니다.

만약 [가위바위보] 변수가 '가위'라면 인공지능 모델이 여러분의 손모양으로 '가위'라고 분류한 것입니다.

[모양] 변수가 1이면 '가위바위보' 모양이 '가위'이기 때문에 비기게 됩니다.

[모양] 변수가 2이면 '가위바위보' 모양이 '바위'이기 때문에 지게 됩니다.

[모양] 변수가 3이면 '가위바위보' 모양이 '보'이기 때문에 이기게 되겠죠?

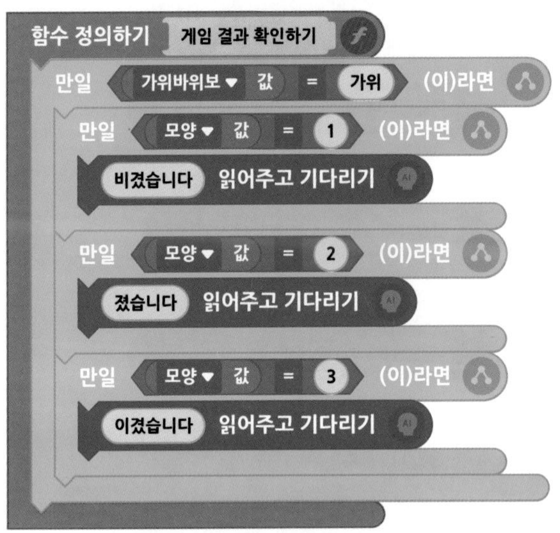

이와 같은 방법으로 9가지 경우를 모두 코딩하면 됩니다.

[가위바위보] 변수	[모양] 변수	결과
가위	1(가위)	비겼습니다
	2(바위)	졌습니다
	3(보)	이겼습니다
바위	1(가위)	이겼습니다
	2(바위)	비겼습니다
	3(보)	졌습니다
보	1(가위)	졌습니다
	2(바위)	이겼습니다
	3(보)	비겼습니다

함수 정의하기 게임 결과 확인하기
만일 가위바위보 값 = 가위 (이)라면
만일 모양 값 = 1 (이)라면
비겼습니다 읽어주고 기다리기
만일 모양 값 = 2 (이)라면
졌습니다 읽어주고 기다리기
만일 모양 값 = 3 (이)라면
이겼습니다 읽어주고 기다리기
만일 가위바위보 값 = 바위 (이)라면
만일 모양 값 = 1 (이)라면
이겼습니다 읽어주고 기다리기
만일 모양 값 = 2 (이)라면
비겼습니다 읽어주고 기다리기
만일 모양 값 = 3 (이)라면
졌습니다 읽어주고 기다리기
만일 가위바위보 값 = 보 (이)라면
만일 모양 값 = 1 (이)라면
졌습니다 읽어주고 기다리기
만일 모양 값 = 2 (이)라면
이겼습니다 읽어주고 기다리기
만일 모양 값 = 3 (이)라면
비겼습니다 읽어주고 기다리기

그림과 같이 코드를 완성하면 됩니다.

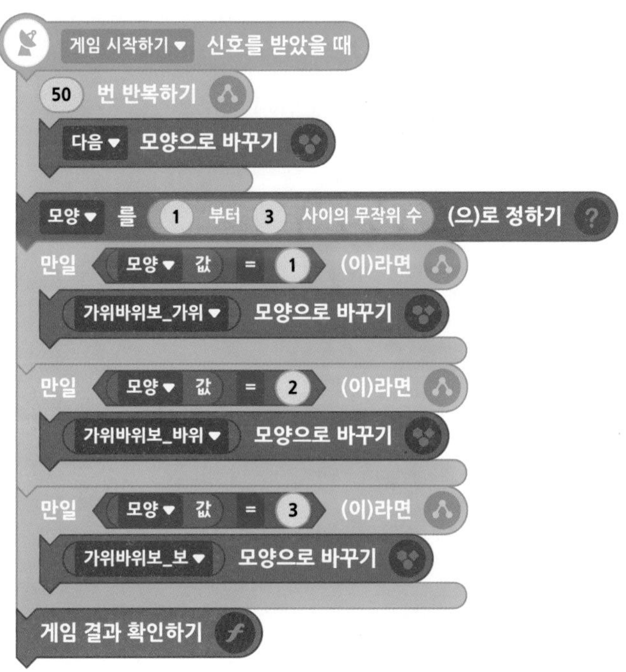

엔트리 인공지능을 사용해서 재미있게 가위바위보 게임을 해보세요.

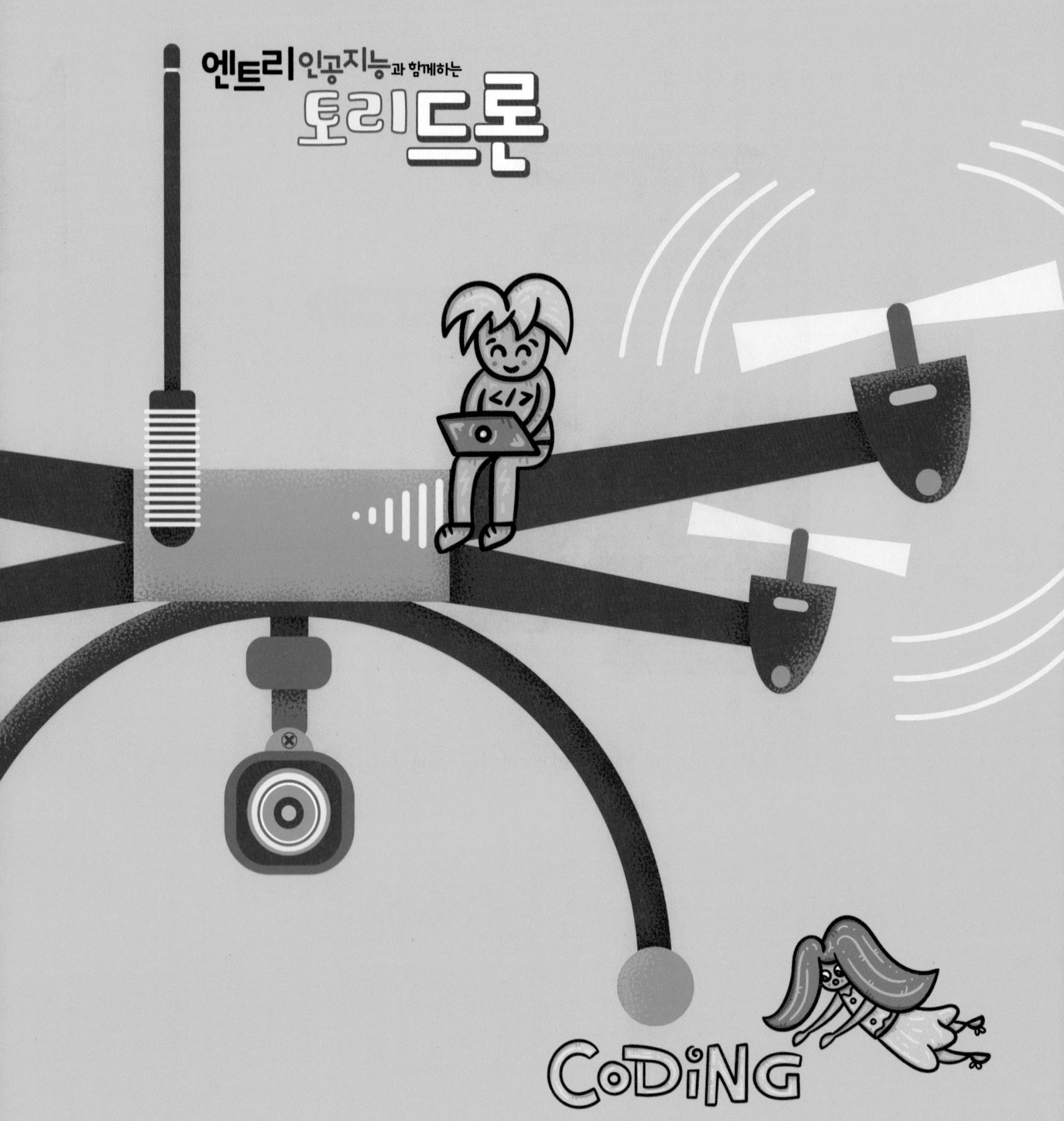
엔트리 인공지능과 함께하는
토리드론
CODING

CHAPTER 07

엔트리 인공지능 드론

01. 음성 인식 인공지능 드론
02. 얼굴 인식 인공지능 드론
03. 손 인식 인공지능 드론
04. 신체 인식 인공지능 드론
05. 머신러닝 인공지능 드론

01 음성 인식 인공지능 드론

이 장에서는 무엇을 배울까요?

- 음성 인식 인공지능을 사용할 수 있어요
- 명령을 내려서 드론을 조종할 수 있어요
- 나만의 음성 인식 인공지능 드론을 만들 수 있어요

명령에 따라서 움직이는 음성 인식 인공지능 드론을 만들어 보겠습니다. 여러분이 말을 하면 음성을 인식해서 쓰로틀, 요우, 피치, 롤을 바꿔서 드론을 조종합니다.

먼저 '드론 착륙', '드론 정지', '배터리 알려주기'를 코딩합니다.

<인공지능>-<인공지능 블록 불러오기>를 클릭합니다.

<음성 인식> 인공지능 블록을 불러옵니다.

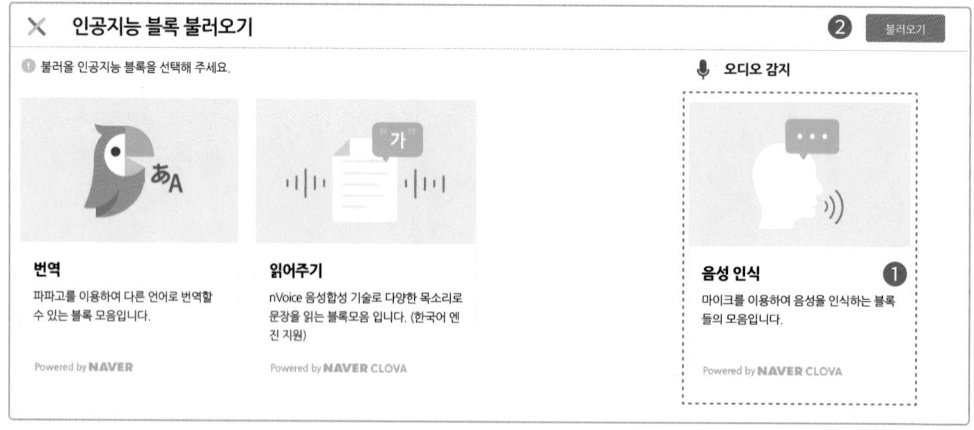

<엔터> 키를 누르면 음성 인식을 하도록 코딩합니다.

```
시작하기 버튼을 클릭했을 때
계속 반복하기
  만일 엔터 키가 눌러져 있는가? (이)라면
    한국어 음성 인식하기
    엔터 키가 눌러져 있는가? 이(가) 될 때까지 기다리기
```

'드론 이륙'이라고 말하면 드론이 이륙하고 '드론 착륙'이라고 말하면 드론이 착륙하도록 코딩합니다.

<엔터> 키를 누르면 '드론 이륙'이라고 말해서 음성을 잘 인식하는지 확인합니다. 같은 방법으로 '드론 착륙'도 잘 인식하는지 확인합니다.

<음성으로 드론 조종하기> 함수를 그림과 같이 만듭니다. [이륙했는가] 변수를 만들어서 드론이 이륙했는지 확인합니다.

[이륙했는가] 변수가 0이라면 이륙하지 않은 것(착륙)이고 1이면 이륙한 것입니다.

이륙하지 않았을 때 '드론 이륙'이라고 음성 인식을 하면 이륙하고 [이륙했는가] 변숫값을 1로 정합니다.

이륙했을 때 '드론 착륙'이라고 음성 인식을 하면 착륙하고 [이륙했는가] 변숫값을 0으로 정합니다.

```
함수 정의하기 음성으로 드론 조종하기
  만일 이륙했는가▼ 값 = 0 (이)라면
    만일 음성을 문자로 바꾼 값 = 드론 이륙 (이)라면
      2 초 기다리기
      드론 이륙
      5 초 기다리기
      이륙했는가▼ 를 1 (으)로 정하기
  아니면
    만일 음성을 문자로 바꾼 값 = 드론 착륙 (이)라면
      드론 착륙
      5 초 기다리기
      이륙했는가▼ 를 0 (으)로 정하기
```

이 함수를 사용해서 그림과 같이 코딩하고 인식한 음성에 따라서 드론이 이륙·착륙을 잘하는지 확인합니다.

```
시작하기 버튼을 클릭했을 때
이륙했는가▼ 를 0 (으)로 정하기
계속 반복하기
  만일 엔터▼ 키가 눌러져 있는가? (이)라면
    한국어▼ 음성 인식하기
    음성으로 드론 조종하기
    엔터▼ 키가 눌러져 있는가? 이(가) 될 때까지 기다리기
```

이륙과 착륙을 잘한다면 이제 쓰로틀, 요우, 피치, 롤을 음성으로 바꿔 보겠습니다.

먼저 <피치 롤 바꾸기> 함수를 만듭니다.

'앞으로', '뒤로', '오른쪽', '왼쪽'이라고 명령을 내리면 움직입니다.

```
함수 정의하기 [피치 롤 바꾸기]
  만일 <음성을 문자로 바뀐 값 = 앞으로> (이)라면
    드론 Pitch ▾ (속도 ▾ 값) % 정하기
  만일 <음성을 문자로 바뀐 값 = 뒤로> (이)라면
    드론 Pitch ▾ (-1 x 속도 ▾ 값) % 정하기
  만일 <음성을 문자로 바뀐 값 = 오른쪽> (이)라면
    드론 Roll ▾ (속도 ▾ 값) % 정하기
  만일 <음성을 문자로 바뀐 값 = 왼쪽> (이)라면
    드론 Roll ▾ (-1 x 속도 ▾ 값) % 정하기
```

드론이 이륙한 뒤에 움직이도록 그림과 같이 코딩합니다.

```
함수 정의하기 [음성으로 드론 조종하기]
  만일 <이륙했는가 ▾ 값 = 0> (이)라면
    만일 <음성을 문자로 바뀐 값 = 드론 이륙> (이)라면
      2 초 기다리기
      드론 이륙
      5 초 기다리기
      이륙했는가 ▾ 를 1 (으)로 정하기
  아니면
    만일 <음성을 문자로 바뀐 값 = 드론 착륙> (이)라면
      드론 착륙
      5 초 기다리기
      이륙했는가 ▾ 를 0 (으)로 정하기
    피치 롤 바꾸기
```

Chapter 07

잘 움직이는지 확인해볼까요?

[속도] 변수를 50으로 정했습니다.

<엔터> 키를 눌렀을 때 이륙을 했다면 일단 멈추고 음성 인식을 합니다.

그리고 <음성으로 드론 조종하기> 함수를 실행해서 드론을 움직입니다.

<계속 반복하기> 블록을 사용했기 때문에 <엔터> 키를 다시 누를 때까지 기다리도록 합니다.

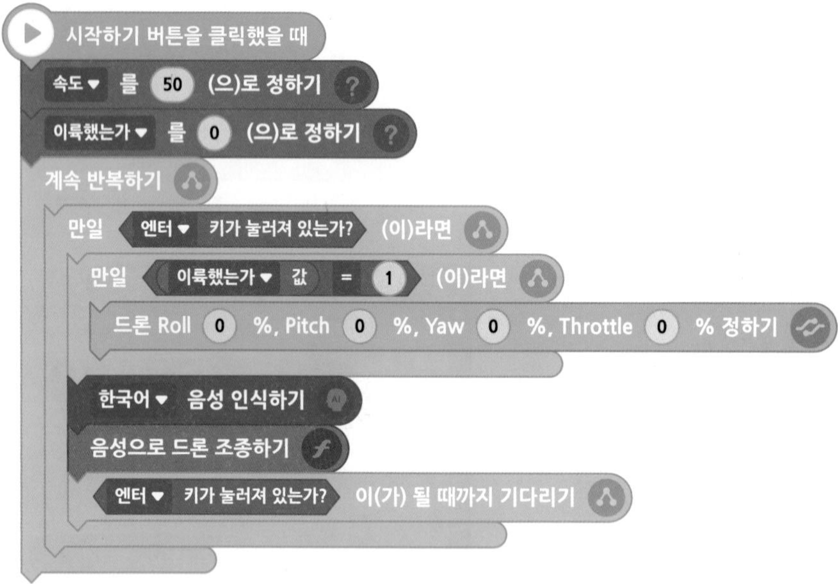

한 단계 더

소리로 명령을 내려서 쓰로틀과 요우를 바꾸고 원 비행도 할 수 있도록 코딩하세요

- <쓰로틀 요우 바꾸기> 함수를 만듭니다.
- <원 비행> 함수를 만듭니다.
- 이륙했을 때 움직이도록 합니다.

명령어	드론 움직임
위로	쓰로틀 +
아래로	쓰로틀 -
시계	요우 -
시계 반대	요우 +
회전	원 비행

02 얼굴 인식 인공지능 드론

이 장에서는 무엇을 배울까요?

- 얼굴 인식 인공지능을 사용할 수 있어요
- 코를 움직여서 드론을 조종할 수 있어요
- 나만의 얼굴 인식 인공지능 드론을 만들 수 있어요

코를 따라서 움직이는 얼굴 인식 인공지능 드론을 만들어 보겠습니다. 코의 위치에 따라서 드론이 움직입니다.

먼저 '드론 착륙', '드론 정지'를 코딩합니다.

엔트리봇이 코를 따라서 움직이기 때문에 배터리 양을 말하지 않고 변수로 보여줍니다.

배터리가 부족할 때만 진동으로 알려주도록 그림과 같이 코딩합니다.

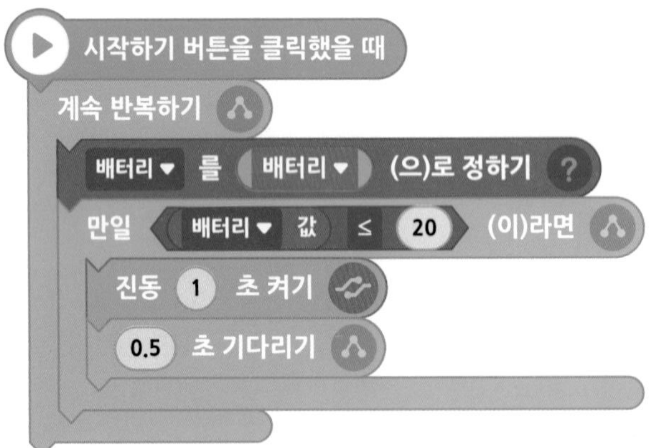

<인공지능>-<인공지능 블록 불러오기>를 클릭합니다.

<얼굴 인식> 인공지능 블록을 불러옵니다.

엔트리봇이 코를 따라서 움직이도록 합니다.

엔트리봇을 작게 만들고 그림과 같이 코딩합니다.

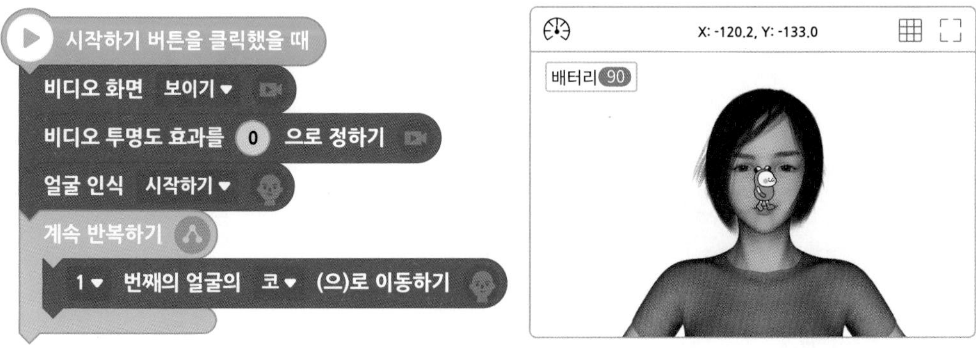

'마우스로 드론 움직이기'에서 배웠던 것처럼 범위를 사용해서 드론을 조종하겠습니다.

'엔트리봇'이나 '코'의 좌표를 사용하면 됩니다. 여기서는 '엔트리봇'이 좌표를 사용하겠습니다.

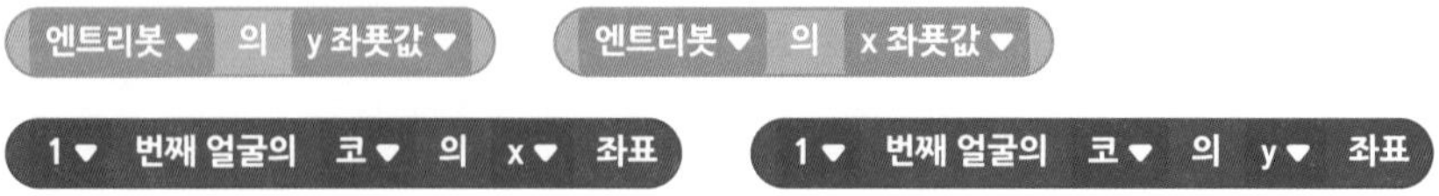

실행화면을 5개로 나눕니다. 위쪽은 1, 오른쪽은 2, 아래쪽은 3, 왼쪽은 4, 가운데는 5입니다.

	1 (-80,60) (80,60)	
4	5	2
	3 (-80,-60) (80,-60)	

코를 움직였을 때 어디에 있는지 확인하고 [범위] 변숫값을 정합니다.

[범위] 변수에 따라서 드론이 움직이면 됩니다.

계속 범위를 확인합니다.

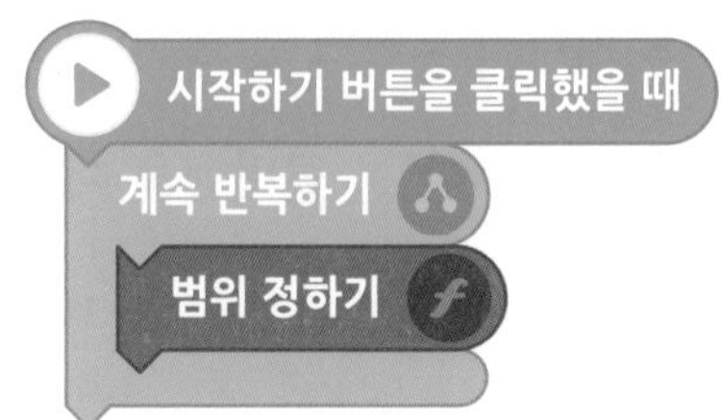

<범위로 피치 롤 바꾸기> 함수를 만듭니다.

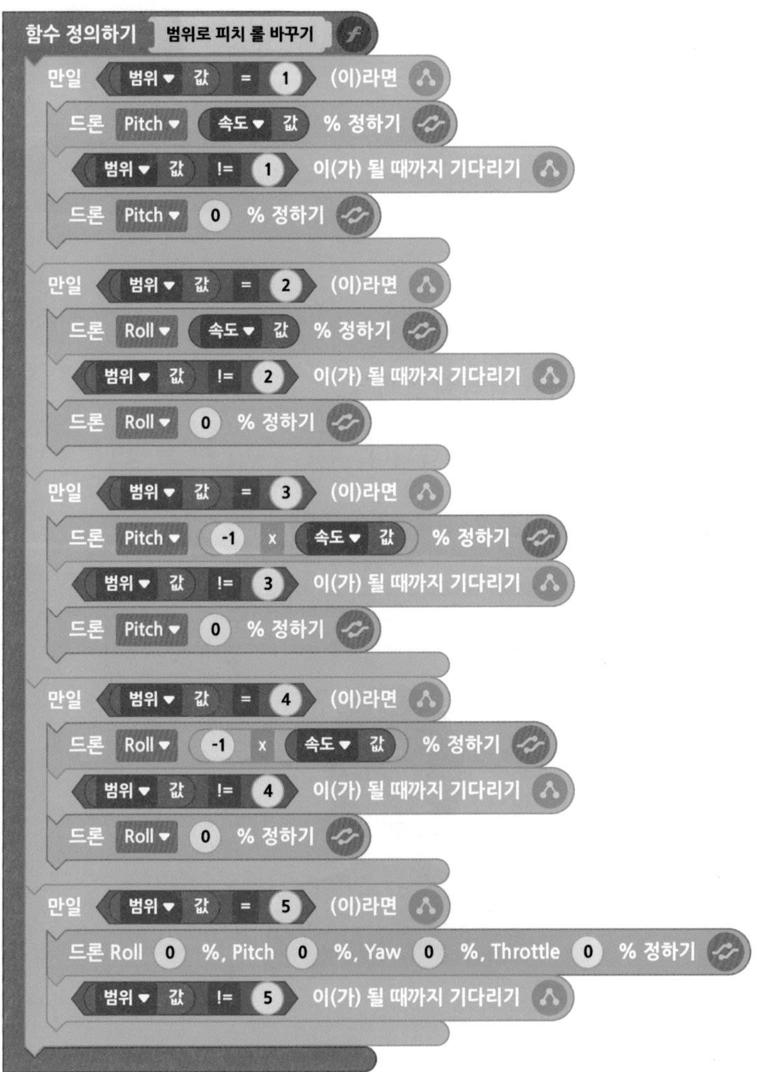

코를 따라서 드론이 잘 움직이는지 확인해볼까요?

<시작하기 버튼을 클릭했을 때> 블록을 하나 더 추가해서 코딩합니다.

코를 움직이면 [범위] 변수가 바뀝니다.

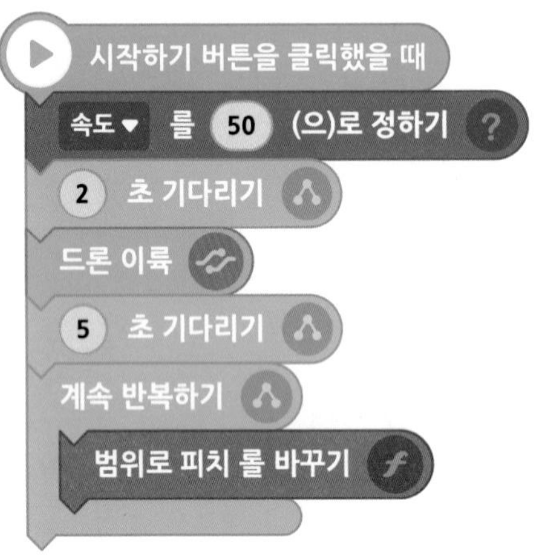

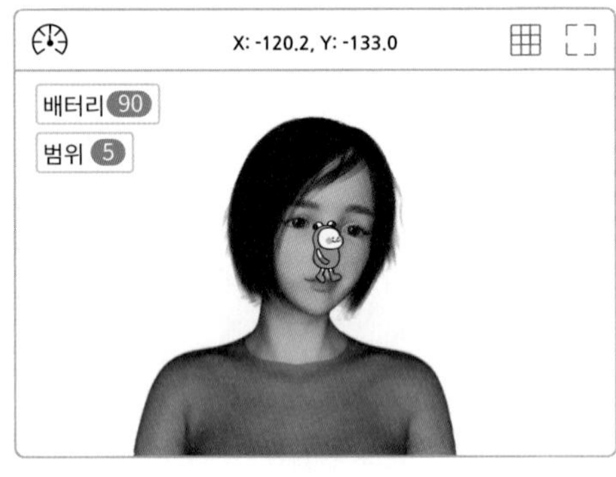

얼굴 표정을 사용해서 드론을 이륙·착륙해 볼까요?

감정에서 '분노' 또는 '두려움'을 사용하겠습니다.

입을 벌리면 '분노' 또는 '두려움'으로 감정을 읽습니다.

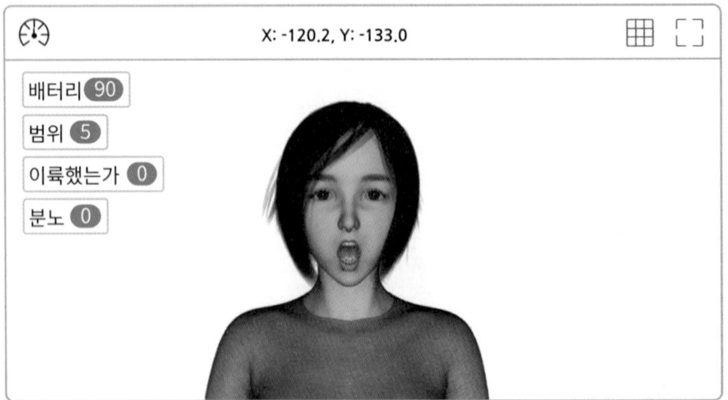

<감정 확인하기> 함수를 만듭니다.

이륙하지 않았다면([이륙했는가] 변수가 0이면) 얼굴 표정이 '분노' 또는 '두려움'일 때 이륙합니다.

이륙했다면 [이륙했는가] 변수가 1이면) 얼굴 표정이 '분노' 또는 '두려움'일 때 착륙합니다.

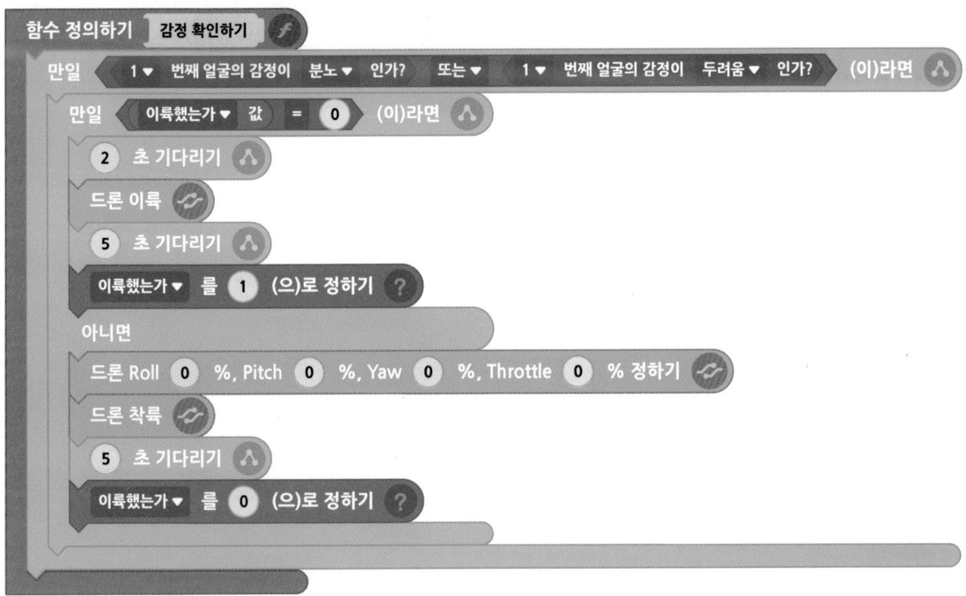

<시작하기 버튼을 클릭했을 때> 블록을 하나 더 추가해서 감정을 확인합니다.

시작하기 버튼을 클릭했을 때
이륙했는가 를 0 (으)로 정하기
계속 반복하기
감정 를 1 번째 얼굴의 감정 (으)로 정하기
감정 확인하기

그리고 이륙했을 때 드론이 움직이도록 왼쪽 코드를 오른쪽 코드로 바꿉니다.

마우스로 드론을 조종했던 것처럼 좌표를 나눠서 코딩할 수 있습니다.

시작하기 버튼을 클릭했을 때
속도 를 50 (으)로 정하기
계속 반복하기
만일 이륙했는가 값 = 1 (이)라면
드론 Roll 1 번째 얼굴의 코 의 x 좌표 / 4.8 %, Pitch 1 번째 얼굴의 코 의 y 좌표 / 2.7 %, Yaw 0 %, Throttle 0 % 정하기
0.5 초 기다리기

코뿐만 아니라 다른 부위를 사용해서 얼굴 인식 인공지능 드론을 만들 수 있어요. 여러분의 멋진 아이디어로 다양한 얼굴 인식 인공지능 드론을 만들어 보세요.

MEMO

03 손 인식 인공지능 드론

이 장에서는 무엇을 배울까요?

- 손 인식 인공지능을 사용할 수 있어요
- 손가락을 움직여서 드론을 조종할 수 있어요
- 나만의 손 인식 인공지능 드론을 만들 수 있어요

손을 따라서 움직이는 손 인식 인공지능 드론을 만들어 보겠습니다. 엄지와 검지 손가락을 사용해서 드론을 조종합니다.

드론이 이륙하면 '엄지' 손가락으로 쓰로틀을 바꿉니다.

그리고 '검지' 손가락으로 피치와 롤을 바꿉니다.

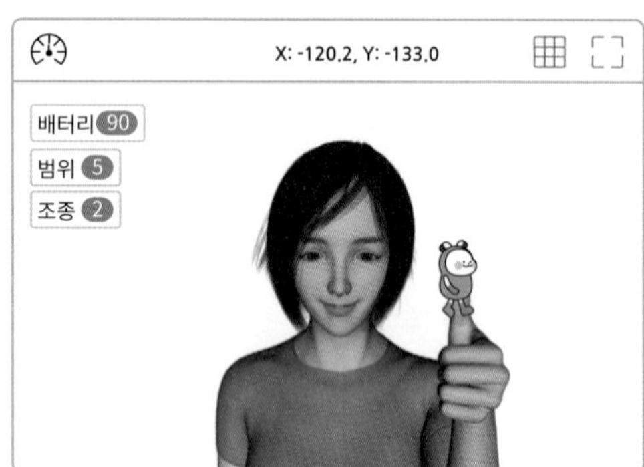

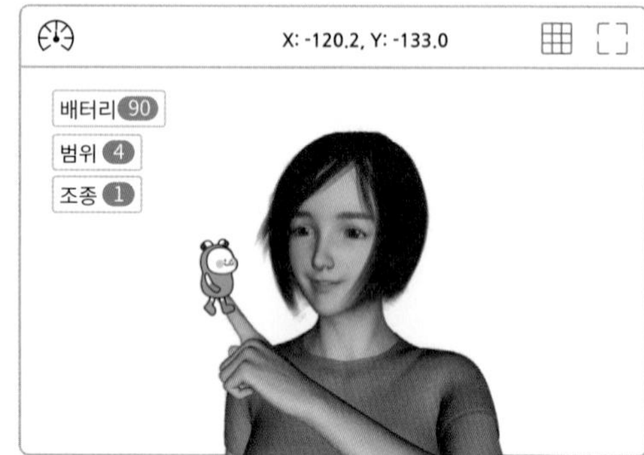

먼저 '드론 착륙', '드론 정지'를 코딩합니다.

엔트리봇이 검지 손가락을 따라서 움직이기 때문에 배터리 양을 말하지 않고 변수로 보여줍니다.

배터리가 부족할 때만 진동으로 알려주도록 그림과 같이 코딩합니다.

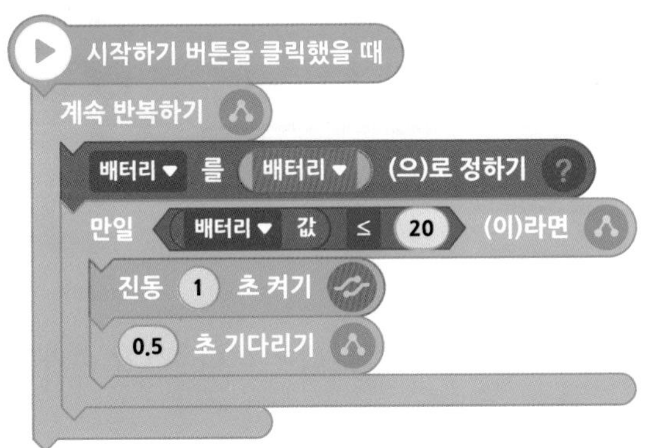

<인공지능>-<인공지능 블록 불러오기>를 클릭합니다.

<손 인식> 인공지능 블록을 불러옵니다.

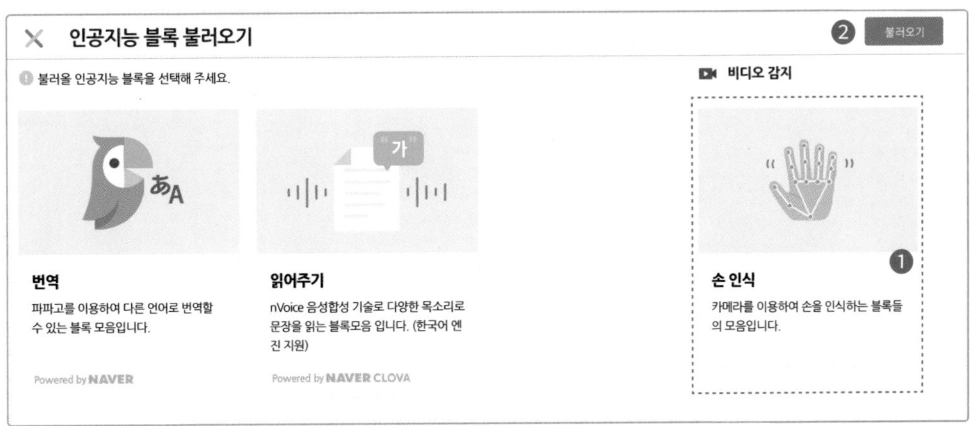

엔트리봇이 검지 손가락을 따라서 움직이도록 그림과 같이 코딩합니다.

'얼굴 인식 인공지능 드론'과 마찬가지로 '엔트리봇'이나 '검지 손가락'의 좌표를 사용해서 드론을 움직이면 됩니다.

여기서는 '엔트리봇' 좌표를 사용하겠습니다.

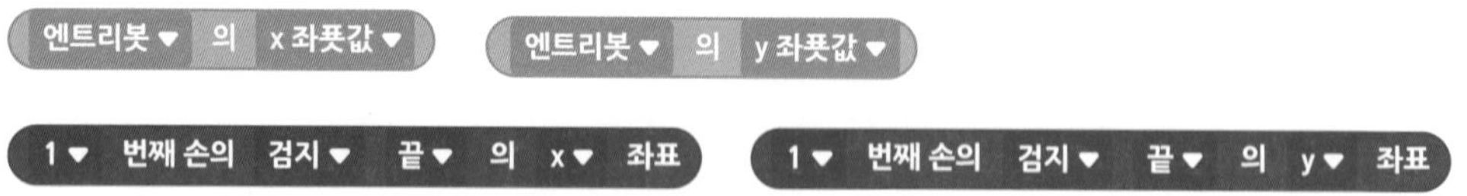

실행화면을 5개로 나누고 손가락을 움직였을 때 어디에 있는지 확인하고 [범위] 변숫값을 정합니다.

[범위] 변수에 따라서 드론이 움직이면 됩니다.

```
함수 정의하기 범위 정하기
  만일 엔트리봇 의 y 좌푯값 ≥ 60 (이)라면
    범위 를 1 (으)로 정하기
  만일 엔트리봇 의 x 좌푯값 ≥ 80 (이)라면
    만일 엔트리봇 의 y 좌푯값 > -60 그리고 엔트리봇 의 y 좌푯값 < 60 (이)라면
      범위 를 2 (으)로 정하기
  만일 엔트리봇 의 y 좌푯값 ≤ -60 (이)라면
    범위 를 3 (으)로 정하기
  만일 엔트리봇 의 x 좌푯값 ≤ -80 (이)라면
    만일 엔트리봇 의 y 좌푯값 > -60 그리고 엔트리봇 의 y 좌푯값 < 60 (이)라면
      범위 를 4 (으)로 정하기
  만일 엔트리봇 의 x 좌푯값 > -80 그리고 엔트리봇 의 x 좌푯값 < 80 (이)라면
    만일 엔트리봇 의 y 좌푯값 > -60 그리고 엔트리봇 의 y 좌푯값 < 60 (이)라면
      범위 를 5 (으)로 정하기
```

계속 범위를 확인합니다.

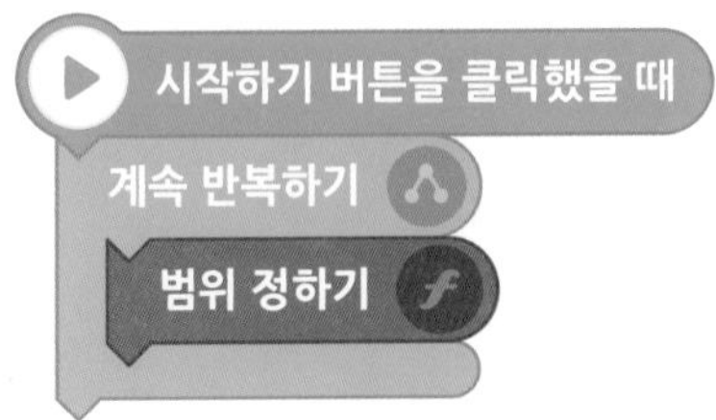

<범위로 피치 롤 바꾸기> 함수를 만듭니다.

```
함수 정의하기 범위로 피치 롤 바꾸기
  만일 (범위▾ 값 = 1) (이)라면
    드론 Roll 0 %, Pitch (속도▾ 값) %, Yaw 0 %, Throttle 0 % 정하기
    (범위▾ 값 != 1) 이(가) 될 때까지 기다리기
    드론 Roll 0 %, Pitch 0 %, Yaw 0 %, Throttle 0 % 정하기
  만일 (범위▾ 값 = 2) (이)라면
    드론 Roll (속도▾ 값) %, Pitch 0 %, Yaw 0 %, Throttle 0 % 정하기
    (범위▾ 값 != 2) 이(가) 될 때까지 기다리기
    드론 Roll 0 %, Pitch 0 %, Yaw 0 %, Throttle 0 % 정하기
  만일 (범위▾ 값 = 3) (이)라면
    드론 Roll 0 %, Pitch (-1 x 속도▾ 값) %, Yaw 0 %, Throttle 0 % 정하기
    (범위▾ 값 != 3) 이(가) 될 때까지 기다리기
    드론 Roll 0 %, Pitch 0 %, Yaw 0 %, Throttle 0 % 정하기
  만일 (범위▾ 값 = 4) (이)라면
    드론 Roll (-1 x 속도▾ 값) %, Pitch 0 %, Yaw 0 %, Throttle 0 % 정하기
    (범위▾ 값 != 4) 이(가) 될 때까지 기다리기
    드론 Roll 0 %, Pitch 0 %, Yaw 0 %, Throttle 0 % 정하기
  만일 (범위▾ 값 = 5) (이)라면
    드론 Roll 0 %, Pitch 0 %, Yaw 0 %, Throttle 0 % 정하기
    (범위▾ 값 != 5) 이(가) 될 때까지 기다리기
```

<시작하기 버튼을 클릭했을 때> 블록을 하나 더 추가해서 코딩합니다.

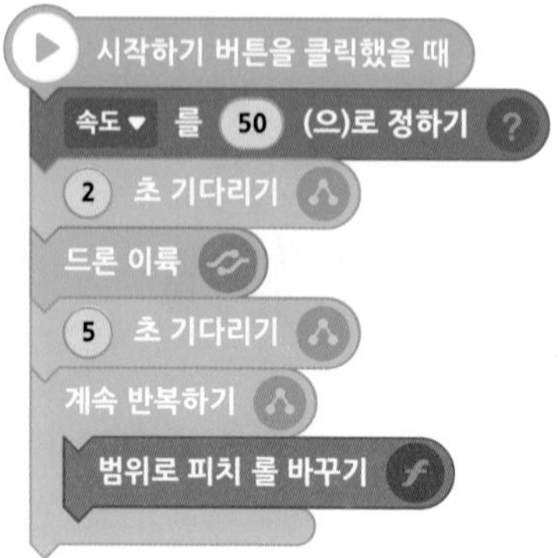

검지 손가락을 움직이면 [범위] 변수에 따라서 피치와 롤이 바뀝니다.

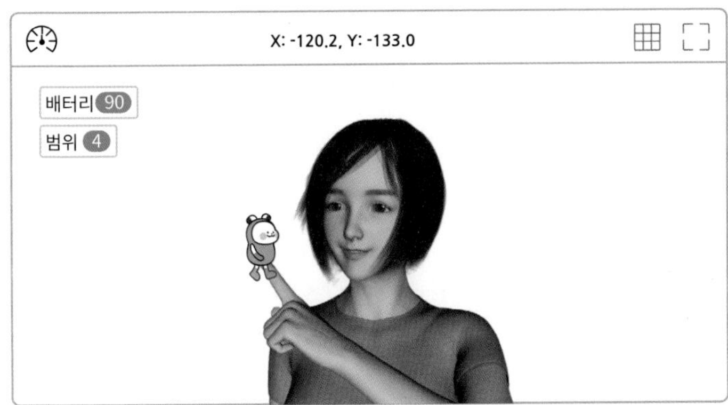

엄지 손가락으로 쓰로틀을 바꿔볼까요?

이륙하는 코드를 잠시 분리해서 작동하지 않도록 합니다.

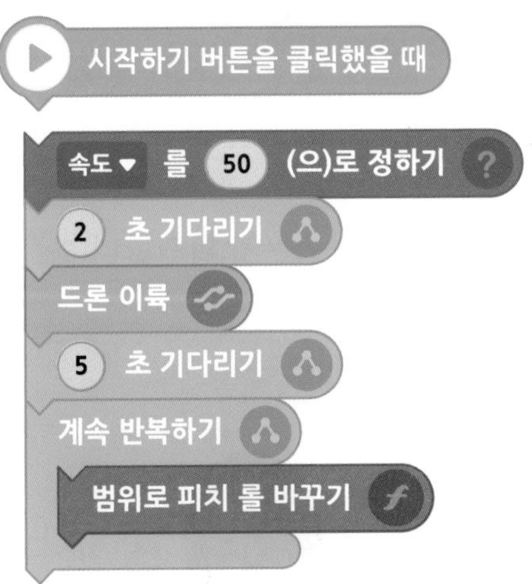

엄지와 검지 손가락 위치에 따라서 [조종] 변숫값을 바꿉니다.

검지가 엄지보다 더 위에 있으면 [조종] 변수가 1이 됩니다.

반대로 엄지가 검지보다 더 위에 있으면 [조종] 변수가 2가 됩니다.

```
시작하기 버튼을 클릭했을 때
비디오 화면 보이기▾
비디오 투명도 효과를 (0) 으로 정하기
손 인식 시작하기▾
조종▾ 를 (1) (으)로 정하기
계속 반복하기
    만일 < 1▾ 번째 손의 검지▾ 끝▾ 의 y▾ 좌표 > 1▾ 번째 손의 엄지▾ 끝▾ 의 y▾ 좌표 > (이)라면
        조종▾ 를 (1) (으)로 정하기
        1▾ 번째 손의 검지▾ 끝▾ (으)로 이동하기
    아니면
        조종▾ 를 (2) (으)로 정하기
        1▾ 번째 손의 엄지▾ 끝▾ (으)로 이동하기
```

손가락 위치에 따라서 [조종] 변수가 잘 바뀌는지 확인합니다.

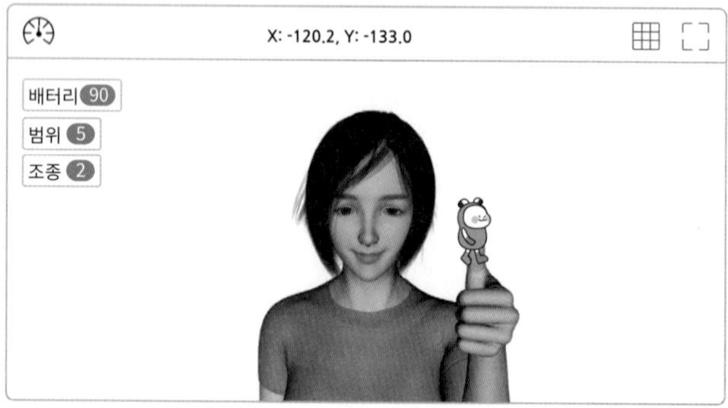

[조종] 변수가 1이면 검지로 피치와 롤을 바꾸고 2이면 엄지로 쓰로틀을 바꿉니다.

<범위로 쓰로틀 바꾸기> 함수를 만듭니다.

그리고 그림과 같이 코드를 완성하면 됩니다.

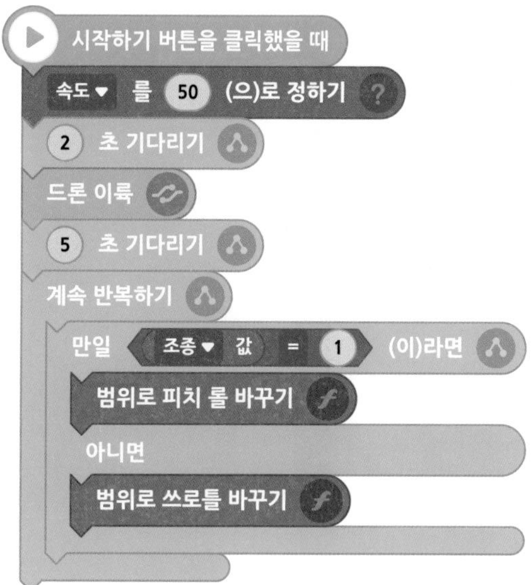

좌표를 나눠서 코딩하는 방법도 있습니다.

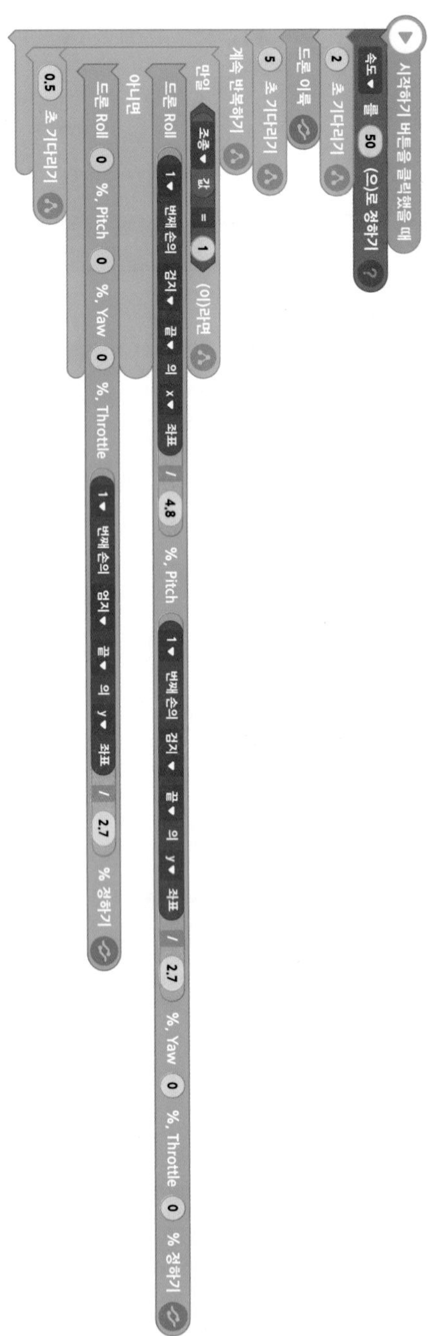

MEMO

한 단계 더

손 인식 인공지능을 사용해서 드론을 이륙·착륙시키고 원 비행을 하도록 코딩하겠습니다.

- '브이 사인'이면 이륙합니다.
- '쥔 손'이면 착륙합니다.

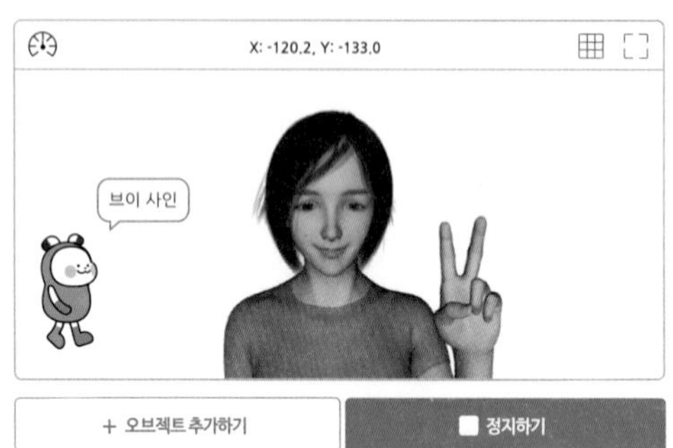

다음 블록을 사용해서 코딩하면 됩니다.

1▼ 번째 손의 모양

1▼ 번째 손의 모양이 브이 사인▼ 인가?

- 엄지와 검지 손가락을 벌리면 원 비행을 합니다.
- 엄지와 검지 손가락의 x 좌표를 사용해서 얼마나 벌어졌는지 확인합니다.
- '절댓값'을 사용해서 두 손가락의 거리를 확인할 수 있습니다.
- '절댓값'은 0으로부터 떨어진 거리를 나타냅니다.

다음 블록에서 삼각형 표시를 클릭하면 '절댓값'을 선택할 수 있습니다.

10 의 제곱 ▾

다음과 같이 코딩해서 두 손가락의 거리를 확인합니다.

두 손가락의 거리가 많이 벌어지면 원 비행하도록 코딩합니다.

04 신체 인식 인공지능 드론

이 장에서는 무엇을 배울까요?

- 신체 인식 인공지능을 사용할 수 있어요
- 두 팔을 움직여서 드론을 조종할 수 있어요
- 나만의 신체 인식 인공지능 드론을 만들 수 있어요

드론이 이륙하면 '엄지' 손가락으로 쓰로틀을 바꿉니다.

사람 인식 인공지능을 사용해서 두 팔로 움직이는 신체 인식 인공지능 드론을 만들어 보겠습니다.

왼쪽 팔을 위-아래로 움직이면 쓰로틀이 바뀝니다. 왼쪽 팔을 왼쪽으로 많이 움직이면 롤이 마이너스가 됩니다.

오른쪽 팔을 위-아래로 움직이면 피치가 바뀝니다. 오른쪽 팔을 오른쪽으로 많이 움직이면 롤이 플러스가 됩니다.

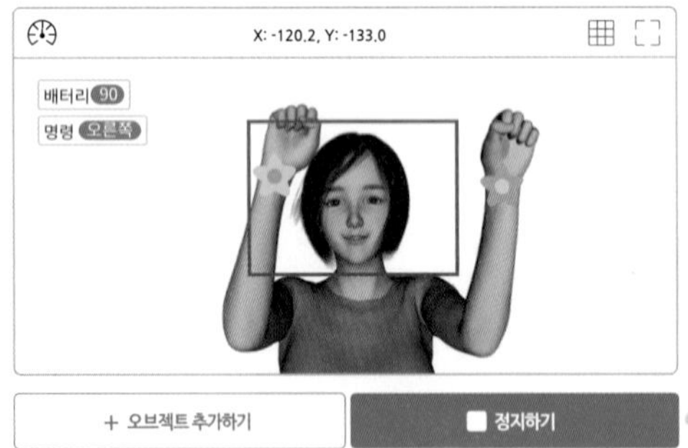

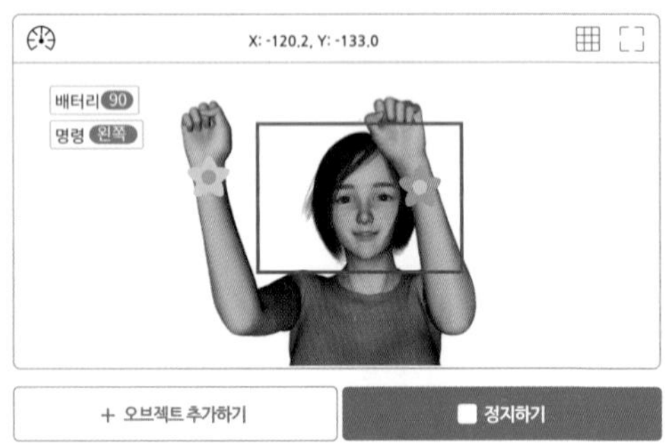

어떻게 코딩하면 될까요? 왼쪽과 오른쪽 손목의 좌표를 사용해서 코딩하면 됩니다.

먼저 '드론 착륙', '드론 정지', '배터리 알려주기'를 코딩합니다.

<인공지능>-<인공지능 블록 불러오기>를 클릭합니다.

<사람 인식> 인공지능 블록을 가져옵니다.

엔트리봇이 보이지 않게 합니다.

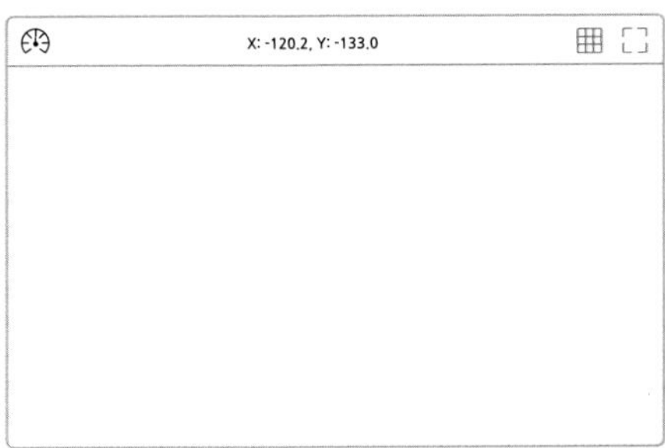

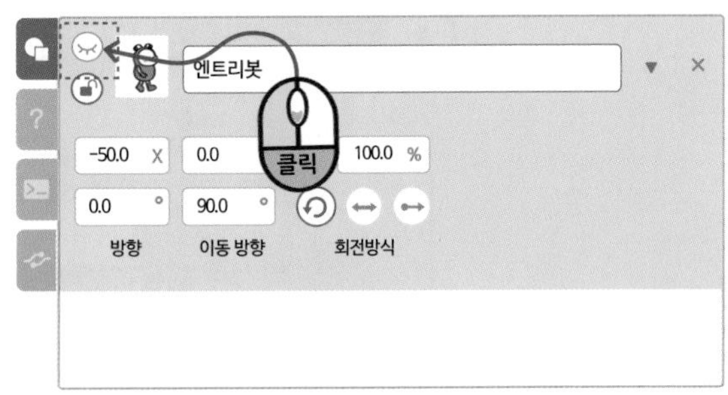

왼쪽과 오른쪽 손목을 따라다니는 오브젝트를 추가해서 손목의 좌표를 쉽게 알 수 있도록 합니다.

'들꽃(노랑)'이 왼쪽 손목을 따라서 움직입니다.

'들꽃(주황)'이 오른쪽 손목을 따라서 움직입니다.

오브젝트 창에서 크기를 바꿀 수 있습니다. 두 오브젝트의 크기를 30%로 정합니다.

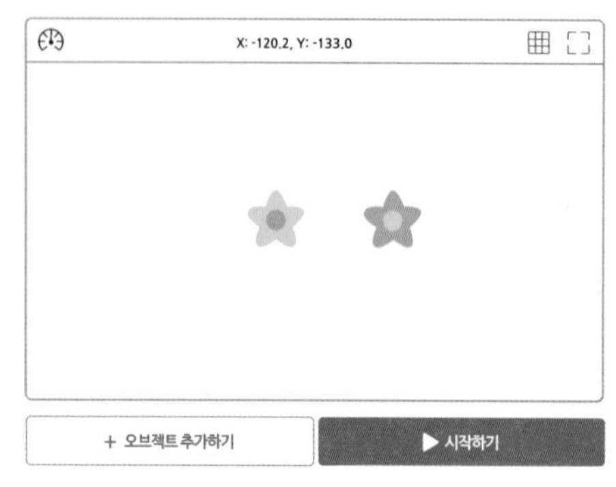

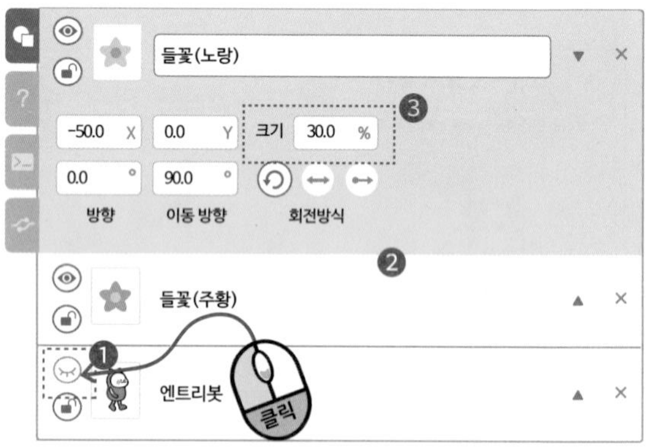

'들꽃(노랑)'이 왼쪽 손목을 따라서 움직이도록 코딩합니다.

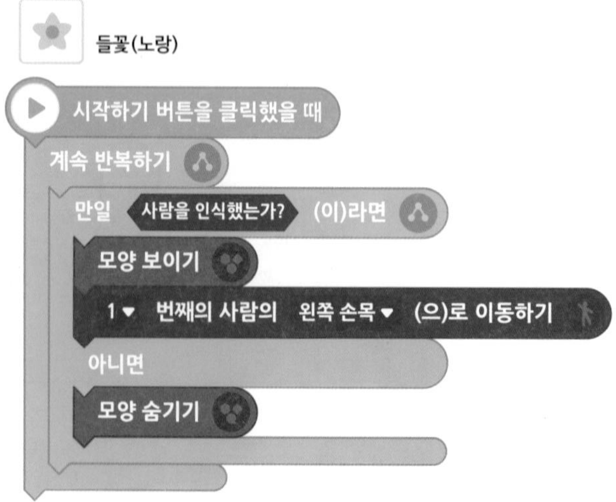

'들꽃(주황)'은 오른쪽 손목을 따라서 움직이도록 코딩합니다.

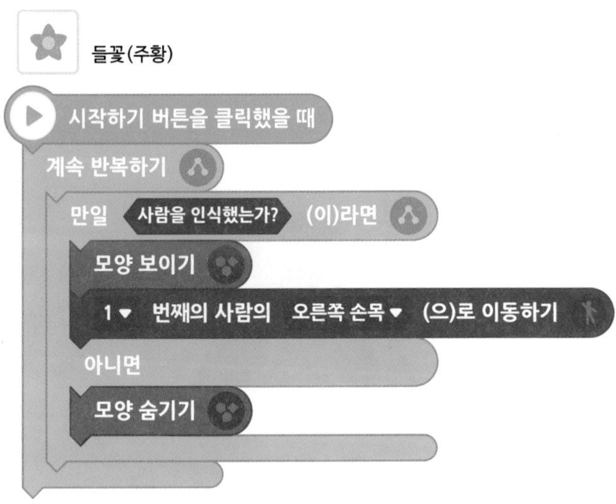

두 손목의 좌표 범위에 따라서 드론을 움직입니다.

이때 '절댓값'을 사용하면 조금 더 간단하게 코딩할 수 있습니다.

왼쪽 손목의 y 좌표가 -60보다 크고 60보다 작다는 것을 절댓값으로 어떻게 나타낼 수 있을까요?

왼쪽 손목 y 좌표의 절댓값이 60보다 작다라고 할 수 있습니다.

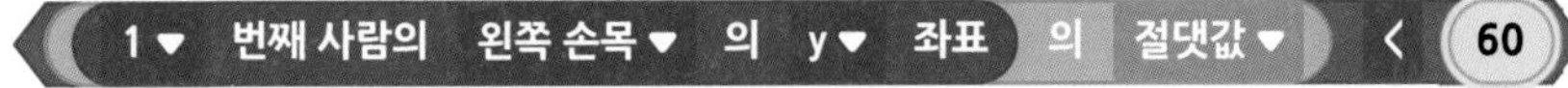

빨간색 사각형 범위 안에 팔이 있으면 드론을 가만히 있습니다. 이 범위 밖으로 팔이 움직였을 때 쓰로틀, 피치, 요우가 바뀝니다.

빨간색 사각형의 x 좌표는 -80 ~ 80이고 y 좌표는 -60 ~ 60입니다.

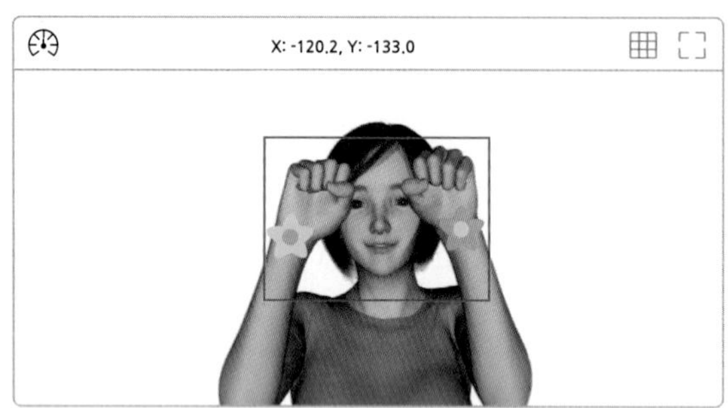

<범위로 피치 바꾸기> 함수를 만듭니다.

왼쪽 손목이 사각형 안에 있을 때 오른쪽 손목을 위-아래로 움직이면 [명령] 변숫값이 바뀝니다.

오른쪽 손목 위에 있으면 [명령] 변수가 '앞'이 됩니다.

오른쪽 손목이 아래에 있으면 [명령] 변수가 '뒤'이 됩니다.

이 [명령] 변수에 따라서 드론을 움직이면 됩니다.

```
함수 정의하기 범위로 피치 바꾸기
  만일 (1▼ 번째 사람의 왼쪽 손목▼ 의 x▼ 좌표 의 절댓값▼) < 80 (이)라면
    만일 (1▼ 번째 사람의 왼쪽 손목▼ 의 y▼ 좌표 의 절댓값▼) < 60 (이)라면
      만일 1▼ 번째 사람의 오른쪽 손목▼ 의 y▼ 좌표 ≥ 60 (이)라면
        명령▼ 를 앞 (으)로 정하기
      만일 1▼ 번째 사람의 오른쪽 손목▼ 의 y▼ 좌표 ≤ -60 (이)라면
        명령▼ 를 뒤 (으)로 정하기
```

<범위로 롤 바꾸기> 함수를 만듭니다.

왼쪽 손목이 사각형 안에 있을 때 오른쪽 손목을 오른쪽으로 많이 움직이면 [명령] 변수가 '오른쪽'이 됩니다.

반대로 왼쪽 손목이 왼쪽으로 많이 움직이면 [명령] 변수가 '왼쪽'이 됩니다.

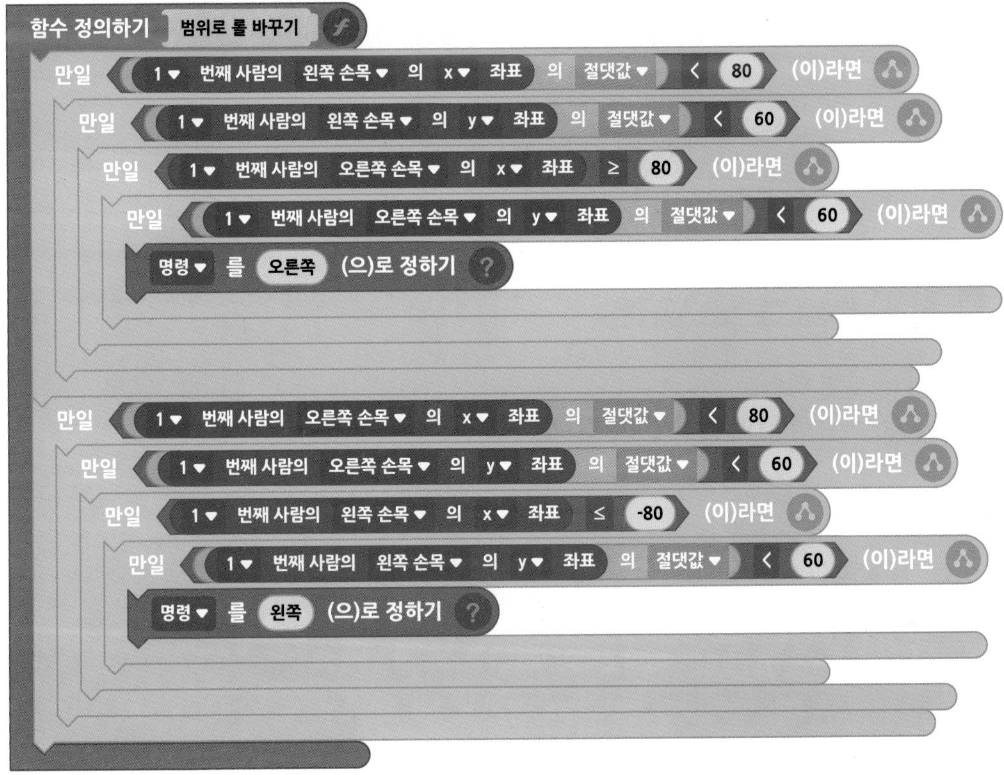

<범위로 쓰로틀 바꾸기> 함수를 만듭니다. 왼쪽 손목으로 위-아래로 움직이면 [명령] 변수가 '위', '아래'가 됩니다.

```
함수 정의하기 범위로 쓰로틀 바꾸기
  만일 (1▼ 번째 사람의 오른쪽 손목▼ 의 x▼ 좌표 의 절댓값▼) < 80 (이)라면
    만일 (1▼ 번째 사람의 오른쪽 손목▼ 의 y▼ 좌표 의 절댓값▼) < 60 (이)라면
      만일 1▼ 번째 사람의 왼쪽 손목▼ 의 y▼ 좌표 ≥ 60 (이)라면
        명령▼ 를 위 (으)로 정하기
      만일 1▼ 번째 사람의 왼쪽 손목▼ 의 y▼ 좌표 ≤ -60 (이)라면
        명령▼ 를 아래 (으)로 정하기
```

두 손목이 모두 사각형 안에 있으면 [명령] 변수는 '제자리'가 됩니다.

```
함수 정의하기 제자리
  만일 (1▼ 번째 사람의 왼쪽 손목▼ 의 x▼ 좌표 의 절댓값▼) < 80 (이)라면
    만일 (1▼ 번째 사람의 왼쪽 손목▼ 의 y▼ 좌표 의 절댓값▼) < 60 (이)라면
      만일 (1▼ 번째 사람의 오른쪽 손목▼ 의 x▼ 좌표 의 절댓값▼) < 80 (이)라면
        만일 (1▼ 번째 사람의 오른쪽 손목▼ 의 y▼ 좌표 의 절댓값▼) < 60 (이)라면
          명령▼ 를 제자리 (으)로 정하기
```

사각형을 그리고 만들었던 함수를 사용해서 그림과 같이 코딩합니다.

두 팔을 움직여서 [명령] 변수가 잘 바뀌는지 확인해보세요.

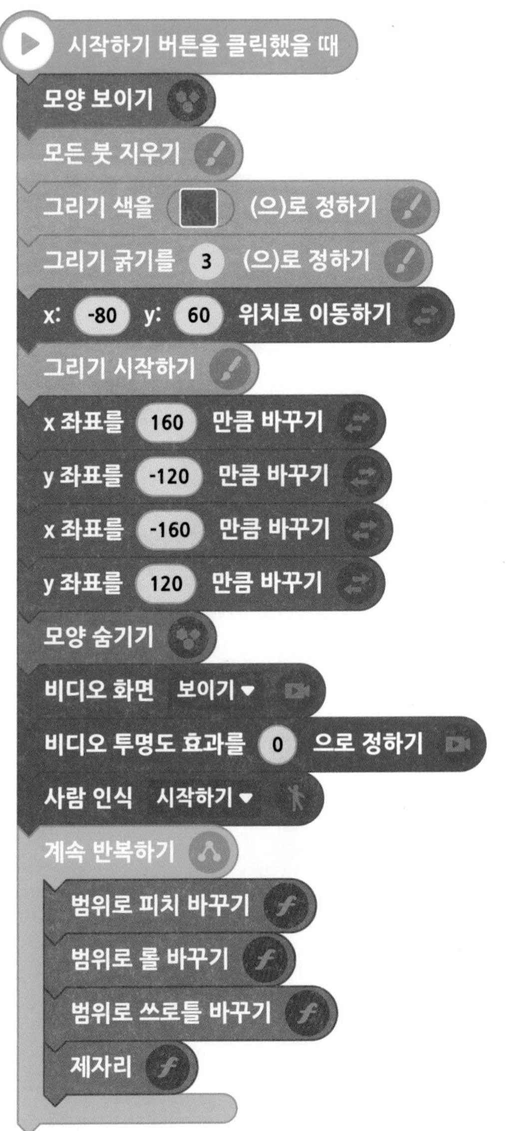

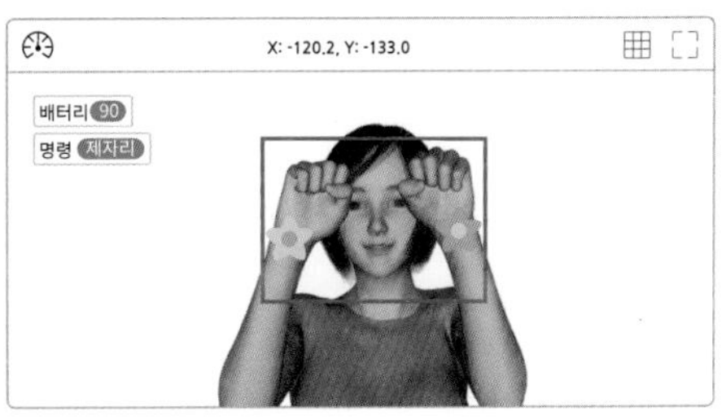

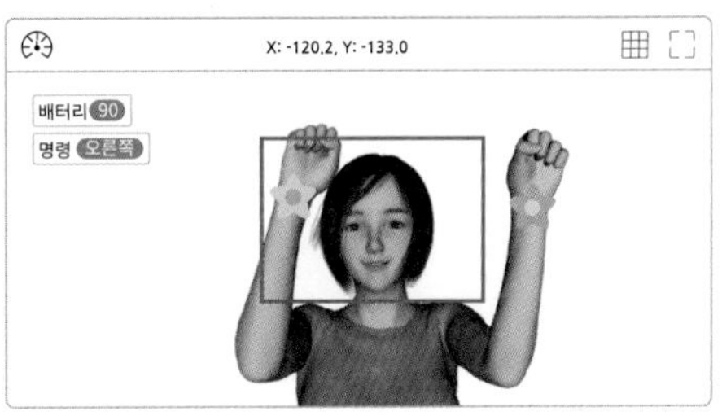

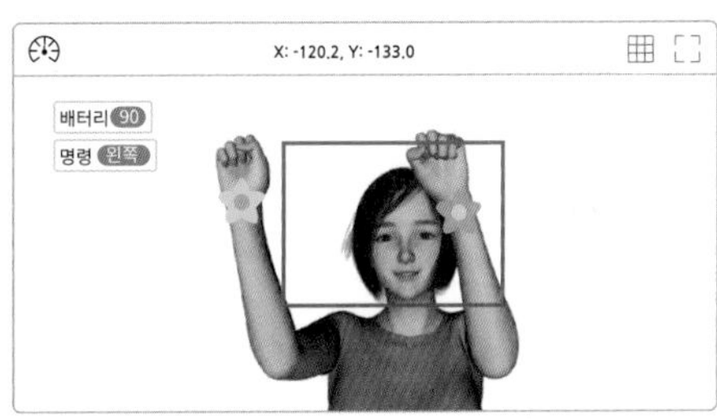

[명령] 변수에 따라서 드론이 움직이도록 <신체로 드론 조종하기> 함수를 만듭니다.

[명령] 변수가 바뀔 때까지 계속 움직입니다.

[명령] 변수가 바뀌면 초기화해서 멈추도록 합니다.

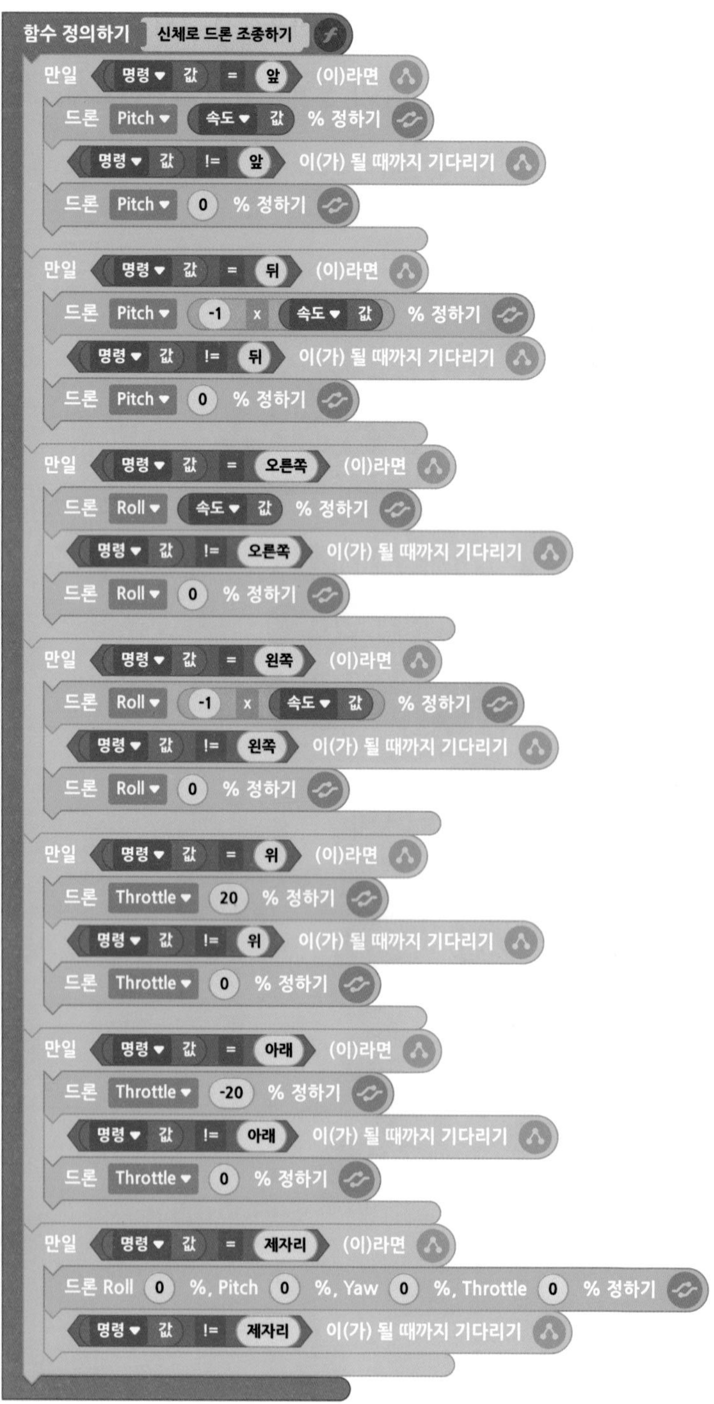

그림과 같이 <시작하기 버튼을 클릭했을 때> 블록을 하나 더 추가해서 프로그램을 완성합니다.

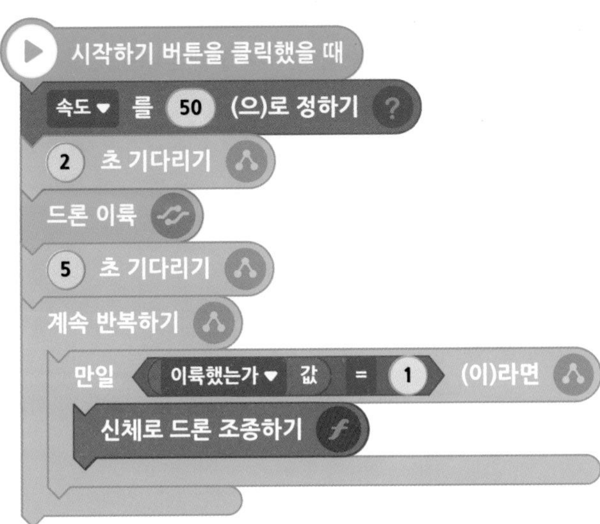

손목뿐만 아니라 다양한 신체 부위를 사용해서 드론을 움직일 수 있습니다. 여러분의 멋진 신체 인식 인공지능을 만들어 보면 어떨까요?

한 단계 더

두 손을 사용해서 드론을 이륙·착륙시켜 보겠습니다.

- <양손 확인하기> 함수를 만들어서 코딩합니다.
- 두 손을 사각형 밖으로 모두 올리면 드론이 이륙합니다.
- 반대로 사각형 밖으로 모두 내리면 드론이 착륙합니다.

<양손 확인하기> 함수를 만들어서 코딩합니다.

양손 확인하기

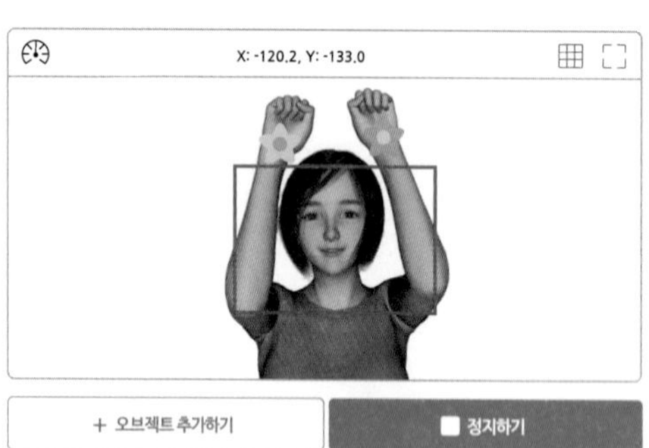

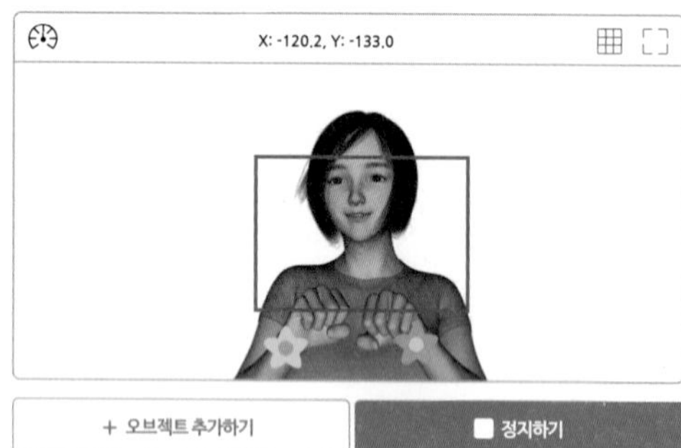

MEMO

머신러닝 인공지능 드론

이 장에서는 무엇을 배울까요?

- 인공지능 모델을 학습시켜서 사용할 수 있어요
- 손가락 모양을 바꿔서 드론을 조종할 수 있어요
- 나만의 머신러닝 인공지능 드론을 만들 수 있어요

손가락 모양을 학습시켜서 머신러닝 인공지능 드론을 만들어 보겠습니다.

손가락 모양을 바꿔서 드론을 조종합니다.

피치+

롤+

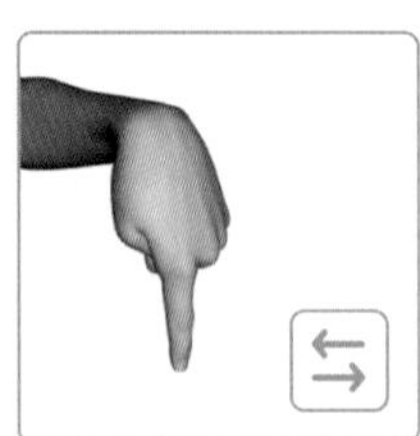
피치-

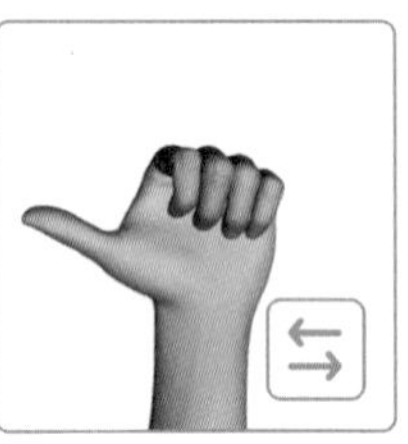
롤-

인공지능 모델 학습 기능은 엔트리 사이트에서 사용할 수 있습니다.

엔트리 사이트에서 드론과 같은 하드웨어를 사용하려면 엔트리 하드웨어 프로그램을 설치해야 합니다.

메뉴에서 <다운로드>를 클릭합니다.

컴퓨터 운영체제에 맞게 프로그램을 다운로드합니다.

그리고 다음과 같이 설치합니다.

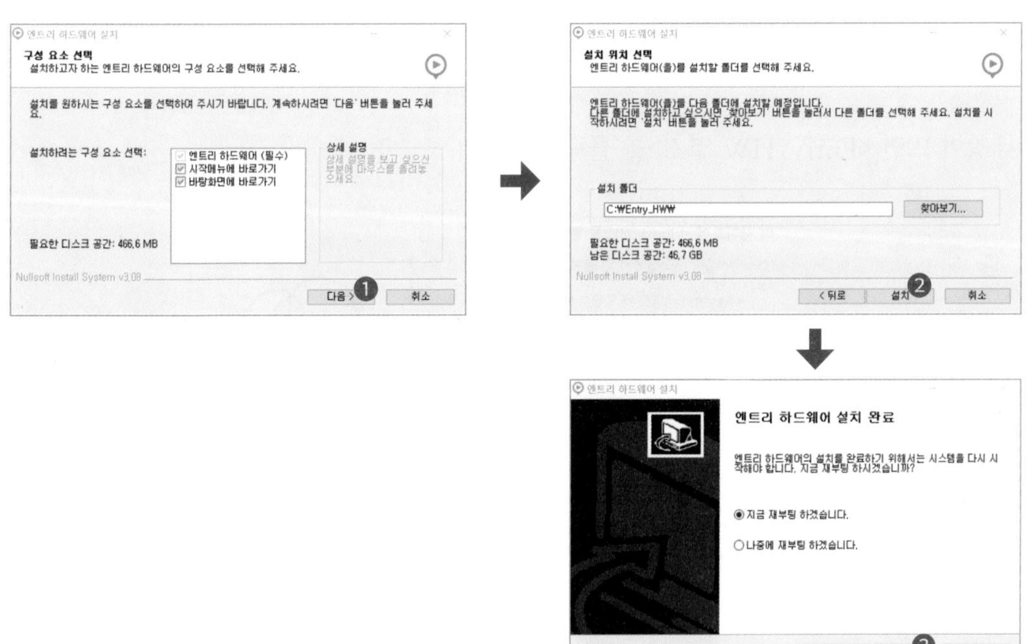

하드웨어를 선택합니다.

<연결 프로그램 열기>를 선택합니다.

알림창을 다시 보지 않으려면 <다시보지 않기>를 선택합니다.

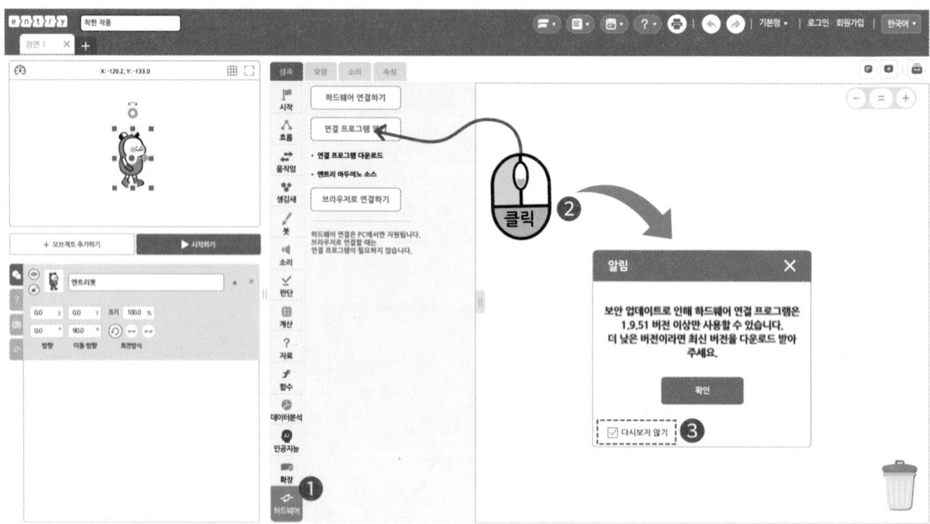

안내창이 뜨면 <Entry_HW 열기>를 클릭합니다.

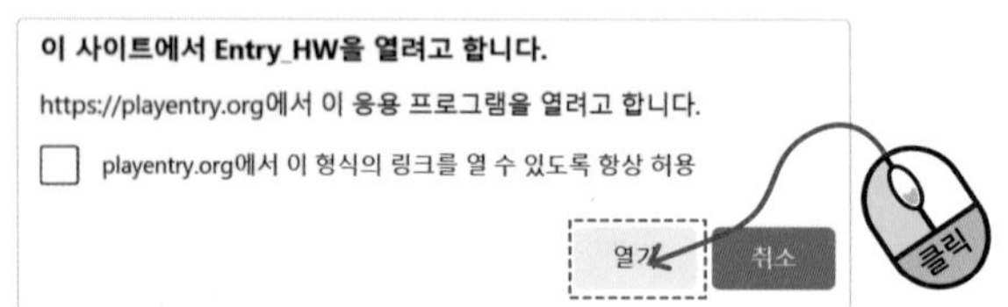

<바이로봇 배틀 드론>을 검색해서 선택합니다.

하드웨어가 연결되면 엔트리 사이트에서 토리드론 코딩을 할 수 있습니다. 코딩할 때 이 창을 끄면 안 됩니다.

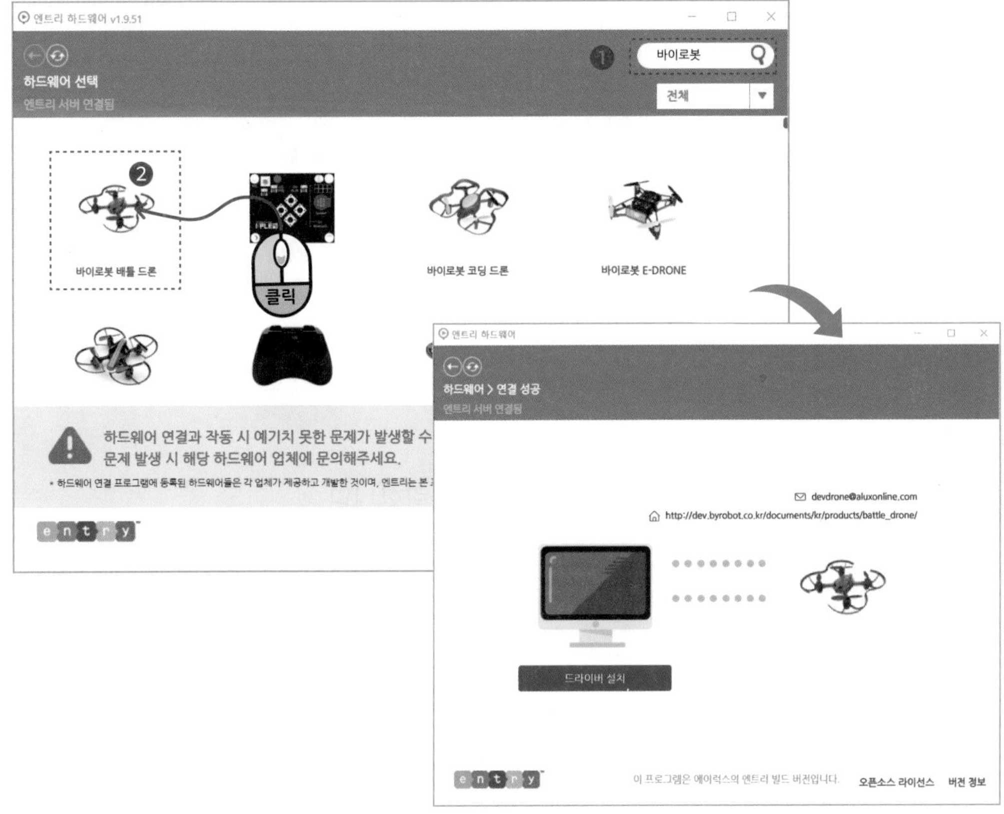

잘 연결되었는지 LED를 깜빡여서 확인해볼까요?

<인공지능>-<인공지능 블록 불러오기>를 클릭합니다.

<읽어주기>와 <사람 인식> 인공지능 블록을 불러옵니다.

<인공지능>-<인공지능 모델 학습하기>를 순서대로 클릭합니다.

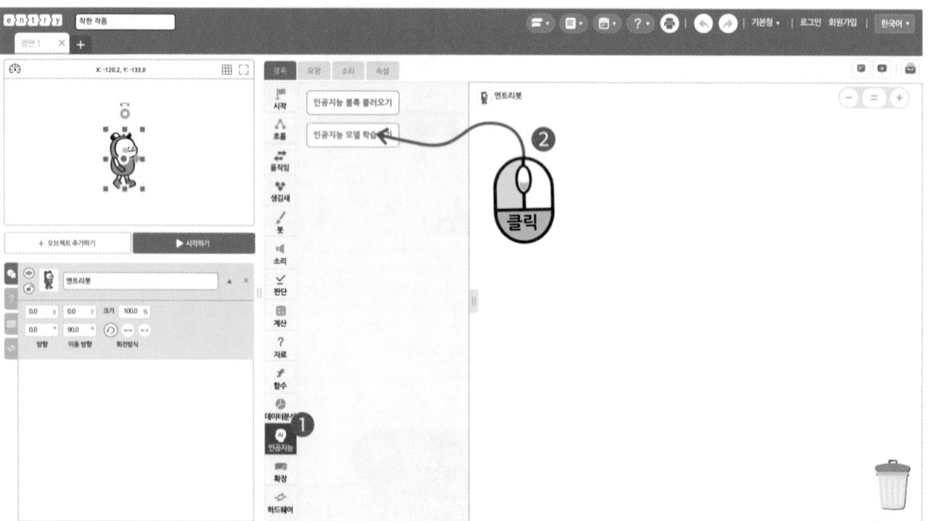

<분류:이미지>를 선택하고 <학습하기>를 클릭합니다.

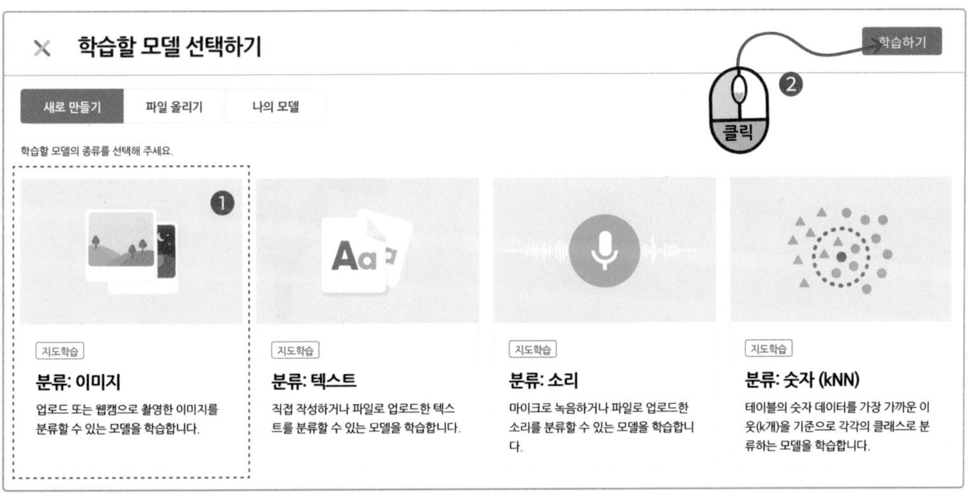

모델 이름을 정합니다.

클래스 이름을 '1'부터 '4'까지 순서대로 정하고 그림과 같이 손가락을 찍습니다.

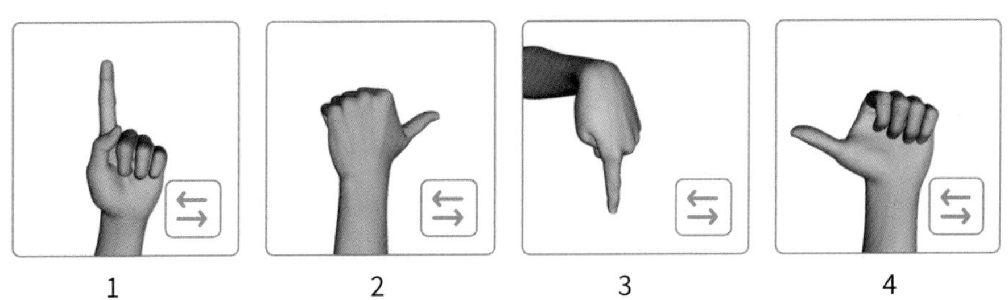

손가락 모양을 잘 분류하는지 확인하고 <적용하기>를 클릭합니다.

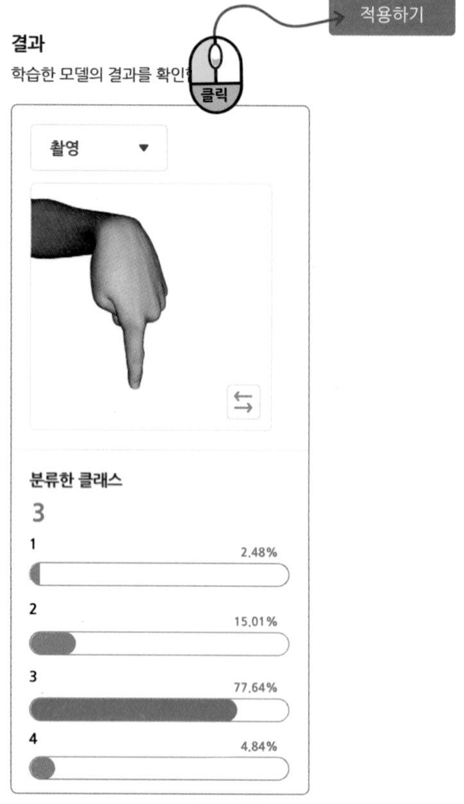

엔트리봇이 보이지 않게 합니다.

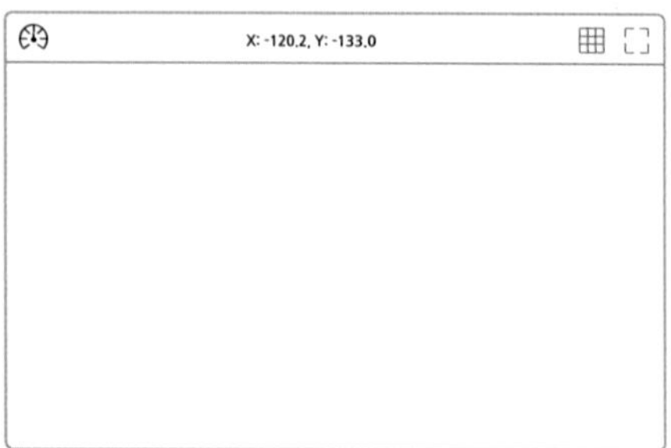

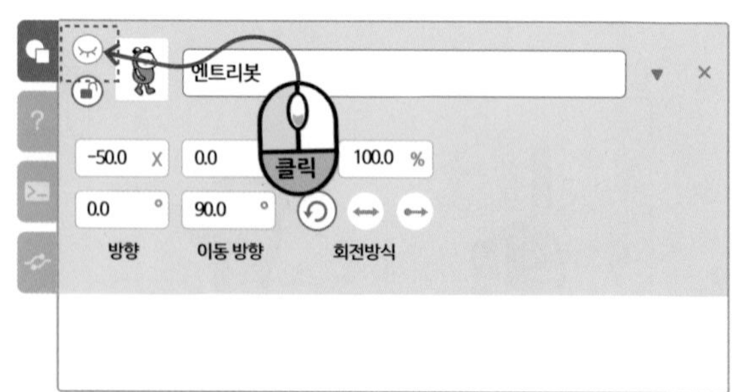

'드론 착륙', '드론 정지'를 코딩합니다.

배터리가 부족할 때만 진동으로 알려주도록 그림과 같이 코딩합니다.

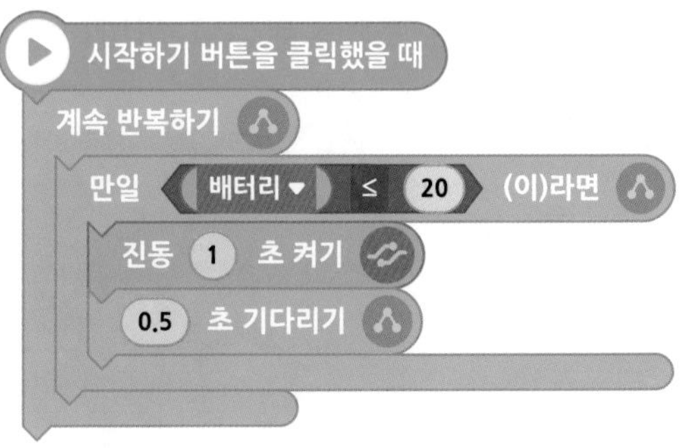

프로그램을 실행하면 드론이 이륙합니다.

드론이 천천히 움직이도록 속도를 30으로

정했습니다.

<엔터> 키를 누르면 드론이 제자리에 가만히 있도록 초기화합니다.

그리고 비디오 화면을 분류해서 그 결과를 [방향] 변수에 저장합니다.

<드론 조종하기> 신호를 보내고 비디오 화면으로 분류하는 것을 멈춥니다.

<드론 조종하기> 신호를 받으면 [방향] 변수에 따라서 드론을 움직이면 되겠죠?

<s> 키를 누르면 제자리에 가만히 있도록 합니다.

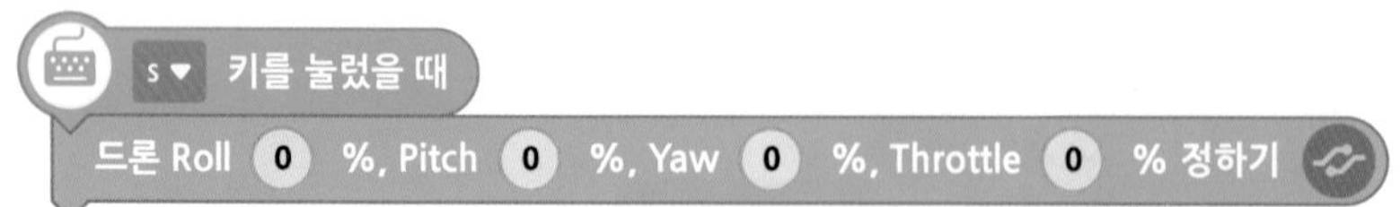

손가락 모양을 바꿔서 드론을 조종해볼까요? 손가락 모양을 바꾸면 [방향] 변수가 바뀝니다.

그리고 드론은 [방향] 변수에 따라서 움직이게 됩니다.

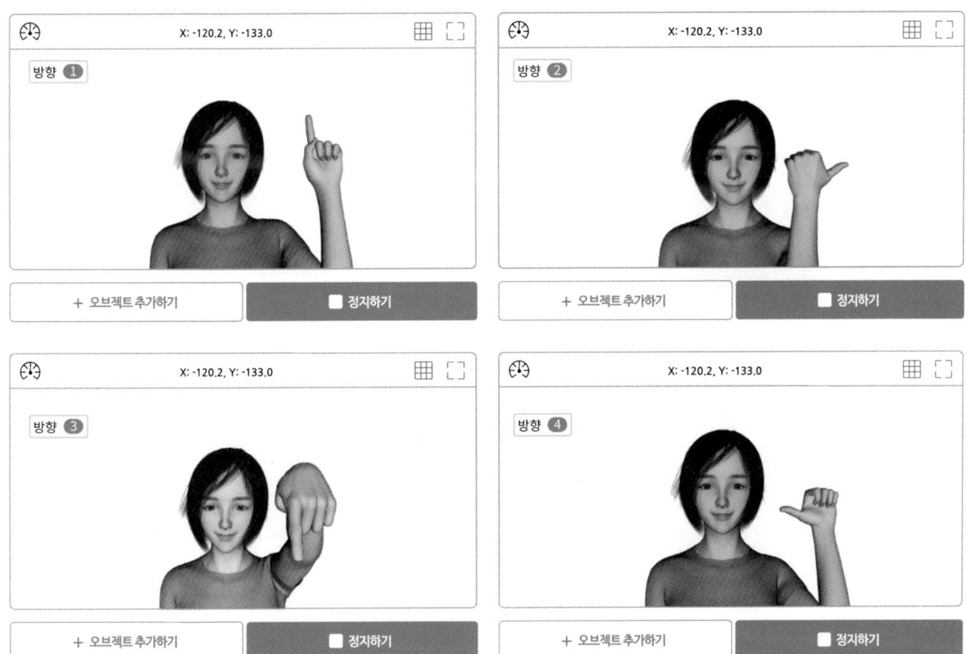

손가락으로 이륙과 착륙도 할 수 있는 머신러닝 인공지능 드론을 만들려고 합니다. 아래 코드에서 빈 부분을 완성하세요.

- 인공지능 모델을 다시 만듭니다.
- 손가락으로 이륙과 착륙을 할 수 있도록 클래스를 2개 더 추가해서 학습합니다.

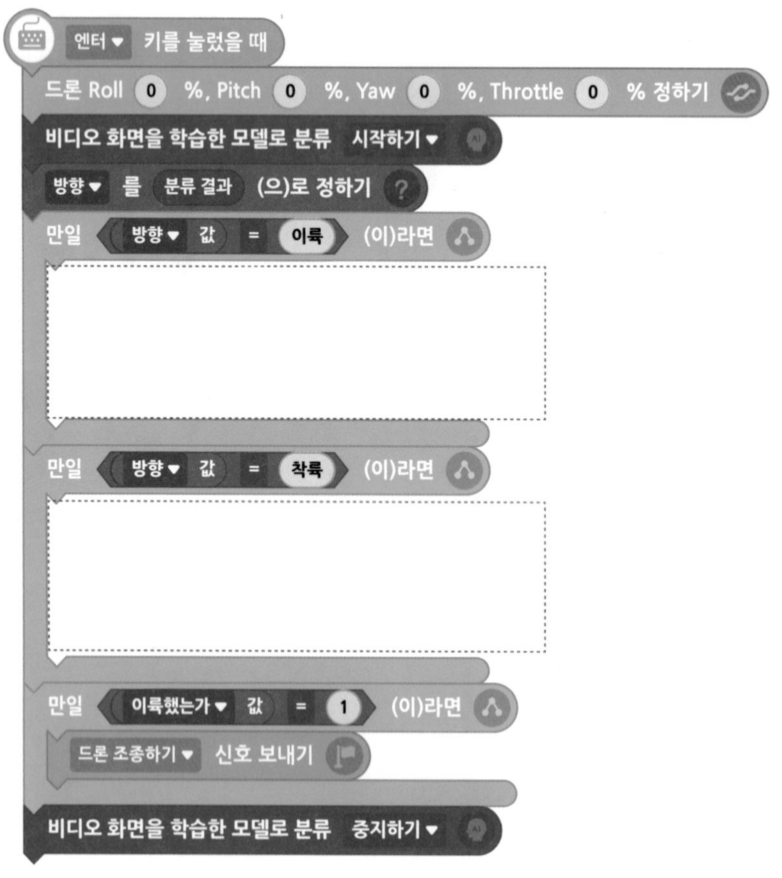

MEMO

엔트리 인공지능과 함께하는
토리드론
CODING

부록

01. 한 단계 더 정답

02. 이 책의 성취기준

한 단계 더 정답

엔트리로 그림 그리기

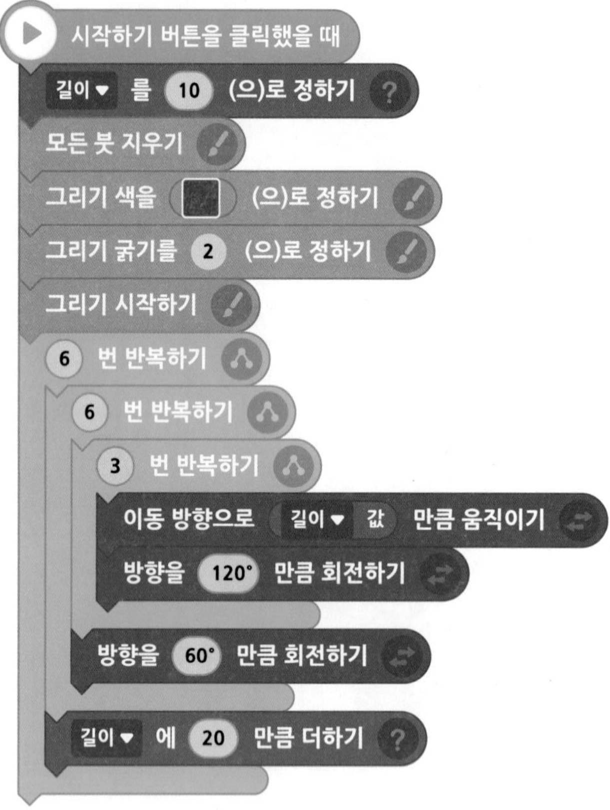

키보드로 드론 움직이기

함수 정의하기 원 비행
만일 c 키가 눌러져 있는가? (이)라면
드론 Roll 50 %, Pitch 0 %, Yaw 100 %, Throttle 0 % 정하기
c 키가 눌러져 있는가? (이)가 아니다 이(가) 될 때까지 기다리기
드론 Roll 0 %, Pitch 0 %, Yaw 0 %, Throttle 0 % 정하기
만일 t 키가 눌러져 있는가? (이)라면
드론 Roll 50 %, Pitch 0 %, Yaw 100 %, Throttle 0 % 정하기
t 키가 눌러져 있는가? (이)가 아니다 이(가) 될 때까지 기다리기
드론 Roll 0 %, Pitch 0 %, Yaw 0 %, Throttle 0 % 정하기

마우스로 드론 움직이기

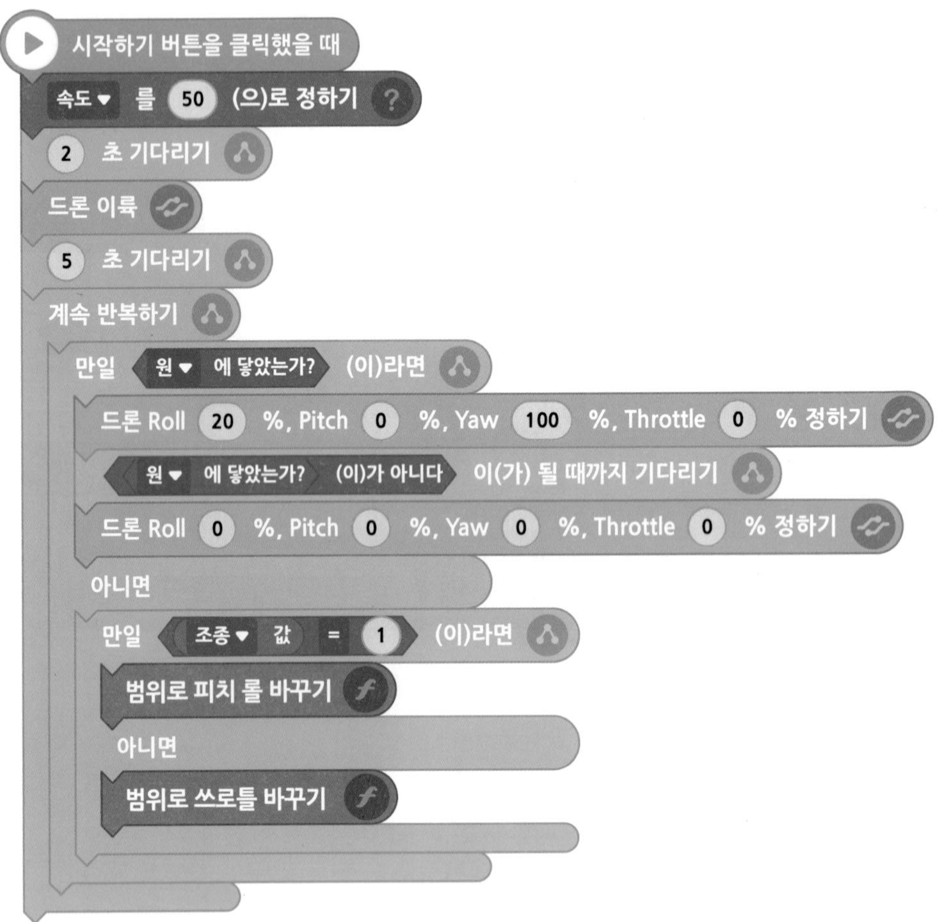
시작하기 버튼을 클릭했을 때
속도 를 50 (으)로 정하기
2 초 기다리기
드론 이륙
5 초 기다리기
계속 반복하기
만일 원 에 닿았는가? (이)라면
드론 Roll 20 %, Pitch 0 %, Yaw 100 %, Throttle 0 % 정하기
원 에 닿았는가? (이)가 아니다 이(가) 될 때까지 기다리기
드론 Roll 0 %, Pitch 0 %, Yaw 0 %, Throttle 0 % 정하기
아니면
만일 조종 값 = 1 (이)라면
범위로 피치 롤 바꾸기
아니면
범위로 쓰로틀 바꾸기

손가락 불꽃 효과

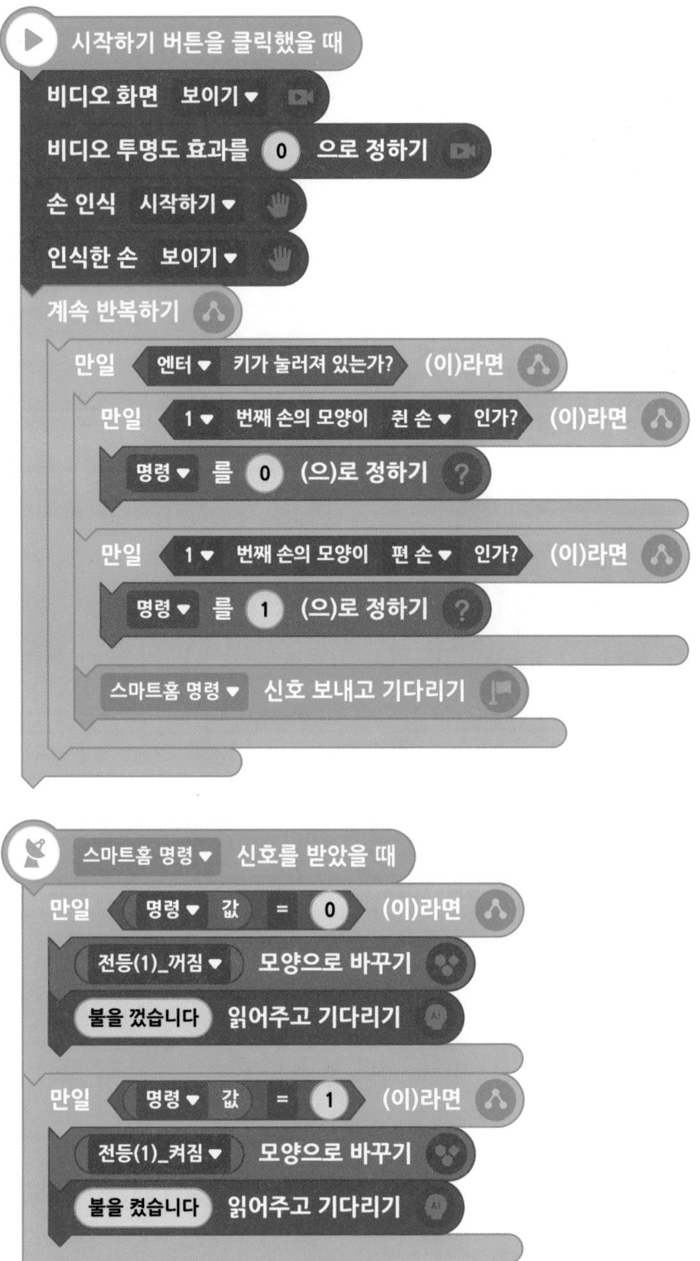
시작하기 버튼을 클릭했을 때
비디오 화면 보이기
비디오 투명도 효과를 0 으로 정하기
손 인식 시작하기
인식한 손 보이기
계속 반복하기
만일 엔터 키가 눌러져 있는가? (이)라면
만일 1 번째 손의 모양이 쥔 손 인가? (이)라면
명령 를 0 (으)로 정하기
만일 1 번째 손의 모양이 편 손 인가? (이)라면
명령 를 1 (으)로 정하기
스마트홈 명령 신호 보내고 기다리기
스마트홈 명령 신호를 받았을 때
만일 명령 값 = 0 (이)라면
전등(1)_꺼짐 모양으로 바꾸기
불을 껐습니다 읽어주고 기다리기
만일 명령 값 = 1 (이)라면
전등(1)_켜짐 모양으로 바꾸기
불을 켰습니다 읽어주고 기다리기

음성 인식 인공지능 드론

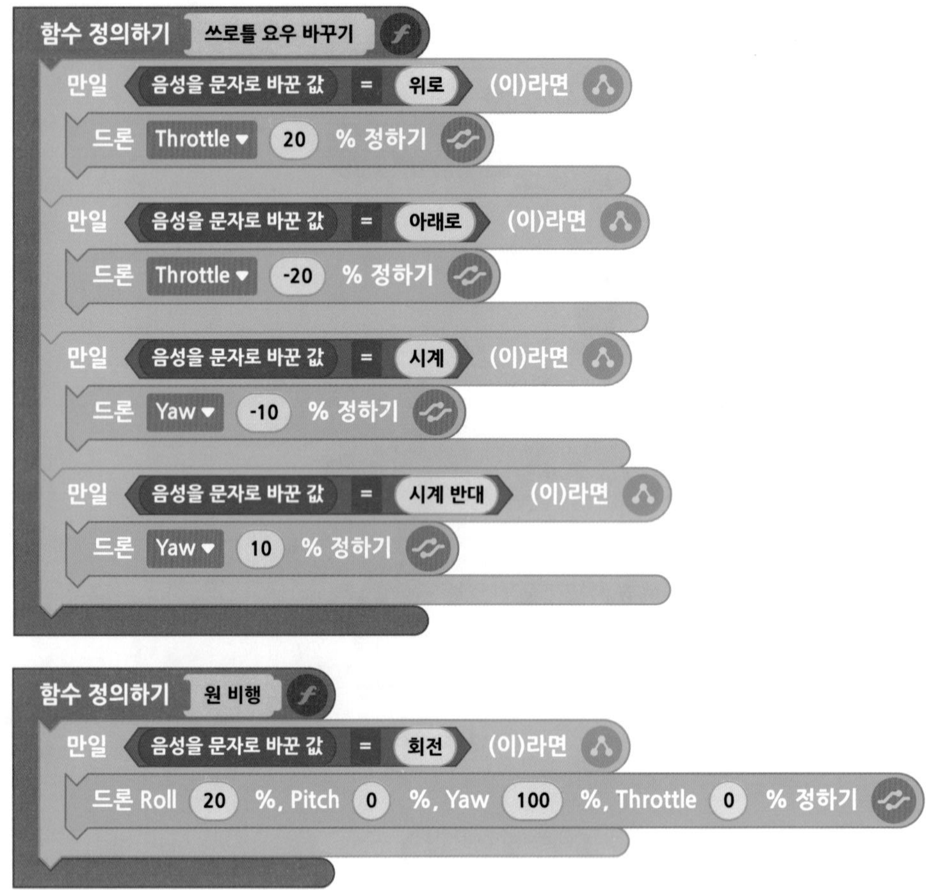

함수 정의하기 쓰로틀 요우 바꾸기
만일 음성을 문자로 바꾼 값 = 위로 (이)라면
드론 Throttle 20 % 정하기
만일 음성을 문자로 바꾼 값 = 아래로 (이)라면
드론 Throttle -20 % 정하기
만일 음성을 문자로 바꾼 값 = 시계 (이)라면
드론 Yaw -10 % 정하기
만일 음성을 문자로 바꾼 값 = 시계 반대 (이)라면
드론 Yaw 10 % 정하기
함수 정의하기 원 비행
만일 음성을 문자로 바꾼 값 = 회전 (이)라면
드론 Roll 20 %, Pitch 0 %, Yaw 100 %, Throttle 0 % 정하기

함수 정의하기 음성으로 드론 조종하기
만일 이륙했는가 값 = 0 (이)라면
만일 음성을 문자로 바꾼 값 = 드론 이륙 (이)라면
2 초 기다리기
드론 이륙
5 초 기다리기
이륙했는가 를 1 (으)로 정하기
아니면
만일 음성을 문자로 바꾼 값 = 드론 착륙 (이)라면
드론 착륙
5 초 기다리기
이륙했는가 를 0 (으)로 정하기
피치 롤 바꾸기
쓰로틀 요우 바꾸기
원 비행

손 인식 인공지능 드론

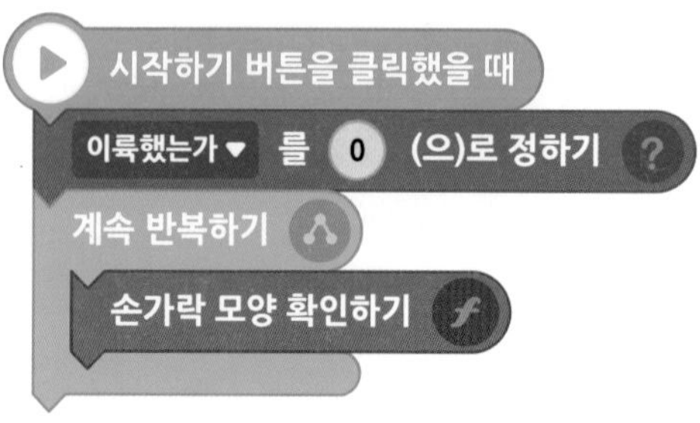
시작하기 버튼을 클릭했을 때
이룩했는가 를 0 (으)로 정하기
계속 반복하기
손가락 모양 확인하기

함수 정의하기 손가락 모양 확인하기
만일 1 번째 손의 모양이 브이 사인 인가? (이)라면
만일 이룩했는가 값 = 0 (이)라면
2 초 기다리기
드론 이륙
5 초 기다리기
이룩했는가 를 1 (으)로 정하기
만일 1 번째 손의 모양이 쥔 손 인가? (이)라면
만일 이룩했는가 값 = 1 (이)라면
드론 착륙
5 초 기다리기
이룩했는가 를 0 (으)로 정하기

왼쪽 코드를 오른쪽 코드로 바꿉니다.

```
시작하기 버튼을 클릭했을 때
속도▼ 를 50 (으)로 정하기
2 초 기다리기
드론 이륙
5 초 기다리기
계속 반복하기
  만일 조종▼ 값 = 1 (이)라면
    범위로 피치 롤 바꾸기
  아니면
    범위로 쓰로틀 바꾸기
```

→

```
시작하기 버튼을 클릭했을 때
속도▼ 를 50 (으)로 정하기
계속 반복하기
  만일 이륙했는가▼ 값 = 1 (이)라면
    만일 조종▼ 값 = 1 (이)라면
      범위로 피치 롤 바꾸기
    아니면
      범위로 쓰로틀 바꾸기
```

원 비행 코드를 추가하면 다음과 같습니다.

```
시작하기 버튼을 클릭했을 때
속도▼ 를 50 (으)로 정하기
계속 반복하기
  만일 이륙했는가▼ 값 = 1 (이)라면
    만일 ((1▼ 번째 손의 검지▼ 끝▼ 의 x▼ 좌표) - (1▼ 번째 손의 엄지▼ 끝▼ 의 x▼ 좌표)) 의 절댓값▼ ≥ 100 (이)라면
      드론 Roll 20 %, Pitch 0 %, Yaw 100 %, Throttle 0 % 정하기
      ((1▼ 번째 손의 검지▼ 끝▼ 의 x▼ 좌표) - (1▼ 번째 손의 엄지▼ 끝▼ 의 x▼ 좌표)) 의 절댓값▼ < 100 이(가) 될 때까지 기다리기
    아니면
      만일 조종▼ 값 = 1 (이)라면
        범위로 피치 롤 바꾸기
      아니면
        범위로 쓰로틀 바꾸기
```

신체 인식 인공지능 드론

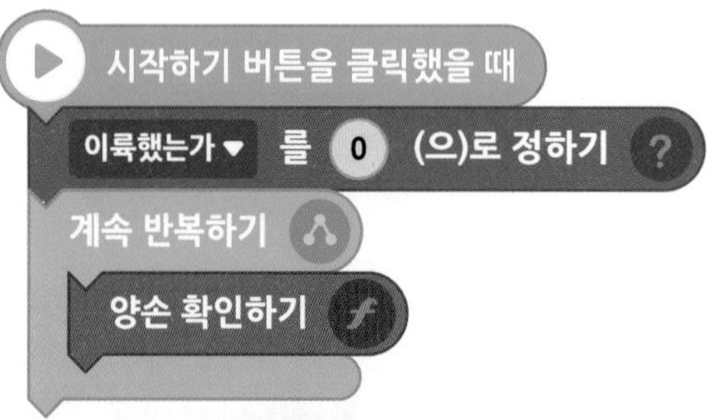

시작하기 버튼을 클릭했을 때
이륙했는가 를 0 (으)로 정하기
계속 반복하기
양손 확인하기

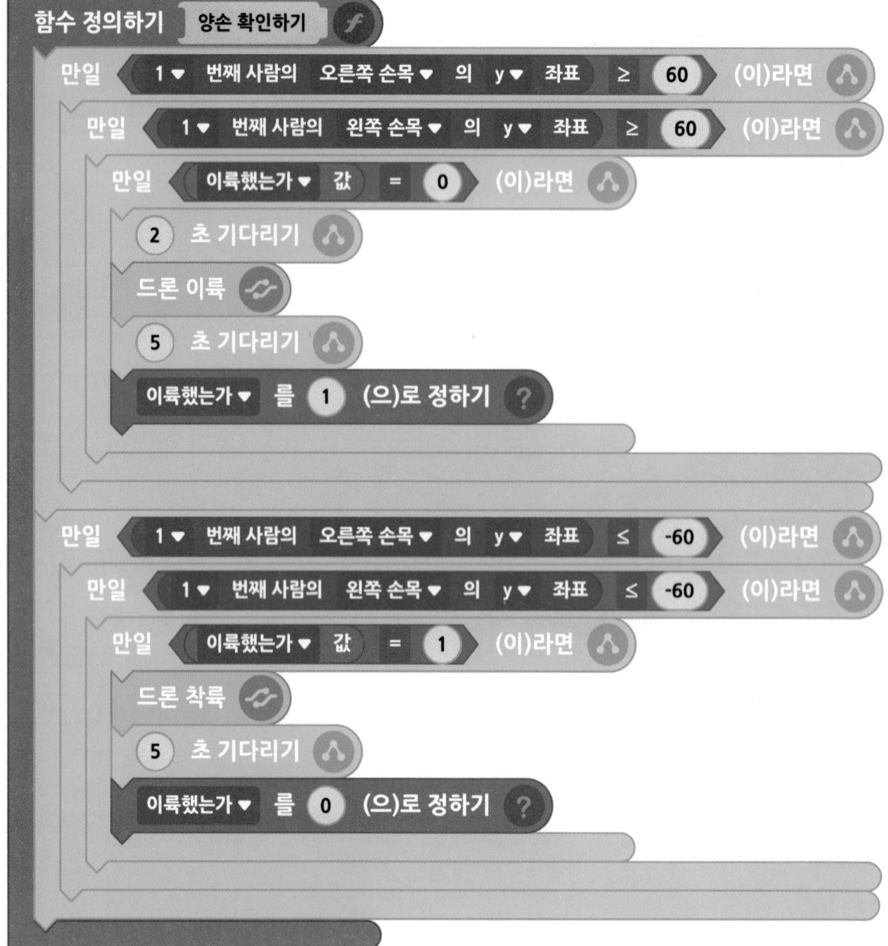

함수 정의하기 양손 확인하기
만일 1 번째 사람의 오른쪽 손목 의 y 좌표 ≥ 60 (이)라면
만일 1 번째 사람의 왼쪽 손목 의 y 좌표 ≥ 60 (이)라면
만일 이륙했는가 값 = 0 (이)라면
2 초 기다리기
드론 이륙
5 초 기다리기
이륙했는가 를 1 (으)로 정하기
만일 1 번째 사람의 오른쪽 손목 의 y 좌표 ≤ -60 (이)라면
만일 1 번째 사람의 왼쪽 손목 의 y 좌표 ≤ -60 (이)라면
만일 이륙했는가 값 = 1 (이)라면
드론 착륙
5 초 기다리기
이륙했는가 를 0 (으)로 정하기

왼쪽 코드를 오른쪽 코드로 바꿉니다.

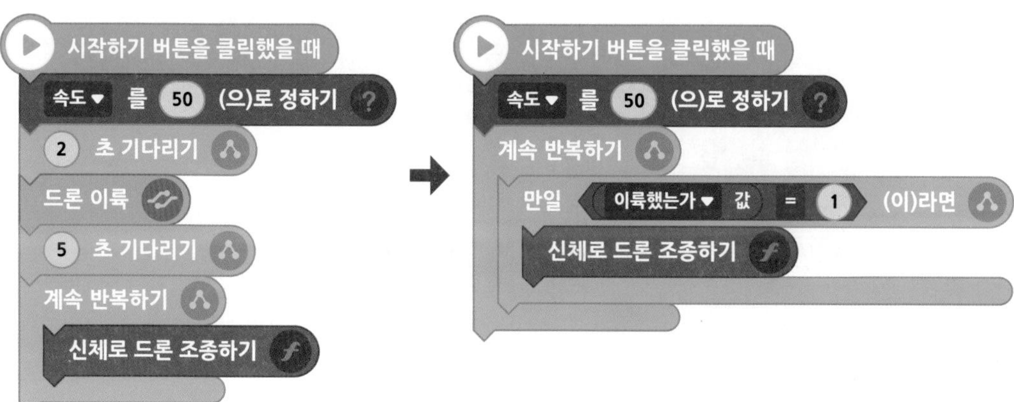

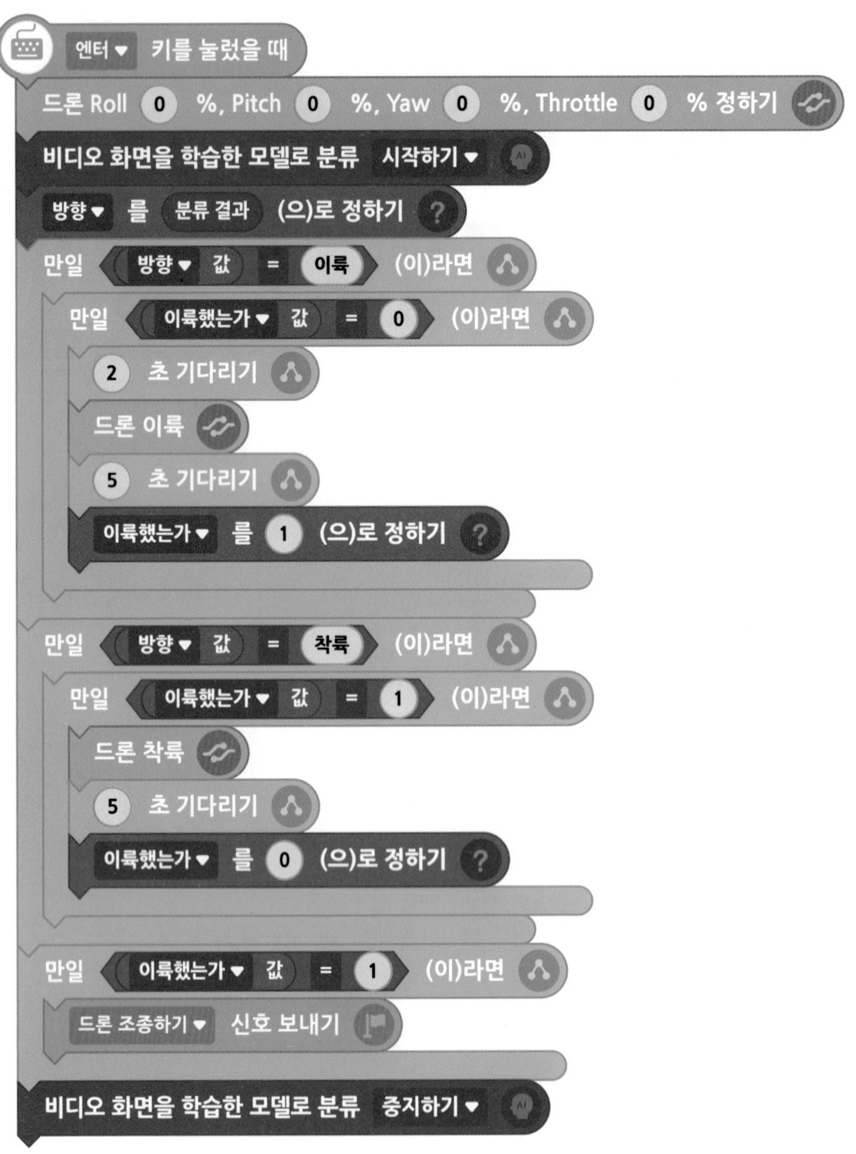
엔터 키를 눌렀을 때
드론 Roll 0 %, Pitch 0 %, Yaw 0 %, Throttle 0 % 정하기
비디오 화면을 학습한 모델로 분류 시작하기
방향 를 분류 결과 (으)로 정하기
만일 방향 값 = 이륙 (이)라면
만일 이륙했는가 값 = 0 (이)라면
2 초 기다리기
드론 이륙
5 초 기다리기
이륙했는가 를 1 (으)로 정하기
만일 방향 값 = 착륙 (이)라면
만일 이륙했는가 값 = 1 (이)라면
드론 착륙
5 초 기다리기
이륙했는가 를 0 (으)로 정하기
만일 이륙했는가 값 = 1 (이)라면
드론 조종하기 신호 보내기
비디오 화면을 학습한 모델로 분류 중지하기

왼쪽 코드를 오른쪽 코드로 바꿉니다.

02 이 책의 성취기준

초등

수학

[2수02-01] 물체, 무늬, 수 등의 배열에서 규칙을 찾아 여러 가지 방법으로 표현할 수 있다.

[2수02-02] 자신이 정한 규칙에 따라 물체, 무늬, 수 등을 배열할 수 있다.

[2수03-03] 교실 및 생활 주변에서 여러 가지 물건을 관찰하여 삼각형, 사각형, 원의 모양을 찾고, 이를 이용하여 여러 가지 모양을 만들 수 있다.

[4수03-03] 직선의 수직 관계와 평행 관계를 이해한다.

[4수03-12] 주어진 도형을 이용하여 여러 가지 모양을 만들거나 채우고 설명할 수 있다.

[4수03-24] 각의 크기의 단위인 1도(°)를 알고, 각도기를 이용하여 각의 크기를 측정하고 어림할 수 있다.

사회

[6사04-01] 선사 시대와 고조선의 유적과 유물을 활용하여 당시 사람들의 생활을 추론한다.

[6사04-02] 역사 기록이나 유적과 유물에 나타난 고대 사람들의 생각과 생활을 추론한다.

[6사05-01] 조선 시대 사람들의 생각과 생활에 유교 문화가 미친 영향을 파악한다.

과학

[4과07-01] 여러 가지 물체를 이용하여 소리를 내보고, 소리가 나는 물체는 떨림이 있음을 설명할 수 있다.

[4과07-02] 큰 소리와 작은 소리, 높은 소리와 낮은 소리를 구분하고, 세기와 높낮이가 다른 소리를 낼 수 있다.

[4과07-03] 여러 가지 물질을 통하여 소리가 전달되는 것을 관찰하고, 소음을 줄이는 방법을 찾아 일상생활에서 실천할 수 있다.

[6과02-01] 물체를 보기 위해서 빛이 있어야 함을 알고, 빛의 성질에 대해 흥미를 느낄 수 있다.

[6과06-01] 기상 요소를 조사하고, 날씨가 우리 생활에 주는 영향을 인식할 수 있다.

[6과08-01] 우리가 생활에서 이용하는 다양한 자원을 조사하고, 자원의 유한함을 설명할 수 있다.

[6과08-03] 자원과 에너지의 효율적인 이용 방법에 대해 탐색하고, 생활 속에서 실천할 수 있는 다양한 사례를 공유할 수 있다.

[6과16-01] 미래 사회에 일어날 수 있는 문제를 조사하고, 문제를 해결하는 데 과학이 기여할 수 있는 방법을 토의할 수 있다.

[6과16-02] 다양한 진로가 과학과 관련됨을 알고, 자신의 진로를 과학과 관련지어 설명할 수 있다.

실과

[6실05-01] 컴퓨터를 활용한 생활 속 문제해결 사례를 탐색하고 일상생활 속 문제를 해결하기 위한 알고리즘을 다양한 방법으로 표현한다.
[6실05-02] 컴퓨터에게 명령하는 방법을 체험하고, 주어진 문제를 해결하는 프로그램을 작성한다.
[6실05-03] 실생활의 문제를 해결하는 프로그램을 협력하여 작성하고, 산출물을 타인과 공유한다.
[6실05-04] 디지털 데이터와 아날로그 데이터의 특징을 이해하고, 인공지능에 활용할 수 있는 데이터의 유형이나 형태를 탐색한다.
[6실05-05] 인공지능이 만들어지는 과정을 체험하고, 인공지능이 사회에 미치는 영향을 탐색한다.

미술

[4미01-01] 자연물과 인공물을 탐색하는 데 다양한 감각을 활용할 수 있다.
[4미01-03] 미적 탐색에 호기심을 갖고 참여하며 자신의 감각으로 대상의 특징을 이해할 수 있다.
[4미01-04] 생활 속에서 활용되는 미술에 관심을 가지고 미술의 특징과 역할을 발견할 수 있다.
[4미02-01] 관찰과 상상으로 아이디어를 떠올려 표현 주제를 구체화할 수 있다.
[4미02-03] 조형 요소의 특징을 자유롭게 탐색하며 주제 표현에 알맞게 활용할 수 있다.
[4미02-05] 미술과 타 교과를 관련지어 주제를 표현하는데 흥미를 가질 수 있다.
[6미01-01] 다양한 감각과 매체를 활용하여 자신과 대상을 탐색할 수 있다.
[6미02-01] 다양한 방법으로 아이디어를 연결하여 확장된 표현 주제로 발전시킬 수 있다.
[6미02-03] 조형 요소의 어울림을 통해 조형 원리를 이해하고 주제 표현에 연결할 수 있다.
[6미02-05] 미술과 타 교과의 내용과 방법을 융합하는 활동을 자유롭게 시도할 수 있다.
[6미03-02] 미술 작품의 내용(소재, 주제 등)과 형식(재료와 용구, 표현 방법, 조형 요소와 원리 등)을 분석하여 작품의 특징을 설명할 수 있다.
[6미03-03] 공동체의 미술 문화 활동에 관심을 가지고 참여하며 경험을 공유할 수 있다.
[6미03-04] 다양한 방법을 활용하여 작품을 감상하며 작품에 관한 서로 다른 관점을 존중할 수 있다.

음악

[4음01-02] 기초적인 음악 요소를 살려 노래 부르거나 악기로 연주하고 느낌을 이야기한다.
[4음01-04] 생활 속에서 음악을 경험하며 연주에 관심을 가지고 참여한다.
[4음02-01] 음악을 듣고 기초적인 음악 요소를 탐색하며 반응한다.
[4음02-04] 생활 속에서 음악을 들으며 느낌과 호기심을 갖고 즐긴다.
[4음03-03] 기초적인 음악 요소를 활용하여 소리나 음악으로 표현한다.

[6음02-04] 생활 속에서 음악을 찾아 들으며 아름다움을 느끼고 공감한다.
[6음03-03] 음악의 요소를 활용하여 간단한 음악을 만든다.

중등

수학

[9수02-14] 함수의 개념을 이해하고, 함숫값을 구할 수 있다.
[9수03-01] 점, 선, 면, 각을 이해하고, 실생활 상황과 연결하여 점, 직선, 평면의 위치 관계를 설명할 수 있다.

과학

[9과01-01] 과학적 탐구 방법을 이해하고, 일상생활의 문제에 대한 과학적 해결 방안을 제안할 수 있다.
[9과01-02] 과학의 발전이 인류 문명에 미친 영향을 이해하고, 인공지능 등 첨단 과학기술이 가져올 미래 사회의 변화를 조사하여 발표할 수 있다.
[9과01-03] 인류의 지속가능한 삶을 위한 과학기술의 중요성과 역할에 대해 토의하고, 개인과 사회 차원의 활동 방안을 찾아 실천할 수 있다.
[9과23-01] 과학과 관련된 직업의 종류와 하는 일을 조사하고, 과학기술의 발달로 생기는 미래 사회의 직업 변화를 예상할 수 있다.
[9과23-02] 자신의 진로와 관련 있는 과학 분야를 조사하고, 진로 선택을 위하여 필요한 과학 학습을 계획할 수 있다.

역사

[9역01-01] 역사와 역사 탐구의 의미를 파악하고, 역사 학습의 목적을 다각도로 탐색한다.
[9역01-02] 다양한 자료와 사례를 통해 역사 탐구 방법을 익힌다.
[9역08-01] 고조선과 여러 나라의 형성 과정 및 사회 모습을 탐구한다.
[9역09-01] 삼국 통일의 과정을 동아시아 국제 정세의 맥락에서 이해하고, 통일신라와 발해 성립의 역사적 의의를 추론한다.
[9역11-03] 왜란과 호란의 성격을 동아시아 국제 정세 속에서 분석한다.
[9역12-01] 왜란과 호란 이후 체제 재정비의 노력과 정치 변동의 모습을 파악한다.

기술

[9기가03-01] 기술의 의미와 특성을 이해하고 기술의 발달에 따른 사회의 변화를 파악하며, 미래의 기술과 사회의 변화를 평가하고 예측함으로써 기술에 대한 가치를 인식한다.
[9기가03-02] 기술의 표준화, 적정 기술과 같은 기술 활용 사례를 탐구하고, 기술이 사회에 미치는 영향을 바르게 인식하여 기술 혁신과 사회 발전에 참여하는 태도를 갖는다.
[9기가03-03] 기술적 문제 해결 과정의 이해를 바탕으로 문제를 확인하고, 정보를 수집하며, 확산적 사고와 수렴적 사고를 통해 해결방안을 탐색하고 대안을 선정한다.
[9기가04-05] 정보통신과 인공지능 기술의 활용 사례를 탐구하고, 정보통신과 인공지능 기술이 우리 삶에 미치는 영향을 다양한 관점에서 평가한다.
[9기가04-06] 정보통신과 인공지능 기술 관련 문제를 이해하고 해결 방안을 탐색, 실현, 평가함으로써 긍정적인 문제 해결 태도를 갖는다.

정보

[9정01-01] 컴퓨팅 시스템의 구성요소와 동작 원리를 이해하고, 운영 체제의 기능을 분석한다.
[9정01-02] 피지컬 컴퓨팅의 개념을 이해하고, 생활 속에서 적용된 사례 조사를 통해 컴퓨팅 시스템의 필요성과 가치를 판단한다.
[9정01-03] 문제 해결 목적에 맞는 피지컬 컴퓨팅 구성요소를 선택하여 시스템을 구상한다.
[9정03-01] 문제의 상태를 정의하고 수행 가능한 형태로 구조화한다.
[9정03-02] 문제 해결을 위한 추상화의 중요성을 이해하고, 핵심요소를 중심으로 알고리즘을 표현한다.
[9정03-03] 알고리즘의 중요성을 이해하고, 문제를 해결하는 다양한 알고리즘을 비교 ▪ 분석한다.
[9정03-04] 사례를 중심으로 문제 해결에 적합한 전략을 선택하여 알고리즘을 설계한다.
[9정03-05] 데이터를 순차적으로 저장할 수 있는 구조를 활용하여 문제 해결 프로그램을 작성한다.
[9정03-06] 논리 연산과 중첩 제어 구조를 활용하여 문제를 해결하는 프로그램을 작성한다.
[9정03-07] 프로그램 작성에서 함수를 활용하고, 프로그램 수행 결과를 디버거로 분석하여 오류를 수정한다.
[9정03-08] 실생활의 문제를 탐색하여 발견하고, 프로그래밍을 통해 해결한다.
[9정03-09] 다양한 학문 분야의 문제 해결을 위해 협력하여 소프트웨어를 개발한다.
[9정04-01] 인공지능의 개념과 특성을 설명하고 인공지능 소프트웨어를 구별한다.
[9정04-02] 인공지능 학습에서 데이터의 중요성을 이해하고, 학습에 필요한 데이터를 수집하여 분류한다.
[9정04-03] 다양한 데이터를 활용하여 인공지능 시스템을 구성하고 적용한다.
[9정04-04] 인공지능 시스템으로 해결 가능한 문제를 발견하고, 문제 해결에 적합한 인공지능 시스템을 적용한다.
[9정04-05] 인공지능 학습에 필요한 데이터의 수집과 활용에서 발생하는 윤리적인 문제의 해결 방안을 구상한다.

미술

[9미01-02] 시각 문화의 의미와 역할을 알고 이미지를 비판적으로 해석할 수 있다.

[9미02-03] 조형 요소와 원리, 표현 재료와 방법, 디지털 매체를 포함한 다양한 매체를 활용하여 주제를 효과적으로 표현할 수 있다.

[9미02-04] 자신과 타인의 작품을 존중하며, 다양한 방법으로 공유하고 소통할 수 있다.

고등

과학

[10통과1-02-02] 우주 초기의 원소들로부터 태양계의 재료이면서 생명체를 구성하는 원소들이 형성되는 과정을 통해 지구와 생명의 역사가 우주 역사의 일부분임을 해석할 수 있다.

[10통과2-02-06] 에너지 효율의 의미와 중요성을 이해하고, 지속가능한 발전과 지구 환경 문제 해결에 신재생 에너지 기술을 활용하는 방안을 탐색할 수 있다.

[10통과2-03-02] 빅데이터를 과학기술사회에서 사용하고 있는 사례를 조사하고, 빅데이터 활용의 장점과 문제점을 추론할 수 있다.

[10통과2-03-03] 인공지능 로봇, 사물인터넷 등과 같이 과학기술의 발전을 인간 삶과 환경 개선에 활용하는 사례를 찾고, 이러한 과학기술의 발전이 미래 사회에 미치는 유용성과 한계를 예측할 수 있다.

[10통과2-03-04] 과학기술의 발전 과정에서 발생할 수 있는 과학 관련 사회적 쟁점(SSI)과 과학기술 이용에서 과학 윤리의 중요성에 대해 논증할 수 있다.

기술

[12기가04-03] 기술, 수학, 과학, 예술 등과 융합하여 공학이 발전된 사례를 분석하여 공학의 융합적 특성과 중요성을 이해한다.

[12기가04-05] 다양한 공학 분야를 탐색하여 공학자의 역할을 이해하고, 자신의 흥미, 적성, 능력에 맞는 공학 분야의 진로를 탐색한다.

[12기가06-01] 빅데이터, 사물인터넷, 인공지능 등 최신 기술을 통해 정보통신 공학을 이해하고, 정보통신 공학의 활용 사례를 탐구하여 정보통신 기술을 윤리적으로 활용하는 태도를 갖는다.

정보

[12정01-03] 문제 해결에 적합한 피지컬 컴퓨팅 시스템 장치를 선택하여 사물인터넷 시스템을 설계한다.

[12정02-03] 빅데이터의 개념과 특징에 대한 이해를 바탕으로, 문제 해결에 적합한 데이터를 수집한다.

[12정02-04] 빅데이터 분석 도구를 활용하여 데이터를 시각화하고 그 의미와 가치를 해석한다.

[12정03-01] 복잡한 문제를 해결 가능한 작은 문제로 분해하고 모델링한다.
[12정03-04] 자료형의 종류와 특성을 알고, 적합한 자료형을 선택하여 프로그램을 작성한다.
[12정03-06] 다차원 데이터 구조를 활용한 프로그램을 작성한다.
[12정03-07] 다양한 제어 구조를 복합적으로 활용한 프로그램을 작성한다.
[12정03-08] 객체를 구현하는 클래스와 인스턴스를 활용하여 프로그램을 작성한다.
[12정03-09] 실생활 및 다양한 학문 분야의 문제 해결을 위한 프로그램을 협력적으로 설계 ▪ 구현한다.
[12정03-10] 문제 해결을 위한 프로그램의 성능을 평가하고 공유한다.
[12정04-01] 지능 에이전트의 개념과 특성을 이해하고, 인간과 인공지능의 관계를 분석한다.
[12정04-02] 기계학습의 개념을 이해하고, 지도학습과 비지도학습의 차이를 비교 ▪ 분석한다.
[12정04-03] 기계학습을 활용하여 해결할 수 있는 문제와 그렇지 않은 문제를 구분하고, 사회문제 해결에 기계학습을 적용한다.

[12인기01-01] 인공지능의 지능적 판단에 대한 이해를 바탕으로 인공지능을 활용한 실생활 및 다양한 학문 분야의 문제 해결 사례를 비교 ▪ 분석한다.
[12인기01-02] 인공지능에서 탐색의 중요성을 이해하고 문제 해결을 위한 탐색 과정을 설계한다.
[12인기02-01] 기계학습을 적용할 문제를 정의하고, 문제 해결에 필요한 데이터를 선정하여 수집한다.
[12인기02-02] 수집한 데이터를 가공하여 핵심 속성을 추출한다.
[12인기02-04] 훈련 데이터를 이용하여 학습을 진행하고, 테스트 데이터를 사용하여 성능을 평가한다.
[12인기02-05] 인공신경망과 딥러닝의 특성에 대한 이해를 바탕으로 활용 분야를 탐색한다.
[12인기02-06] 딥러닝을 활용하여 실생활 및 다양한 학문 분야의 문제를 해결하고, 성능을 평가한다.
[12인기03-01] 인공지능의 발전으로 인한 사회 변화를 살펴보고, 인공지능으로 해결할 수 있는 사회적 문제를 분석한다.
[12인기03-02] 인공지능에 의해 변화하는 인간의 삶과 직업의 양상에 대해 이해하고 진로를 탐색한다.
[12인기03-03] 인공지능에 대한 비판적 자세를 바탕으로 인공지능과 인간의 공존 방안을 도출한다.
[12인기03-04] 인공지능의 활용사례와 윤리적 딜레마 상황을 인공지능 윤리 관점에서 분석한다.
[12인기04-01] 지속가능발전목표를 해결하기 위해 인공지능을 적용할 수 있는 방안을 탐색하고, 인공지능 프로젝트 활동에 적합한 주제를 도출한다.
[12인기04-02] 인공지능 문제 해결 과정에 기반하여 프로젝트 수행 계획을 구안한다.
[12인기04-03] 인공지능 프로젝트를 수행하는 과정에서 협력적인 문제 해결 자세를 바탕으로 인공지능 소프트웨어를 개발한다.
[12인기04-04] 인공지능의 사회적 영향을 고려하여 인공지능 소프트웨어를 개발하고, 평가 결과를 반영하여 성능을 개선한다.

[12소생01-01] 소프트웨어가 세상을 변화시킨 사례를 탐색하고 소프트웨어가 사회 변화에 미치는 영향을

분석한다.

[12소생01-02] 실세계의 문제와 현상을 소프트웨어의 관점으로 바라보고 소프트웨어 발전에 따른 미래 사회의 변화를 예측한다.

[12소생01-03] 소프트웨어 융합을 통한 문제 해결 사례를 바탕으로, 다양한 학문 분야에서 소프트웨어와의 융합을 통해 문제를 해결하는 방법을 비교 ▪ 분석한다.

[12소생02-01] 피지컬 컴퓨팅 도구로 구현된 작품의 구성 및 작동 원리를 분석한다.

[12소생02-02] 소프트웨어를 통해 아이디어를 표현하는 데 필요한 센서와 액추에이터를 선택하여 피지컬 컴퓨팅 시스템을 구성한다.

[12소생02-03] 피지컬 컴퓨팅을 통해 미디어 아트 작품을 창작하고, 창작에 활용된 소프트웨어의 가치를 파악한다.

[12소생05-01] 소프트웨어 스타트업의 개념을 이해하고 새로운 가치를 창출하는 소프트웨어 스타트업 사례를 분석한다.

[12소생05-02] 소프트웨어 스타트업 프로젝트의 수행 과정을 이해하고, 사용자 요구를 분석하여 소프트웨어 스타트업 아이디어를 구안한다.

[12소생05-03] 스타트업 프로젝트에 적합한 소프트웨어를 협력적으로 설계하고 구현한다.

[12소생05-04] 개발한 소프트웨어의 가치를 사회적, 기능적, 윤리적 관점에서 평가한다.

미술

[12미매01-02] 미술에서 매체의 역할과 의미를 탐색하고 미적 가치를 발견할 수 있다.

[12미매01-03] 미술에 활용되는 아날로그와 디지털 매체의 개념과 종류를 이해하고 개방적 태도로 표현 매체를 선택할 수 있다.

[12미매01-04] 매체의 특성과 표현 원리를 실험하고 작품에 반영할 수 있다.

[12미매02-01] 아날로그 매체와 디지털 매체를 창의적으로 활용하여 표현할 수 있다.

[12미매02-02] 아날로그와 디지털 매체를 타 분야와 연결하고 융합하며 매체의 가치를 공유할 수 있다.

[12미창01-02] 창의적 발상 방법을 알고 아이디어를 시각화할 수 있다.

[12미창01-03] 표현 기법과 매체를 탐구하고 이해하여 발견된 문제를 해결할 수 있다.

[12미창01-04] 주제에 적합한 표현 매체와 방법을 선정하고 몰입하여 작품을 창작할 수 있다.

잇플의 IT 도서

아두이노 내친구 by 스크래치

1편: 기초[교재+키트]

아두이노에 대한 기초적인 내용을 알아보고, 스크래치로 아두이노와 전자 회로를 작동하는 법을 배울 수 있게 구성했습니다.

정가: 45,000원

아두이노 내친구 by 스크래치

3편: 자율주행 자동차 만들기[교재+키트]

초음파 센서, 서보모터, 모터, 모터 드라이버 모듈 등의 전자부품을 사용해서 독자들이 직접 코딩하여 자신만의 자율주행 자동차를 만듭니다.

정가: 61,000원

아두이노 내친구

2편: 라인트랙 자동차 만들기[교재+키트]

전자회로 구성을 이해하고, 아두이노 보드를 제어하여 직접 라인트랙 자동차를 만들어 볼 수 있게 구성했습니다.

정가: 39,000원

KODU 게임메이커

KODU로 직접 사과먹기 게임, 레이싱 게임과 같은 3D 게임을 만들면서 코딩을 익힐 수 있게 구성한 교재입니다. 단계별로 그림과 함께 설명해서 누구나 쉽게 이해할 수 있게 했습니다.

정가: 11,800원

엔트리 교과서 코딩

초등 1: 수학, 통합교과

먼저 엔트리를 익히고, 초등학교 1학년 수학 교과서 내용을 엔트리로 코딩하여 작품을 만드는 과정을 통해 교과서 내용과 코딩을 동시에 익힐 수 있게 구성한 교재입니다.

정가: 18,000원

아두이노 메이킹

아두이노 보드, 다양한 센서와 부품에 관한 지식을 익히고, 독자가 직접 코딩하여 음주측정기, 스마트팜, 스파클링 분수를 만들어 보는 아두이노 피지컬 입문 교재입니다.

정가: 16,000원

아두이노 내친구 by 스크래치

2편: 라인트랙 자동차 만들기[교재+키트]

라인 센서, 모터, 모터 드라이버 모듈 등의 전자부품을 사용해서 직접 코딩하여 자신만의 멋진 라인 트랙 자동차를 만들어 봅니다.

정가: 54,000원

아두이노 내친구

1편: 자동차 만들기 기초[교재+키트]

아두이노와 컴퓨터를 연결하는 방법, 전자부품(LED, 저항 등)에 대한 기초적인 지식 등《2편 자동차 만들기》할 때 꼭 알아야 하는 내용으로 구성했습니다.

정가: 39,000원

아두이노 내친구

3편: 블루투스/자율주행/앱 만들기[교재+키트]

초음파 기술로 자율주행하는 자동차를 만들고, 블루투스를 연결해서 블루투스 무선조종 자동차를 만듭니다. 또한 스마트폰 앱을 만들어 자동차를 제어해 볼 수 있게 구성했습니다.

정가: 84,000원

엔트리 교과서 코딩

초등 1: 국어, 통합교과

먼저 엔트리를 익히고, 초등학교 1학년 국어 교과서 내용을 엔트리로 코딩하여 작품을 만드는 과정을 통해 교과서 내용과 코딩을 동시에 익힐 수 있게 구성한 교재입니다.

정가: 18,000원

엔트리 교과서 코딩

Vol.3: 수학, 통합교과

먼저 엔트리를 익히고, 초등학교 1학년 수학 교과서 내용을 엔트리로 코딩하여 작품을 만드는 과정을 통해 교과서 내용과 코딩을 동시에 익힐 수 있게 구성한 교재입니다.

정가: 18,000원

SW·AI를 위한 아두이노 인공지능 스탠드 만들기

인공지능을 활용한 작품 만들기
틴거캐드 활용, 전자회로 기초, p5.js 기초,
미디어 아트 작품 만들기, 아두이노 인공지능
스탠드 만들기

정가: 98,000원

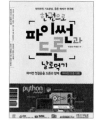

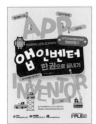

1판 1쇄 발행일 _ 2024년 4월 8일

지은이 _ 구덕회 · 박재일· 김용환
발행인 _ 정지숙
제작 _ (주)잇플 ITPLE
편집 _ (주)잇플 ITPLE 출판편집팀

펴낸곳 _ (주)잇플 ITPLE
주소 _ 서울특별시 동대문구 답십리로 264 성신빌딩 2층
전화 _ 0502-600-4925
팩스 _ 0502-600-4924
홈페이지 _ www.itpleinfo.com
e-mail _ itple@itpleinfo.com
카페 _ http://cafe.naver.com/arduinofun
ISBN _979-11-91198-42-3 13000

교재학습자료 _ http://cafe.naver.com/arduinofun